Reconocimiento a
Graduarse sin deudas

"*Graduarse sin deudas* es una lectura obligada para los estudiantes de bachillerato que acudirán a la universidad y para sus padres. Durante los últimos 20 años, como propietario de un colegio privado de consejería y una firma de consultoría educativa, he asesorado a miles de estudiantes de bachillerato sobre el delicado tema del financiamiento para la universidad. El libro de Shutler, responde preguntas difíciles sobre los costos universitarios que la gente quiere y necesita saber, pero a menudo tienen miedo de preguntar. Lo recomiendo de todo corazón para las familias entrando tanto en el proceso de solicitud de ingreso a la universidad como en la abrumadora tarea de determinar cómo pagar por los años universitarios de sus hijos".

—**Casey Gendason**, Consejero de orientación universitaria, Dallas, TX

"Los estudiantes que estén dispuestos a trazar su propio camino deben poner Graduarse sin deudas como prioridad en su lista de lectura de verano. He usado muchas de las ideas discutidas en el libro desde que me gradué del bachillerato en 2018 y el colegio comunitario en 2020. Mis padres no tenían mucho dinero, así que he pagado los costos de la universidad alternando entre estudiar de tiempo completo en la universidad del estado de Florida y trabajar de tiempo completo. La recomendación de Shutler de asistir a un colegio comunitario más la universidad estatal funcionó bien para mí. Me permitió ganar experiencia laboral real mientras construía conexiones para mi futura carrera. Esta ruta me tomó un poco más de tiempo, pero ahora estoy en camino de terminar mi licenciatura en contabilidad el próximo año sin ninguna deuda. Consigue este libro y haz un plan para graduarte sin un montón de deudas".

—**O'Neil Finley**, Estudiante de la Universidad de Florida, Tallahassee, FL

"Durante años he buscado una guía para ayudar a los estudiantes y a sus padres a descubrir cómo financiar una educación universitaria sin endeudarse. *Graduarse sin deudas: escapa al estilo Matrix del endeudamiento estudiantil* es exactamente la guía que estaba buscando. Al identificar primero las 12 suposiciones comunes sobre la universidad que forman una "Matriz" en la mente de las personas y luego exponer las debilidades fácticas de esas suposiciones, Shutler ha hecho una contribución genuina tanto al proceso de selección de universidades como a la discusión sobre el financiamiento universitario con las que tanto los estudiantes de bachillerato como sus padres pueden relacionarse. Este libro es absolutamente una lectura obligada para los estudiantes de bachillerato que aspiran a obtener una educación universitaria minimizando su deuda".

—**Veronica Guzman Pulido**, Directora del colegio de consejería,
St. Mark's School de Texas

"De vez en cuando, un libro replantea la discusión bajo una nueva luz. *Graduarse sin deudas* replantea la discusión sobre la deuda estudiantil de la misma manera que los libros de Malcolm Gladwell replantean la discusión de la psicología social. Aplicando la practicidad del dueño de un negocio, la perspicacia de un abogado y la sensibilidad de un padre, Shutler deconstruye las decisiones financieras universitarias para ayudar a los estudiantes a obtener un título sin una deuda aplastante. Como persona que aceleró los pagos de préstamos escolares para saldar mi deuda de posgrado en ocho años, desearía haber tenido este libro en ese entonces para ayudarme a evitar esos ocho años de suspensión de las experiencias normales de la vida. No leas este libro bébelo. Descubre las razones detrás del endeudamiento estudiantil y protégete de él".

—**AmiLynne Carroll**, MPA, Denver, CO, Autora de
"Conversaciones de consecuencia: lecciones de una voz todavía pequeña"

"Como padre de dos hijas en el bachillerato y un hijo que va detrás, estaba encantado de leer *Graduarse sin deudas: escapa al estilo Matrix del endeudamiento estudiantil.* Antes de leerlo, me había preocupado profundamente la deuda universitaria y su impacto en el futuro de mis hijos. Después de leerlo, la idea que tenía sobre todo el proceso universitario ha cambiado. El libro presenta un fuerte argumento para que los estudiantes trabajen a la inversa en el proceso de selección de la universidad al seleccionar primero su carrera universitaria y luego identificar la universidad que puede ofrecer esa carrera sin mucha deuda. Mis hijos ahora tienen una tarea de lectura de verano que les ayudará a pensar en estrategias para evitar la deuda universitaria. *Graduarse sin deudas* es una educación en sí misma".

—**Thomas Browning**, PhD, Cofundador y exdirector de operaciones de Foot Cardigan, Dallas, TX

"*Graduarse sin deudas: escapa al estilo Matrix del endeudamiento estudiantil* es una lectura esencial para los padres y sus hijos que estudian el bachillerato. Es integral, inteligente, fácil de leer y absolutamente contemporánea, revela hechos sorprendentes detrás de conceptos erróneos ampliamente difundidos sobre la universidad. En un momento en que la discusión de todos los temas a nivel nacional parece estar hiperpolarizada, el libro bien documentado de Shutler es refrescantemente apolítico. Todo un mundo de consejeros universitarios y administradores de colegios comunitarios darán la bienvenida al libro como un recurso confiable para ellos y sus estudiantes. Léelo con tus estudiantes de bachillerato que acudirán a la universidad y vean cómo se evaporan viejas suposiciones".

—**Eric Georgatos**, JD, Venture Capital/ Inversionista de Startup, Celina, TX

"Después de 20 años de dar consejería a estudiantes de bachillerato y a sus padres en el proceso de selección de la universidad, encontré el libro de Shutler convincente. *Graduarse sin deudas: escapa al estilo Matrix del endeudamiento estudiantil* es una guía completa para obtener una buena educación, evitando la onerosa deuda estudiantil. Con la precisión de un abogado y atención detallada, Shutler explica la desconcertante variedad de problemas que enfrentan los jóvenes de 17 años y sus padres cuando solicitan su ingreso a la universidad. Su investigación es minuciosa: sustenta sus argumentos con copiosas notas a pie de página. Este libro ayudará a facilitar la discusión, a veces difícil, entre los estudiantes de bachillerato y sus padres sobre cómo pagar la universidad. Este libro es ahora lectura obligatoria para todos mis clientes. Léelo y descubre una perspectiva totalmente nueva de la universidad".

—**Rebecca Larkin**, EdD,
Consejera de orientación universitaria, Greenville, TX

"Como profesional en el tema de planificación financiera con más de 34 años de experiencia, he sido testigo de la carga devastadora del endeudamiento estudiantil sobre las personas y cómo puede descarrilar su éxito financiero. *Graduarse sin deudas: escapa al estilo Matrix del endeudamiento estudiantil* debe ser leído por todos los estudiantes de bachillerato y sus padres antes de su primera visita a la universidad. Shutler desacredita el mito de que todos necesitan una educación universitaria para tener seguridad financiera. Lee este libro como tu defensa contra el pensamiento grupal que alienta a las personas a seguir ciegamente como borregos en el abismo paralizante de la deuda".

—**Brian M. Ursu**, CFP, Presidente,
Asesores Internacionales de Capital, LLC y autor de
¿Y AHORA QUÉ? Una guía práctica para averiguar su futuro financiero

"He seguido la carrera de Dave Shutler desde que éramos cadetes del ROTC de la Fuerza Aérea de los EE. UU. juntos en Duke. Después de que se jubiló de la Fuerza Aérea, lo vi desarrollar un negocio de construcción desde sus inicios hasta alcanzar el éxito empresarial e iniciar otros proyectos. Con todo lo que tenía en su plato, yo tenía curiosidad de saber por qué él pasaría tantos años investigando y escribiendo este libro, principalmente de noche. Obtén una copia de *Graduarse sin deudas* y léelo para encontrar la cautivadora respuesta. En cada página encontrarás herramientas útiles para desenmascarar la realidad detrás del endeudamiento estudiantil y para ayudar a los estudiantes a graduarse de la universidad sin la carga de una gran deuda".

—**Bruce Luehrs**, MBA, Gerente socio,
Rittenhouse Ventures, Philadelphia, PA

"*Graduarse sin deudas* ayudó a mi hijo, estudiante de bachillerato, a desarrollar un plan factible para pagar la universidad en lugar de confiar en su destreza en los deportes para conseguir una beca deportiva. El libro presenta información sobre las universidades en una manera simple y clara, permitiendo que nuestra familia tenga una conversación realista sobre las formas de terminar la universidad sin una deuda abrumadora. ¡Gracias eternas por investigar y escribir esta guía para la vida después del bachillerato!"

—**Becky Neale**, Madre de un atleta de bachillerato, St. Louis, MO

"Como profesora de inglés en una universidad privada, he tenido cientos de estudiantes de primer grado provenientes de diferentes estatus socioeconómicos. ¡Ellos necesitan este libro! *Graduarse sin deudas* llena un hueco en la literatura financiera universitaria al identificar 12 suposiciones erróneas que podrían llevar a los estudiantes y a sus padres hacia una deuda escolar. ¡Shutler desmenuza estas suposiciones de tal manera que un profesor de inglés (y sus estudiantes) puedan apreciarlo! Este libro debería de ser lectura obligada para aspirantes a estudiantes (y estudiantes matriculados) en la universidad. Toma una copia y deja que ésta calibre tus ideas acerca del problema del endeudamiento estudiantil".

—**Heidi Barker**, MA, Profesora de inglés, BYU-Idaho, Rexburg, Idaho

"Tengo un hijo de 16 y otro de 17 años pensando en ir la universidad, por lo que *Graduarse sin deudas* es un tema muy relevante para mi familia. El libro desafía el *status quo* de una manera exhaustiva y estimulante, brindando ideas y consejos prácticos. Mis hijos bachilleres disfrutaron leyéndolo porque aborda las elecciones que tienen que hacer y los guía en su procesamiento de ideas que a su vez los ayuda a llegar a sus propias conclusiones. Como padre, encontré útiles las detalladas notas al pie de página que explican los antecedentes legales y el razonamiento detrás de las políticas educativas. Recomiendo ampliamente este libro, especialmente para padres y estudiantes que están confundidos con la decisión universitaria".

—**Matthew Schwerin**, Asistente médico de apoyo avanzado, Dallas, TX

"Como estudiante de bachillerato, encontré muy interesante la discusión "a la carta" sobre la educación en *Graduarse sin deudas*. Muestra cómo los estudiantes pueden aprovechar los salarios competitivos en los restaurantes de comida rápida, así como obtener becas parciales. También me gustó la idea de que los estudiantes puedan pagar la universidad trabajando en restaurantes familiares. Además de obtener comidas económicas, ellos pueden ganar dinero a través de las propinas, aprender a brindar un servicio de calidad, desarrollar habilidades sociales con los clientes y calificar para obtener becas. El libro brinda una visión más profunda de la universidad, más allá de los estudios académicos y muestra un camino para que los estudiantes minimicen su deuda universitaria".

—**Kavish Patel**, Estudiante de Hebron High School, Lewisville, TX

"Como padre de niños en la escuela primaria, siempre tengo dos preocupaciones en el fondo de mi mente: encontrar la universidad adecuada para ellos y averiguar cómo pagarla. El libro de Shutler, *Graduarse sin deudas*, me tranquilizó cuando abordó la sabiduría predominante sobre la deuda universitaria y desacreditó los mitos que la rodean con información clara y un análisis convincente. Recomiendo este libro a cualquier padre que busque un camino más reflexivo e informado para sus hijos".

—**Jennifer Rowe**, MPA, Rowe and Company, Steamboat Springs, CO

"Como exdirector de escuelas públicas de California, he observado que los estudiantes que consideran ir a la universidad después del bachillerato a menudo se sienten abrumados. Este libro, *Graduarse sin deudas*, disipará sus preocupaciones. Cada capítulo arroja una luz sobre suposiciones específicas que aumentan ese sentimiento y luego desafía esas suposiciones con un análisis de datos que ayudará a los estudiantes a abordar sus preocupaciones. Si decides ir a la universidad, el libro de Shutler es tu nuevo mejor amigo. Te ayudará a lidiar con la ansiedad universitaria y a alcanzar la meta de graduarte sin deudas".

—**Robert G. Storm**, MA, exdirector, escuelas públicas, Wylie, Texas

"Soy madre y maestra de mis hijos, con una hija en la escuela secundaria y un hijo en bachillerato. Me he comprometido los últimos 10 años con la educación de mis hijos. Quiero que continúen con la universidad, pero no quiero que se endeuden. El libro de Shutler, *Graduarse sin deudas,* fue una oración respondida. Permitió a nuestra familia tener una conversación reflexiva sobre las opciones universitarias y cómo esas opciones pueden conducir a una deuda estudiantil onerosa. Nuestras decisiones sobre la educación universitaria ahora serán mucho más informadas e intencionales. Recomiendo encarecidamente este libro a los padres que son educadores en el hogar y a sus hijos que van encaminándose hacia la universidad".

—**Wendie Hosmer**, Madre y maestra en casa, Godfrey, IL

"Como directora de una escuela privada en Houston durante casi dos décadas, he hecho de la educación el trabajo de mi vida. Como mujer de color, la educación ha sido mi salvavidas. Mi abuela tuvo que abandonar la universidad porque no podía darse el lujo de terminarla, pero mi madre terminó su licenciatura y yo obtuve una maestría. Más recientemente, mi hija obtuvo su doctorado y ahora es profesora universitaria. En cuatro generaciones, la educación ha elevado a mi familia. Pero hemos tenido que incurrir en una gran deuda para alcanzar este objetivo. Entonces, cuando vi el libro de Shutler,

Graduarse sin deudas: escapa al estilo Matrix del endeudamiento estudiantil, me intrigó, por decir lo menos, y lo leí de inmediato. El libro ofrece formas para que todas las personas superen las suposiciones ocultas que conducen a la deuda universitaria. Recomiendo ampliamente este libro a todos los estudiantes, pero especialmente a los estudiantes de color, que aspiran a obtener una educación para mejorar sus vidas, generación tras generación".

—**Emily Smith,** MA, Directora de escuela jubilada,
The Branch School, Houston, TX

"Como veteranos discapacitados que usamos nuestros beneficios del GI (GI Bill) para gastos universitarios, no hemos experimentado personalmente la realidad de la deuda estudiantil, por lo que estamos aprendiendo el proceso en tiempo real con nuestros tres hijos. Debido a que un hijo está en un colegio comunitario, otro se está preparando para ir a una universidad fuera del estado y el otro todavía está en el bachillerato, lidiar con las solicitudes para la universidad, las becas y los préstamos estudiantiles es una prioridad en nuestras mentes. Es una lucha constante equilibrar nuestro entusiasmo y nuestra preocupación por su futuro financiero. *Graduarse sin deudas* ha demostrado ser la herramienta perfecta para facilitar una conversación significativa con nuestros hijos. Ofrece orientación fáctica de manera imparcial al desglosar 12 suposiciones comunes desde la perspectiva del estudiante. Poder abrir fácilmente esa puerta a la comunicación es solo el comienzo de los beneficios que ofrece este libro. *Graduarse sin deudas* ES una posibilidad real, y Dave Shutler ha trazado el camino para llegar allí. Recomiendo encarecidamente a todos los estudiantes de bachillerato y a sus padres que lean este libro… ¡cuanto antes mejor!"

—**Kelly & Brett Olson**, Veteranos USAF, Fredericksburg, VA

"Desearía que *Graduarse sin deudas* se hubiera escrito hace años, antes de que mis propios hijos comenzaran su trayectoria por la educación superior y antes de que ellos y yo adquiriéramos una gran deuda estudiantil. Podría ser una tarea difícil que le pidieras a tu hijo de bachillerato que lea este libro, ¡pero hazlo de todos modos! Léelo con ellos y discute cada capítulo. ¿Por qué somos conscientes de otros tipos de deuda personal, pero de alguna manera pasamos de largo la deuda estudiantil? Será uno de los mayores desafíos que enfrentará nuestra próxima generación, a menos que lean *Graduarse sin deudas* y pongan en práctica estos principios. El libro llega un poco tarde para mí y mi familia, pero es oportuno para millones de personas que comienzan su viaje universitario. Consigue una copia y devórala".

—**Tom Bronson**, Fundador de Mastery Partners, Inc.
y autor de *Maximisa los valores de la empresa—
Comienza con el fin en la mente*, Southlake, TX

"Como Exdirectora General del Instituto Nacional para la Evaluación de la Educación en Yucatán, México y autora de tres libros sobre consejería juvenil, considero que *Graduarse sin deudas* es una lectura esencial para padres y estudiantes de bachillerato que planean asistir a la universidad, particularmente los estudiantes hispanos. El libro de Shutler, es una caja de herramientas que los ayudará a navegar todo el trayecto para decidir a dónde ir y qué hacer después del bachillerato. El libro desenmascara 12 suposiciones falsas sobre la universidad que pueden llevar a las familias a endeudarse a largo plazo y luego ofrece recursos para evitar esa deuda. Para las familias que intentan tomar decisiones sabias referentes a la universidad y a las carreras, este libro ofrece consejos respaldados por datos que los ayudarán a enfrentar el proceso de decisión. Consigue este libro y abre un saludable debate familiar sobre cómo evitar la deuda estudiantil".

—**Estela Rodriguez**, ME., Exprofesora y autora de
Orientación Juvenil y Profesional I, II y III, Aubrey, TX

ESCAPA *al* ESTILO MATRIX
del ENDEUDAMIENTO
ESTUDIANTIL

GRADUARSE SIN DEUDAS

DAVID F. SHUTLER

JD, MBA

TRADUCIDO POR
ESTELA RODRIGUEZ

RIVER GROVE
BOOKS

Publicado por River Grove Books
Austin, Texas
www.rivergrovebooks.com

Continúa en la página "Créditos" en la página 282, que es una continuación de la página de derechos de autor

Distribuido por *River Grove Books*

Para obtener información sobre pedidos o descuentos especiales para compras al por mayor, comuníquese con Greenleaf Book Group en PO Box 91869, Austin, TX 78709, 512.891.6100.

Diseño y composición por Greenleaf Book Group
Diseño de portada por Greenleaf Book Group

El registro de catalogación en publicación del editor está disponible.

ISBN versión impresa: 978-1-63299-773-9

ISBN del libro electrónico: 978-1-63299-774-6

Primera Edición

"Para Anika, Zephyr y para ti"

Contenido

PRÓLOGO XVII

PREFACIO XX

RECONOCIMIENTOS XXXII

INTRODUCCIÓN 1

CAPÍTULO 1:
Tengo que ir a la universidad 11

CAPÍTULO 2:
Necesito un título universitario para ser exitoso 32

CAPÍTULO 3:
La matrícula es el costo total de la universidad 50

CAPÍTULO 4:
El colegio comunitario es un plan alternativo 85

CAPÍTULO 5:
Puedo vivir a bajo costo en el campus 95

CAPÍTULO 6:
Nunca podré calificar para obtener
subvenciones o becas 107

CAPÍTULO 7:
Puedo conseguir una beca deportiva 121

CAPÍTULO 8:
Necesito establecer contactos en la
universidad para tener éxito en la carrera. 138

CAPÍTULO 9:
Ir a la universidad es un esfuerzo libre de riesgos 152

CAPÍTULO 10:
Conseguiré un trabajo en mi campo que
cubrirá mi deuda. 166

CAPÍTULO 11:
Puedo conseguir un préstamo sin garantía. 177

CAPÍTULO 12:
Puedo cancelar mi deuda universitaria si me
declaro en bancarrota. 194

CONCLUSIÓN 211

LISTA DE FIGURAS Y TABLAS 220

RECURSOS PARA LECTURAS ADICIONALES. 221

NOTAS FINALES. 228

CRÉDITOS. 282

ACERCA DEL AUTOR 284

Prólogo

POR MÁS DE 30 AÑOS, he desarrollado información práctica, consejos y herramientas para ayudar a las familias y a los legisladores a tomar decisiones más inteligentes e informadas sobre la planificación y el pago de la universidad. En ese tiempo, publiqué varios libros, escribí miles de artículos, fui citado en más de diez mil artículos de periódicos y revistas, y frecuentemente fui testigo de ayuda financiera, becas, préstamos para estudiantes, planes de ahorro para la universidad y beneficios fiscales para la educación.

En este punto de mi carrera, estoy íntimamente familiarizado con las políticas, los procedimientos y las prácticas de ayuda financiera para estudiantes en la educación superior, así como con los estatutos, las normas y los reglamentos que los respaldan. Por lo tanto, ha sido una gran tristeza para mí ver el crecimiento en expansión del endeudamiento estudiantil y sus efectos en los estudiantes y sus familias. Debido a la falta de transparencia, cada vez más estudiantes solicitan cada año más préstamos escolares de lo que razonablemente pueden pagar.

Necesitamos nuevos enfoques sobre cómo sensibilizar a los estudiantes y a sus padres sobre los costos universitarios y la deuda educativa para que no caigan en la trampa del endeudamiento estudiantil. Dave Shutler presenta en su libro, *Graduarse sin deudas: escapa al estilo Matrix del endeudamiento estudiantil,* el enfoque justo para ayudar a los estudiantes y a sus padres a evitar deudas educativas. Este libro arroja una luz brillante sobre las suposiciones mentales a partir de las cuales operan los estudiantes y sus familias, y muestra cómo esas suposiciones pueden llevarlos por mal camino. Lo hace de una manera que te desarma. Es, al mismo tiempo, una lectura amigable para los estudiantes de bachillerato, una guía aleccionadora para sus padres y un resumen bien documentado para profesionales de la educación.

Como tal, el libro hace una contribución genuina para desentrañar el dilema del endeudamiento estudiantil. Comienza con 12 suposiciones sobre la experiencia universitaria que forman un cuadro delimitador que restringe y controla los procesos de pensamiento de los estudiantes y sus padres. Disecciona estas suposiciones, ayudándote a escapar del cuadro y pensar fuera de sus límites. Cuando estas suposiciones operan sin ser cuestionadas, pueden contribuir al padecimiento financiero. Pero cuando se les desafía, pierden el control de tu mente. Luego puedes escapar de la Matriz que te atrae a adquirir demasiadas deudas por préstamos escolares.

Dave Shutler es abogado de formación, empresario por elección y escritor por diseño. Se sintió motivado a escribir este libro debido a su experiencia como padre de tres graduados universitarios que batallaron con sus deudas. Después de esa experiencia, quedó intrigado por el rompecabezas que esto representó. Para resolver el rompecabezas, pasó muchos años investigando por qué la deuda estudiantil abruma a los estudiantes y sus familias.

Quizás fue el estatus de forastero de Shutler lo que le permitió descubrir este nuevo enfoque para presentar las suposiciones peligrosas que conducen a una deuda excesiva. O tal vez sea el hecho de que ha obtenido conocimientos de tantas carreras. Ejerció la abogacía federal durante más de 20 años como JAG (Juez Abogado General) en el ejército antes de jubilarse como coronel. Desde entonces, ha trabajado para una gran corporación, fundó y dirigió una empresa de construcción y ha desarrollado otras varias empresas comerciales. Él aporta la practicidad obtenida de estos esfuerzos comerciales y su experiencia de vida al libro.

Cuando Shutler me habló sobre su libro, acepté verificarlo. El incorporó mis sugerencias en el manuscrito final. Es por eso por lo que tú encontrarás una serie de referencias mías en las notas finales. A pesar de ser un recién llegado a este campo de estudio, estoy seguro de que sus argumentos están bien respaldados por la evidencia.

¿Quién debería leer este libro? Se lo recomiendo a los estudiantes de bachillerato y a sus padres como una vacuna contra los supuestos que generan la deuda estudiantil. Deben leerlo antes de elegir una universidad. También lo recomiendo a los profesores de bachillerato y consejeros escolares, así como a los educadores universitarios, porque presenta ideas frescas sobre el porqué y el cómo de la universidad. Este libro te ayudará a reestructurar tu forma de pensar acerca del endeudamiento estudiantil.

Prefacio

A PARTIR DEL 30 DE SEPTIEMBRE DEL 2022, el saldo de los préstamos *federales* para estudiantes era de US$1.6345 billones, con unos 43.5 millones de prestatarios adeudando un promedio de US$37,575.[1] Esas cifras representan un número alarmante de estudiantes universitarios que luchan para poder pagar onerosos préstamos escolares. Y eso es tan sólo la deuda federal. Después de agregar la deuda de préstamos escolares *privados* a la deuda federal, el saldo pendiente aumentó a US$1.768 billones al 30 de septiembre del 2022.[2]

Figura 1[4]

Esa deuda billonaria es difícil de entender, así que vamos a visualizar cómo se ven un millón, mil millones y un billón de dólares. Imagina un millón de dólares como 10 montones de billetes de US$100, cada uno apilado con una altura de 4.3 pulgadas.[3]

Un millón de dólares cabe en un maletín de tamaño estándar.

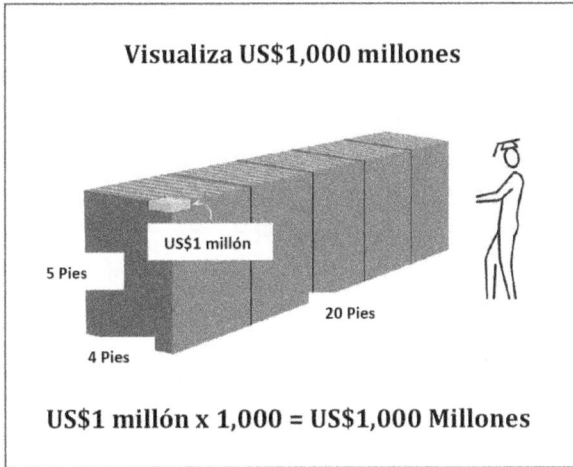

Figura 2[5]

Ahora imagina una fila de contenedores de cuatro por cuatro pies con billetes de US$100 apilados uno al lado del otro en cinco pies de alto. Esos son US$1,000 millones.

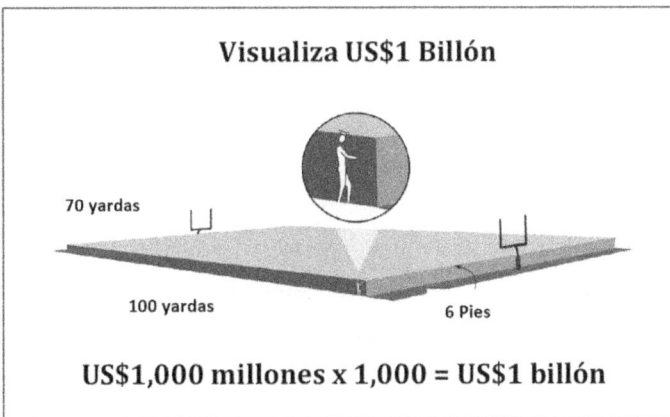

Figura 3[6]

Ahora imagina un campo de fútbol que mide 100 por 70 yardas cubierto con billetes de US$100 apilados en alrededor de 6.3 pies de alto. Eso es US$1 billón.

La deuda total de préstamos escolares que supera los US$1.768 billones es impresionante. Esa cifra eleva la altura de los billetes de US$100 apilados en el campo de fútbol de aproximadamente 6.3 pies a 10.6 pies de altura. La deuda de préstamos escolares de US$1.768 billones supera los préstamos para automóviles de US$1.397 billones, eclipsa la deuda de tarjetas de crédito de US$925,000 millones, y es superada sólo por la deuda hipotecaria de US$11.669 billones.[7] ¿Cómo creció la deuda nacional de préstamos escolares hasta este punto? Este libro revela varias razones de este crecimiento y las suposiciones detrás del problema de los préstamos escolares.

El creciente problema de la deuda

Nos referimos a este como un problema de préstamos escolares,[8] pero, lamentablemente, no son únicamente los estudiantes los que están atrapados en esta red. Los padres que apoyaron los sueños académicos de sus hijos a menudo se encuentran atrapados en apuros financieros similares. Después de ayudar con la educación de sus hijos, aproximadamente el 10% de los padres de universitarios ahora enfrentan la carga de sus propios préstamos onerosos, con estimaciones recientes que indican que los préstamos *Parent PLUS* superan un promedio de US$30,000.[9]

La combinación de préstamos para estudiantes y préstamos para padres en la deuda del hogar nos brinda una imagen más completa del problema que una familia puede experimentar. Según la Encuesta de Finanzas del Consumidor (SCF, por sus siglas en inglés) de la Junta de la Reserva Federal, que mide la deuda de los hogares, la deuda promedio de préstamos para la educación en los hogares fue de US$40,549.84 en el 2019, y estaba en manos del 21.4% de los hogares.[10] Esto representa a muchas personas debiendo mucho dinero.

¿Qué está pasando aquí? ¿Por qué hay tanta deuda de estudiantes (y padres)? Los estudiantes de bachillerato que aspiran a una educación universitaria generalmente lo hacen para mejorar su destino en la vida. Quieren obtener un trabajo mejor pagado y una carrera más gratificante. Ellos ven a la educación universitaria como su boleto para ese fin. Sin embargo, muchos de los que comienzan la universidad no son conscientes del riesgo de que sus esperanzas podrían desvanecerse incluso antes de obtener un título. Aun cuando hubiese una vaga conciencia de un problema de deuda, a menudo los estudiantes no lo relacionan con ellos mismos.

Muchos estudiantes no son conscientes del alto riesgo de no graduarse con el título que necesitan para saldar sus deudas. No se dan cuenta de que solo el 66% de los estudiantes que comenzaron a estudiar en universidades públicas en el 2014 realmente se graduaron seis años después, en el 2020.[11] El porcentaje de estudiantes universitarios que se graduaron de las universidades públicas en el curso general de cuatro años es aún más bajo, un 35%.[12] Peor aún, los estudiantes de "universidades privadas con fines de lucro" lograron una tasa comparable de graduación de seis años de solo el 25%.[13] En otras palabras, tres cuartas partes de los estudiantes que se matriculan en universidades con fines de lucro no se gradúan.

En resumen, muchos estudiantes universitarios parecen no considerar la posibilidad de fracasar cuando se embarcan en su recorrido académico. Sin pensar en el problema, pueden encontrarse con un grillete virtual alrededor del tobillo cuando se dan cuenta de que no tienen los recursos financieros para cubrir la carga de la deuda que acaban de adquirir.[14]

El riesgo de un estudiante de bachillerato de no graduarse de la universidad con el título que necesita para pagar su deuda estudiantil es alarmantemente alto. Esto significa que el riesgo de cargar con una deuda debilitante durante décadas también es muy alto. Un tema recurrente surge en la literatura sobre la deuda universitaria de estudiantes universitarios que acumulan deudas sin darse cuenta del peligro.

Una de las razones de esta falta de conciencia es el lenguaje confuso que contienen las cartas de otorgamiento de ayuda financiera para la universidad. Según un informe reciente de la Oficina de rendición de cuentas del gobierno (GAO, por sus siglas en inglés), las cartas de otorgamiento de ayuda financiera difuminan la distinción entre subvenciones y préstamos y, a veces, tratan a los préstamos como si redujeran los costos universitarios, en lugar de aumentarlos, lo que incrementa el riesgo de que los estudiantes se gradúen (o deserten) con una deuda estudiantil incosteable.[15]

La ley federal no requiere que las universidades proporcionen información

estandarizada en sus cartas de ayuda financiera. Si bien las universidades públicas lo cumplen, las instituciones privadas no están obligadas a hacerlo, lo que ha
sido una fuente del problema. La GAO recomienda que el congreso apruebe una
ley que obligue a las universidades a proporcionar información estandarizada.
Te recomendamos leer las 10 mejores prácticas de la GAO para protegerte.[16]

Este libro surgió de la preocupación de que los estudiantes universitarios y
sus padres carecían de la información y las herramientas para realizar un análisis
práctico de riesgos de la deuda universitaria. En el negocio de la construcción,
aprendí que una evaluación de riesgos precisa es esencial para la supervivencia
de mi empresa. Lo mismo se aplica a la supervivencia al endeudamiento estudiantil. En ambos casos, una evaluación de riesgos basada en hechos conduce
a tomar mejores decisiones y más informadas, y a tener menos disturbios en
la vida. Después de leer muchos relatos desgarradores sobre deudas escolares,
comencé a aplicar una evaluación de riesgos basada en negocios para analizar
los riesgos financieros que enfrenta un estudiante de bachillerato de 17 años
que solicita su ingreso a la universidad. En el entorno actual de colegiaturas
elevadas, existen muchos riesgos porque hay muchas incógnitas.

Además de los estudiantes que no terminaron sus carreras académicas,
me preguntaba acerca de aquellos estudiantes que terminaron con éxito una
carrera, pero asumieron que su salario inicial cubriría el pago de su deuda. ¿Cuál
era el riesgo de que, incluso si se graduaran después de cuatro o seis años, su
salario inicial no cubriera el pago mensual de su deuda y dejara suficiente para
vivir después?

Aquellos que completaron la universidad en el 2021 se enfrentaron a un
mercado laboral con un salario inicial promedio de alrededor de US$58,000.[17]
Pero en estos últimos años no ha sido tan fácil para los graduados encontrar
trabajo. El desempleo debido a las restricciones de trabajo por el COVID se disparó a principios del 2020 y fue un viaje lleno de baches hasta el 2022, cuando
se normalizó hasta alcanzar los niveles previos a la pandemia.[18] La pregunta que
debe abordarse es si el salario inicial cubrirá la deuda.

Naturalmente, uno supondría que el salario inicial promedio para los graduados universitarios de hoy habría aumentado sustancialmente en los últimos
50 años. No tanto. Durante ese período, en términos reales, los salarios se han
mantenido bastante estancados.[19] Aunque los salarios iniciales no han mejorado

sustancialmente en los últimos 50 años, la deuda estudiantil de los graduados universitarios se ha multiplicado como porcentaje del salario inicial.[20]

Hace cincuenta años, cuando estaba en la universidad en 1972, el salario promedio al graduarse era de US$10,000.[21] mientras que la deuda promedio al graduarse estaba estimada en alrededor de US$1,200.[22] lo que equivaldría a alrededor del 12% del salario promedio. La comparación del endeudamiento estudiantil promedio con el salario promedio al graduarse es una métrica útil para nuestra discusión porque mide cuánto esfuerzo se necesitará para pagar la deuda. En 1972, la deuda de los estudiantes se estimó en alrededor del 12% del salario.

Ahora, 50 años después, en el 2022, cuando la próxima generación comience la universidad, el salario inicial promedio al graduarse habrá llegado a US$58,862.[23] ¡Suena impresionante! Pero aquí está el truco: la deuda estudiantil promedio ha subido a US$30,000.[24] lo que significa que la deuda estudiantil promedio ha aumentado a más del 50% del salario inicial promedio.

Cuando ajustamos la inflación para comparar el poder adquisitivo relativo, vemos que un salario de US$10,000 en 1972 equivalen a US$54,898. hoy en día.[25] Esto revela que durante los 50 años transcurridos tan solo ha habido un modesto aumento en el poder adquisitivo real para cubrir el gran aumento de la deuda. Por lo tanto, en el lapso de una sola vida, mientras que los ajustes al salario debidos a la inflación se han mantenido relativamente estancados, la deuda estudiantil como porcentaje de esos ajustes de salario ha aumentado de alrededor del 12% a más del 50%.[26] El salario inicial es la plataforma con la cual los universitarios que se graduaron recientemente pagan su deuda estudiantil, por lo que el aumento de la deuda a más del 50% significa que una gran parte del salario se debe comprometer para pagar la deuda estudiantil.

Este aumento del endeudamiento estudiantil como porcentaje del salario se corrobora al relacionarlo con la accesibilidad universitaria, que es el costo de asistir a un año de universidad. La accesibilidad es una herramienta útil para comprender la deuda estudiantil, porque los mayores costos universitarios se correlacionan con una mayor deuda universitaria. Para el cálculo de la accesibilidad, contamos con informes sólidos de la *College Board* (Junta Universitaria) de los costos universitarios desde 1972, por lo que no tenemos que sacar los estimados.[27] En 1972, el costo promedio para asistir a un año de una universidad de cuatro años, incluyendo matrícula, cuotas, alojamiento y comida, hizo un total de US$3,090 (ajustados a US$21,690 de hoy). Para el 2022, ese costo ajustado de US$21,690 habían aumentado a US$53,430.28.[28] Al igual que el crecimiento del endeudamiento estudiantil, el costo promedio para asistir a la universidad se disparó[29] mientras que el salario promedio al graduarse se mantuvo relativamente estable en términos reales.[30]

En resumen, aunque el salario inicial promedio para los graduados universitarios ha sido relativamente estable durante los últimos 50 años, el costo de la universidad como porcentaje de ese salario se ha disparado. En consecuencia, incluso cuando un estudiante completa su título y califica para un trabajo en el campo elegido, su salario a menudo no cubre la deuda en la que ha incurrido para obtener el título. ¿Por qué pasa esto?

La graduación universitaria debe ser un momento de celebración, cuando los recién graduados se felicitan a sí mismos y a los demás por conseguir un empleo con un buen sueldo y mejorar su nivel de vida. En cambio, después de la graduación, muchos graduados universitarios se encuentran nadando en deudas a los 22 años, luchando para llegar al final del mes y sin los medios para pagar su deuda estudiantil.

Me preguntaba cuántos graduados se vieron afectados por la onerosa deuda universitaria. La respuesta es: muchos. Una estimación reciente indicó que el 70% de los estudiantes se gradúan con un promedio de US$30,000 en deuda estudiantil.[31] Otra estimación encontró que el 65% se gradúa con deuda estudiantil, y entre esos graduados, la deuda promedio de préstamos estudiantiles oscila entre US$30,030 y US$43,900.[3] Así que podemos estar seguros de que hay un número sustancial de estudiantes en este predicamento. A pesar de que esta parte de la historia del endeudamiento estudiantil está recibiendo más atención pública, hay muy poca orientación que señale los tropiezos de las diversas suposiciones sobre los costos universitarios y cómo escapar de ellos.

¿Qué pasa con la condonación del presidente de la deuda estudiantil?

Ahora espere un momento con toda esta palabrería sobre una crisis de deuda estudiantil. ¿No es cierto que leí en los periódicos que el presidente había perdonado la deuda estudiantil? ¿Por qué estamos hablando de esto? Gran pregunta. El 24 de agosto del 2022, el presidente anunció que "[e]l Departamento de Educación proporcionará hasta US$20,000 en cancelación de la deuda a los beneficiarios de la Beca Pell con préstamos del Departamento de Educación, y hasta US$10,000 en cancelación de la deuda a los que no sean beneficiarios de la Beca Pell". Los prestatarios son elegibles para este alivio si su ingreso individual es inferior a US$125,000 (US$250,000. para parejas casadas)".[33]

Si esta ley anunciada sobrevive a la revisión judicial,[34] será una buena noticia para muchos graduados universitarios que tienen deudas escolares, y tal vez no tan buenas noticias para los contribuyentes. Pero incluso si la ley anunciada por el presidente sobrevive a los desafíos legales, no solucionará el problema de los préstamos estudiantiles que enfrentan los estudiantes de bachillerato hoy en día por tres razones.

En primer lugar, la propuesta para la condonación de préstamos escolares por única vez no se aplicará a los futuros estudiantes universitarios porque el programa no será retroactivo y actualmente no tienen ninguna deuda universitaria que condonar. El plan de condonación de préstamos escolares propuesto por el presidente se aplica únicamente a los préstamos escolares federales realizados antes del 30 de junio del 2022, con la excepción de los préstamos de consolidación para los cuales se presentó una solicitud antes del 29 de septiembre del 2022. A menos que se implemente una nueva ley, los estudiantes de bachillerato actuales y futuros que vayan a la universidad aún deberán lidiar con la deuda universitaria.

En segundo lugar, muchas formas de deuda estudiantil están excluidas del plan de condonación del presidente. Por ejemplo, no se incluye la deuda privada, que asciende a aproximadamente el 8% del monto total del endeudamiento estudiantil. "Los prestatarios con préstamos privados para estudiantes, préstamos otorgados por bancos, cooperativas de crédito y prestamistas en línea, todavía están pendientes de sus pagos"[35]. Tampoco se perdona el monto del endeudamiento estudiantil actual que se encuentra fuera de los límites máximos declarados de US$10,000 y US$20,000. En consecuencia, alrededor de las tres cuartas partes del endeudamiento estudiantil de US$1.7 billones continuará siendo una carga para los graduados universitarios siempre y cuando se implemente el plan de condonación de la deuda anunciado por el presidente.

La tercera razón por la cual los estudiantes de bachillerato hoy en día no pueden beneficiarse con el plan de condonación anunciado es porque no aborda los problemas sistémicos subyacentes de los incentivos de los prestamistas o universidades con programas de préstamos escolares. Irónicamente, de hecho, puede exacerbar el problema para los estudiantes de bachillerato actuales si sirve para "animar a los estudiantes a obtener más préstamos."[36] Esto se debe a que los incentivos de los colegios y universidades no se ven particularmente afectados por la propuesta de condonación de préstamos escolares. Su preocupación radica en la disponibilidad de préstamos escolares para cubrir los costos de funcionamiento de sus instituciones, no en la disponibilidad de la condonación de préstamos. En consecuencia, independientemente del resultado final del plan de cancelación de la deuda propuesto,[37] se recomienda a los estudiantes de bachillerato que estudien las diversas opciones de préstamos escolares al comienzo de sus carreras universitarias y tracen un curso a seguir para minimizar su deuda estudiantil.

Por qué escribí el libro

No soy banquero ni educador de profesión, y no tengo ningún entrenamiento formal o certificación en el campo de la ayuda financiera. Pero como abogado y padre, me preocupa profundamente que el ámbito financiero universitario no ofrezca igualdad de condiciones a los estudiantes. Los estudiantes que ingresan con experiencia de vida y conciencia económica limitadas están en clara desventaja frente a las universidades y los prestamistas con personal capacitado profesionalmente. Un estudiante de bachillerato sin experiencia y sus desprevenidos padres deben dominar una variedad vertiginosa de programas, leyes y reglas para tener alguna esperanza de analizar el riesgo de la deuda universitaria. La terminología sola es desconcertante.

Dado que no estoy formalmente capacitado en el campo de la ayuda financiera, el lector podría preguntarse cómo terminé escribiendo el libro. Nuestra familia experimentó de primera mano el aumento de los costos universitarios durante los últimos 24 años. Nuestro primer hijo asistió a St. John's College en Santa Fe, una escuela privada, de 1998 a 2002. Esto fue antes de la fuerte escalada de los costos de matrícula, y sus costos totales promediaron alrededor de US$35,000 por año. Nuestro segundo hijo asistió a la Universidad de Brown entre 2002 y 2006, otra escuela privada. Sus costos totales promediaron alrededor de US$45,000 por año. Nuestro tercer hijo asistió a la Universidad de Nueva York de 2006 a 2010 y pagó un promedio de US$55,000 al año. Entonces, en el transcurso de 12 años, vimos que los costos de universidades privadas con niveles similares aumentaron de US$35,000 a US$55,000. Aunque esta escalada fue solo anecdótica en mi experiencia personal, desvió mi atención hacia el problema de los préstamos escolares.

Impulsado por esta experiencia, me fascinó el tema del aumento de los costos de la educación superior y comencé a coleccionar artículos de periódicos y otros medios de comunicación sobre la deuda estudiantil que llamó mi atención. Tenía curiosidad por encontrar las razones detrás de los crecientes costos universitarios. Después de un tiempo, recopilé un caudal de artículos, libros, revistas, editoriales y sitios web. Mientras leía estos materiales, comenzaron a surgir patrones. Los patrones se convirtieron en temas recurrentes y comencé a notar que todos los temas se originaban de un conjunto de suposiciones que los estudiantes tenían sobre la universidad. Cada uno de los supuestos tenía algún tipo de falla, pero si era adoptado, podría resultar costoso para el estudiante.

Entonces se me ocurrió analizar el problema de la deuda universitaria desde la perspectiva de un estudiante de bachillerato a punto de embarcarse en la aventura universitaria. En lugar de verlo desde la perspectiva de las instituciones universitarias, los prestamistas o los legisladores, decidí examinar las suposiciones detrás de esta creciente deuda a través de los ojos de un estudiante de bachillerato y de su manera de pensar. Ese examen también incluiría las suposiciones de los padres, educadores, banqueros, legisladores y contribuyentes, quienes son los interesados en la empresa del endeudamiento estudiantil. Analizaría las suposiciones subyacentes que todos tenemos comúnmente sobre la universidad para ver por qué están llevando a los estudiantes a dañarse financieramente y cómo podemos obtener claridad para evitar ese daño.

Cuando mis tres hijos se graduaron de universidades privadas a principios de la década del 2000, observé que los costos universitarios que enfrentaban eran mucho más altos que los que había enfrentado una generación anterior. En números redondos, mi universidad privada en 1972 costo alrededor de US$7,000 al año, mientras que las universidades privadas de mis hijos dieron un brinco de US$35,000 a US$55,000 anuales durante un lapso de doce años. Ahora, en el 2022, doce años después de que mi tercer hijo se graduara, las universidades privadas de nivel similar cuestan entre US$75,000 y US$80,000 al año.[38] Es un gran aumento en un período relativamente corto. ¿Qué había detrás de ese aumento en los costos de pregrado?

Asistir a la escuela de posgrado después de la universidad puede agregar otra dimensión a la deuda. Después de la universidad, uno de mis hijos fue a la facultad de derecho para obtener su título de doctor en derecho (JD) y luego obtuvo una maestría en derecho (LLM) en impuestos. Sus cinco años de escuela de posgrado generaron más de US$150,000 de deuda como estudiante de posgrado, además de lo que aún debía de la educación de pregrado. Esta deuda ha sido difícil de manejar y sus opiniones han sido informativas.

Uno podría pensar que, como abogado y propietario de un negocio, yo habría evaluado el riesgo del endeudamiento estudiantil para mis propios hijos y los habría ayudado a evitarlo. No. Desconocía por completo los riesgos a los que se enfrentaban. Incluso como un "hombre inteligente certificado" con dos grados universitarios, nunca me di cuenta de que la deuda estudiantil había estado tejiendo una telaraña alrededor de mi familia hasta que mi tercer hijo terminó la licenciatura. Francamente me sentí como un tonto al no haber advertido las señales.

A partir de esta experiencia personal, extrapolé que las personas de cualquier nivel educativo y estatus socioeconómico pueden enredarse en deudas escolares. Cuando pensé en otras familias que podrían ser menos afortunadas que la nuestra, me di cuenta de que aun cuando el problema de la deuda fue difícil de manejar para mí, sería devastador para aquellos que actualmente viven en desventaja socioeconómica.

La vida de estas familias puede verse afectada por el endeudamiento estudiantil y los destrozos que deja. Los estudiantes de diecisiete años en general, y en particular los que se encuentran en circunstancias difíciles, pueden no ser conscientes de los riesgos que suponen para ellos las suposiciones que tienen acerca de la universidad. Y desprotegidos por ignorar ese hecho, están en peligro de ser arrollados por circunstancias fuera de su comprensión.

Reflexionando más sobre la experiencia de financiar la universidad, me di cuenta de que me había metido en el problema porque personalmente tenía una serie de suposiciones que resultaron ser incorrectas y costosas. Al escribir este libro, quería identificar aquellas suposiciones erróneas sobre los costos universitarios bajo las cuales había trabajado y someterlas al análisis que no había realizado cuando tuve que tomar las decisiones universitarias. La investigación de este libro fue un viaje de descubrimiento. Reveló un tesoro oculto de información al que no había accedido o considerado cuando mis hijos asistían a la universidad. El libro está destinado a ayudar a la próxima generación de estudiantes de bachillerato y a sus padres a acceder a ese tesoro y navegar las aguas de la deuda universitaria en su propio viaje de descubrimiento.

En resumidas cuentas, este libro está diseñado para alertar a los estudiantes de bachillerato y a sus padres sobre varias suposiciones erróneas en torno a la deuda estudiantil, ayudarlos a discernir la realidad detrás de las suposiciones y ofrecer medidas preventivas para evitar las consecuencias de dichas suposiciones. Tales acciones tomadas al comienzo de sus carreras universitarias podrían minimizar la deuda estudiantil en el momento de la graduación.

Dado que este libro está siendo publicado en medio de un entorno de cambios rápidos referentes al endeudamiento escolar, los hechos citados pueden ser rebasados por los acontecimientos en el momento en que los lea. Lo mejor que podemos hacer es poner una señal en las arenas movedizas como referencia para avanzar hacia adelante. El libro hace eso. Para tener en cuenta el entorno cambiante, se incluyen numerosos sitios web y referencias a lo largo del libro, así como en las notas finales para que los lectores puedan obtener datos en tiempo real en áreas de interés y adaptar su investigación a circunstancias individuales.

Este libro ha sido traducido al español para permitir a las familias discutir su contenido y trazar un curso hacia la educación superior. En muchas familias hispanas de hoy, los miembros mayores hablan español mientras que los miembros más jóvenes hablan el inglés con mayor fluidez. Con esta traducción, la familia podrá mantener una conversación más cómoda sobre los costos universitarios y la deuda estudiantil.

Reconocimientos

VARIOS PROFESIONISTAS EXITOSOS contribuyeron directa e indirectamente con este libro a través de sugerencias amistosas y apoyo. Sarah Hoagland Hunter, reconocida autora de libros para niños, me ofreció consejos prácticos sobre el proceso de publicación y me alentó con entusiasmo a lo largo del camino. Un socio comercial, Gary Robertson, leyó el manuscrito desde la perspectiva tanto de un padre como de un empleador y me ofreció valiosos consejos en ambas áreas. Durante varios años, Sanford C. Wilder del Instituto *Unlearning*, ha brindado consejos sólidos sobre técnicas de escucha y sugerencias útiles para aclarar el propósito del libro.

Opiniones a nivel de campo acerca de los programas atléticos en las universidades fueron ofrecidas por John Brodhead Jr., MD, vicepresidente ejecutivo del Departamento de Medicina de la Escuela de Medicina Keck de la Universidad del Sur de California (USC), ex médico del equipo de USC Athletics y director de Medicina Deportiva. El conocimiento íntimo del Dr. Brodhead sobre los programas atléticos universitarios resultó invaluable.

Varios consejeros universitarios ofrecieron sus ideas sobre cómo este trabajo podría ser más relevante para los estudiantes de bachillerato que van a ir a la universidad. Habiendo guiado a nuestros hijos en sus viajes universitarios, Veronica Pulido de St. Mark's School de Texas y Casey Gendason, quien ahora ofrece servicios de orientación universitaria privada en Dallas, brindaron consejos prácticos para abordar las preocupaciones de la generación actual de aspirantes a estudiantes. Rebecca Larkin, EdD, educadora de una escuela privada durante 40 años, revisó el libro desde la perspectiva de una educadora profesional y ofreció ideas desde su amplia experiencia..

A lo largo de la redacción del libro, conté con una excelente asistencia editorial y de investigación. Cuando comencé con el proyecto, tuve la suerte de trabajar con Dan Ayagh, JD, un abogado experto en tecnología con excelentes habilidades analíticas y una perspectiva práctica. Estoy en deuda con Dan por investigar varios capítulos del manuscrito con minucioso cuidado y persistencia, y por su perspicaz trabajo sobre opciones de colegios comunitarios. Asimismo, la Sra. Mary Magouirk, SHRM-SCP, brindó percepciones callejeras sobre numerosos temas relacionados con Recursos Humanos tanto desde su experiencia personal como desde la investigación profesional.

Dos destacados diseñadores gráficos, Reed Sullivan y Russell Brown, me ayudaron a visualizar y convertir conceptos complejos en gráficos vinculantes. Estoy en deuda con ambos por la ilustración de la deuda universitaria como un hoyo que se está cavando y por la representación del costo total del interés acumulado de la deuda universitaria. Cuando uno mira un diseño gráfico terminado, generalmente no se le ocurre cuánto trabajo creativo está involucrado en el desarrollo del diseño. Después de haber trabajado este proceso con Reed y Russ, ahora conozco el nivel de energía creativa involucrada y tengo un profundo aprecio por su compromiso con el oficio.

Por muchos años me he beneficiado del sólido asesoramiento financiero de Richard Craft, AIF, ChFC, CPFA, CLU, del Grupo Asesores de Capital. Su percepción financiera me ayudó a estructurar el capítulo tres y los datos representados en los gráficos sobre deuda. El estímulo constante del Sr. Craft y el sólido asesoramiento comercial, también me incentivaron para completar este proyecto.

Comenzando con un manuscrito de abecedario, mi editora independiente, la Sra. Hallie Raymond, cinceló su camino a través de incontables iteraciones tempranas para esculpir un documento bien equilibrado. También estoy en deuda con los profesionales de *Greenleaf Book Group* por guiar mis esfuerzos de escritura por primera vez. Justin Branch dirigió el esfuerzo general. Lindsey Clark, Matthew Baganz y Jeanette Smith realizaron cada uno excelentes servicios editoriales, Sally Garland brindó un excelente soporte de permisos y

Jared Dorsey creó el atractivo gráfico de la portada y el diseño del libro. Brian Welch brindó valiosos consejos de producción y puso a prueba una publicación impresa pulida hasta su finalización. Muchas gracias al equipo de *Greenleaf Book Group* por su sólida orientación profesional.

Cuando el manuscrito estaba casi terminado, se lo envié a Mark Kantrowitz, un experto de renombre nacional en materia de ayuda financiera y programas de préstamos escolares. Para mi gran deleite, aceptó mi invitación para verificar el trabajo y sus extensas observaciones lo enriquecieron sustancialmente. Él también me honró con un prólogo del libro, que le agradezco mucho. El conocimiento enciclopédico del señor Kantrowitz sobre el campo de la ayuda financiera y su voluntad de compartir ese conocimiento sumaron enormemente al trabajo terminado.

El libro existe en gran medida gracias a los esfuerzos de mi padre, Teniente General Philip D. Shutler, USMC (retirado). Su sabio consejo por muchas décadas ha sido "encontrar una necesidad y satisfacerla", el cual he tratado de seguir al escribir este libro. Más recientemente, él me dio esperanza durante algunos días decididamente oscuros y me ofreció una ayuda crucial en un momento en el que penosamente más lo necesitaba. A medida que el libro estaba a punto de terminarse, sabiamente me aconsejó formas de simplificar el mensaje. Gracias, papá.

Un agradecimiento especial a mis tres hijos mayores, Nathan, Nolan y Neale, quienes tuvieron que experimentar muchos de los problemas que se abordan en este libro. Trabajando a través de múltiples problemas que surgieron durante sus 12 años combinados de educación universitaria, descubrí una amplia gama de preguntas que no había considerado cuando estaban en la escuela. Después de graduarse y comenzar a pagar sus deudas universitarias, también compartieron sus opiniones e inquietudes sobre el dilema del endeudamiento estudiantil, las cuales fueron invaluables. Mis nietos, Anika, Zephyr y "los que vendrán", me motivaron a ayudar a la nueva generación a enfrentar el enigma de la universidad con los ojos bien abiertos y un juego completo de herramientas. Gracias a cada uno de ustedes.

Finalmente, no podría haber escrito el libro sin el desinterés, la perseverancia y la sabiduría de mi esposa, Katie, cuyo incansable apoyo y amor fueron y son una fuente constante de inspiración.

Introducción

LA DEUDA ESTUDIANTIL PUEDE DESACOMODAR tu vida. En un artículo escrito por H. Miller, titulado "He estado en el fondo por tanto tiempo que me ha parecido como una deuda: la lucha de una familia estadounidense por la redención de los préstamos estudiantiles ", el Sr. Miller describe su lucha con la "deuda estudiantil como interminable".[1] El artículo ofrece una mirada profunda de cómo las suposiciones de la escuela preparatoria pueden conducir a una deuda universitaria difícil de manejar. Relata varias suposiciones. El Sr. Miller sostuvo que a los 17 años decidió asistir a la Universidad de Nueva York (una universidad privada de primer nivel en Manhattan) e ilustra el proceso por el cual las suposiciones primero se afianzan en el pensamiento y luego tienen un impacto en las elecciones de vida.

Después de graduarse con una deuda estudiantil de US$100,000 y luchar para pagar la cuenta mensual de US$1,100 con su salario de maestro,[2] el Sr. Miller reflexionó sobre las suposiciones que contribuyeron con sus circunstancias financieras difíciles. Estas simples suposiciones sobre la universidad ilustran cómo una idea puede afianzarse e impactar la obligación de deuda universitaria.[3]

1. "El dinero no importa". Aunque el Sr. Miller sabía que su educación universitaria costaría unos US$50,000 al año, su familia decidió que el costo no importaba porque una buena educación era importante.

2. "Encontraremos una manera de pagar". Aunque el costo de la educación del Sr. Miller estaba más allá de las posibilidades económicas de

sus padres y no tenían ningún plan para financiarlo, asumieron confiadamente que más tarde podrían resolver esto de la mejor manera.

3. "El valor de la educación no tiene precio". El Sr. Miller y sus padres trataron su experiencia universitaria como si estuviera "por encima del costo",[4] pero su amarga experiencia con la deuda estudiantil desacreditó esa suposición. Se dio cuenta de que su educación tenía un precio, y tendría 44 años cuando finalmente lograra saldarlo con intereses de US$182,000.[5]

La intención de Mr. Miller cuando inicio sus estudios en la Universidad de Nueva York (NYU, por sus siglas en inglés) era allanar el camino hacia una edad adulta significativa a través de una educación universitaria, pero su experiencia de vida dio un cambio debido a sus suposiciones. Como él mismo dijo: "Qué ironía que las decisiones que tomé sobre la universidad cuando tenía 17 años han desviado mi meta".[6] Esta es la raíz del dilema que enfrentan hoy día los estudiantes de bachillerato. Las suposiciones que tienen como jóvenes de 17 años en la adolescencia tardía pueden determinar su experiencia de vida como adultos emergentes. Esas suposiciones, por lo tanto, deben ser examinadas con detenimiento. Este libro aborda 12 suposiciones similares a las tres que impulsaron al Sr. Miller. Los 12 supuestos crean una manera de pensar que puede conducir al sufrimiento financiero.

La analogía de Matrix y los préstamos escolares

La primera película de la franquicia *The Matrix,* una película de ciencia ficción de 1999 la cual representa un futuro distópico, comienza con el protagonista, Neo, atrapado sin saberlo en una realidad simulada.[7] Con la ayuda del guía Morpheus (interpretado por Laurence Fishburne), Neo (interpretado por Keanu Reeves) observa que, *dentro* de la realidad simulada de Matrix, las personas están siendo explotadas de sus recursos por un sistema que agota la vida. Cuando él escapa fuera de Matrix, puede ver que las personas dentro de Matrix en realidad están siendo engañadas por una realidad simulada generada por imágenes de computadora para que entreguen su fuerza vital.[8]

En la película, Morpheus le da a Neo una opción entre una pastilla azul y una roja para alentarlo a elegir la misión de su vida. La píldora azul le permitiría a Neo permanecer en una ignorancia feliz de su entorno, mientras que la píldora roja le revelará una verdad inquietante pero que a la vez le cambiará la vida. Neo decide tomar la pastilla roja y ver el mundo tal como es para poder lidiar con él en toda su aleccionadora realidad.[9]

Después de tomar la píldora roja, Neo puede observar dos realidades diferentes. Se da cuenta de que la realidad que el experimenta está determinada por su pensamiento dentro o fuera de Matrix. Neo ve que la computadora genera una realidad virtual en la que él parece residir, y que, en realidad, no existe. Descubre que puede liberarse de esta realidad virtual pero que le costará un esfuerzo heroico escapar.

Tomar la píldora roja le permite a Neo pensar fuera de Matrix y ver el mundo como realmente existe. La película captura maravillosamente esta percepción de la realidad en una escena de lucha en la que el antagonista, el Agente Smith, dispara varios tiros a Neo, quien es capaz de esquivar cada bala dándose cuenta de que en realidad es una imagen generada por computadora formada por una corriente de ceros y unos inofensivos.[10]

Muchos estudiantes que solicitan actualmente su ingreso a la universidad operan dentro de una realidad percibida de forma similar. A diferencia de la realidad generada por computadora en *The Matrix*, esta realidad percibida está formada por un conjunto de suposiciones. Estas suposiciones surgen de un conjunto de circunstancias complicadas e interrelacionadas las cuales serán abordadas en este libro, involucrando a universidades, prestamistas y al gobierno federal. Las políticas promulgadas por estas instituciones, a pesar de ser bien intencionadas, han tenido el efecto no deseado de adormecer a los estudiantes y padres haciéndoles pensar que pueden endeudarse en su camino a la universidad sin consecuencias económicas. Este libro es la píldora roja para ese mito.

Graduarse sin deudas te ofrece una visión sin filtros de la realidad económica que rodea a la deuda causada por préstamos estudiantiles. Brinda estrategias para que tú y tus padres puedan escapar de esta deuda al comprender las suposiciones detrás de ella. El libro te alienta a tomar decisiones informadas acerca de tu educación y sus costos.[11] Pero, tal como Neo descubrió, tomar la píldora roja requerirá determinación de tu parte.

A lo largo de este libro, nos referiremos a pensar *dentro de la Matriz del endeudamiento estudiantil* como una forma abreviada de la realidad percibida dentro de la red formada por las 12 suposiciones. *Pensar fuera de la Matriz del endeudamiento estudiantil* se refiere al uso de un análisis basado en hechos para descifrar los supuestos. Al tomar la píldora roja y decidir continuar, está eligiendo pensar de manera creativa y desafiar las suposiciones dentro de la Matriz del endeudamiento estudiantil, en lugar de mantenerlo cautivo por ellos.

Por eso, gran parte del libro puede parecer un poco deprimente. Mientras avanzas, recuerda que al hacerlo podrás navegar por las decisiones financieras que enfrentas como estudiante universitario con una comprensión de las consecuencias de tus decisiones. Serás capaz de trazar un plan de acción que tenga sentido económico para ti y tu familia.

¿Por qué me importa?

A los 16 o 17 años, quizás tú no piensas mucho acerca de cómo vas a pagar por tu universidad o que tan grande será tu deuda. Si eres un estudiante de bachillerato de tercer o cuarto grado, viviendo el mejor año de tu vida hasta ahorita. Irónicamente, estas probablemente estresado porque estas tratando de decidir a qué universidad ir y qué carrera elegir. Como si no fuera suficiente, si le agregas la presión de los padres, consejos no solicitados de los amigos y un sentimiento de incertidumbre, quizás querrás lanzar todo el proceso de decisión de la universidad por la ventana.

La razón por la cual te importa es porque quieres evitar una deuda costosa en el futuro. Este libro te ofrece un mapa con el cual podrás navegar a través de potenciales obstáculos basado en datos duros. Como tal, esto construye algo de certeza basada en hechos acerca de las muchas elecciones dudosas que tienes que enfrentar. También ayuda a liberar algo del estrés y ansiedad que estarás experimentando en lo referente a la universidad.

Habiendo observado a tres generaciones de amigos y familia navegar la experiencia de la universidad, yo creo que el sueño de graduarse enfrente a una estruendosa ovación de tu familia y amigos es aún valida. Pero pienso que el sueño debe ser cambiado, añadiéndole dos palabras. En el sueño actualizado, tú te gradúas sin deudas frente a la estruendosa ovación de tu familia y amigos.

Existe espacio para el sentimiento de logro y la satisfacción de alcanzar una meta de largo plazo. Pero esos resultados valiosos no deberían de ensombrecerse por una deuda avasalladora.

¿Cómo comienzan las suposiciones acerca de la universidad?

Estás considerando tus opciones, pensando acerca de cómo tus calificaciones del bachillerato se amontonan unas contra otras, y juzgando en qué universidades serías aceptado. Estas preocupado por tus resultados de SAT y ACT (si es que son requeridos en tu universidad elegida), también estas preocupado por si te ha ido bien en los exámenes AP, y analizando si tienes suficientes actividades extracurriculares, actividades como voluntario y pasatiempos para enlistar en tu solicitud. Tus padres, consejeros escolares y amigos te han dicho que estas cosas pueden impactar tu habilidad de asistir a la universidad de tu elección.

¿Estás decidiendo a qué universidad quieres ir? ¿Quieres ir a la que fueron tus padres? ¿A la que irán tus amigos? ¿A una de las escuelas mejor ranqueada en los Estados Unidos? ¿Alguna con una fraternidad o hermandad en particular? O quizás estás pensando en la reputación de la universidad o las conexiones de sus carreras o las becas que tiene disponibles.

Las páginas web de las universidades quizás enfaticen el tamaño de la escuela, su localización en cuidades vibrantes o paraísos rurales idílicos, y el *ranking* en *"US News & World Report"*. Estas suelen resaltar los recursos de la escuela, el nivel de atletismo interuniversitario y la calidad de sus instalaciones deportivas, las fortalezas de los departamentos académicos, y la calidad de sus profesores. Tú asumes que todos estos factores son importantes de considerar, y comienzas a sentirte abrumado. En esta maraña de pensamientos, algunas suposiciones empiezan a surgir y a dictar tus elecciones relacionadas con la universidad. Ahora es el momento de estar alerta sobre las suposiciones y aprender a pararlas cuando surjan en tus pensamientos.

Por ejemplo, ¿Por qué? el criterio antes mencionado surge cuando piensas en la universidad? Porque los estudiantes a veces poseen una serie de suposiciones similares a las de la mayoría de las personas que influyen en sus vidas (compañeros, redes sociales, padres, maestros y consejeros). Estas suposiciones evolucionan a través de las interacciones con estas personas de influencia. Tu quizás no te has dado cuenta de que posees estas suposiciones o no sabes cuándo o dónde las adquiriste. Pero estas suposiciones fallan al no referirse al punto crítico de cómo vas a pagar por tu universidad. Sin haber definido esta situación, los estudiantes que buscan una mejor vida a través de la educación universitaria pueden terminar en un desastre económico.

Así que este libro va a poner a un lado el ruido que provocan los criterios universitarios y se va a enfocar en una pregunta muy simple: ¿Cómo vas a pagar la universidad? Es importante considerar un financiamiento a la medida, así como un programa académico y social que se adecúen a la decisión universitaria. Para calcular dicho financiamiento a la medida, un buen referente es el *college affordability index* (índice de costeabilidad de la universidad). Este mide la proporción entre el precio neto de un año y el ingreso anual de una familia. Bajo el índice de costeabilidad de la universidad, si el precio neto es menor que el 25% del ingreso familiar, entonces la universidad es costeable. Junto con una escuela con seguridad académica, considera elegir una escuela financieramente segura, en la que puedas costear tu matrícula aun si no calificas en ninguna ayuda financiera. Conviértete en una persona sensible a los precios y haz de la costeabilidad una consideración primordial.

Típicamente, en este punto, los adultos jóvenes están planeando pagar su escuela:

- ahorrando dinero para la universidad;

- solicitando subvenciones y becas;

- trabajando mientras estudian para ganar dinero para sus gastos; y

- solicitando préstamos para cubrir los costos no cubiertos de la universidad

Pero quizás tu no tengas un principio de organización en particular y tus ideas pudiesen estar dispersas.

Una buena manera de organizar tus ideas es aplicando un enfoque "pasado-presente-futuro" para financiar tu universidad. El pasado hace referencia a tus ahorros acumulados para la universidad y programas a largo plazo como planes 529; estos se refieren a contribuciones de los padres y a los ingresos de los estudiantes, así como exenciones de impuestos y regalos de ayuda; y el futuro se refiere a los prestamos escolares para cubrir las necesidades que se tengan después de haber agotado los recursos pasados y presentes. Utilizar este tema te ayuda a pensar en cómo dividir los costos en el tiempo y cómo lidiar con un tema complejo en términos simples.

¿No sería bueno ser capaz de ver como otros estudiantes y sus familias están aplicando este enfoque de "pasado-presente-futuro" para financiar sus universidades? En particular, ¿no sería bueno ver un ejemplo de cuánto dinero debería venir y de cuál fuente? Felizmente, existe un gran recurso para esto. Echa una mirada al libro de *Sallie Mae, Cómo América paga por la universidad 2022*.[12] Este incluye una tabla que muestra varios recursos de financiamiento para la universidad. En el año académico 2021-22, alrededor de del 43% fue financiado con el ingreso de los padres y con ahorros. 26% fue por becas y programas de financiamiento, 11% fue con ingresos del estudiante y ahorros, 10% fue de préstamos del estudiante, 8% fue de préstamos de los padres y 2% de parientes y amigos.[13] Armado con esta información, tú puedes empezar a construir un plan para plantear cómo vas a pagar por tu universidad, en vez de simplemente asumir que todo va a estar bien. Estas a punto de entrar en terreno complicado, y vas a necesitar un plan sólido para navegar a través de la deuda escolar. Considera las plantillas de trabajo con porcentajes de *Sallie Mae*.

Tal vez eres muy afortunado por tener padres que tienen la solvencia para firmarte un cheque para pagar los costos de tu universidad sin afectar sus carteras. Aun cuando tus padres tuvieran los recursos financieros para mantenerte durante la universidad, tanto tu como tus padres querrán gastar esos recursos sabiamente. Reservar esos recursos puede ayudarte a generar una base sólida para iniciar tu carrera, hacer un viaje a Europa después de graduarte o comprarte una casa. En consecuencia, ya sea por sabiduría, necesidad o ambas, tu querrás tener un plan para poder pagar la universidad y tomar en cuenta las suposiciones planteadas en este libro para mejorar tu cuadro financiero después de graduarte.

Cómo reconocer la Matriz del endeudamiento estudiantil

La Matriz del endeudamiento escolar, como se define en este libro, es un juego de 12 suposiciones acerca de la universidad. Imagina cada supuesto representado por una sola línea y 12 líneas simples combinadas para formar un cubo o una caja. Esa caja representa una trampa mental que puede atrapar un estudiante de bachillerato que se dirige a la universidad. Tú puedes reconocer generalmente una suposición de la Matriz del endeudamiento estudiantil si termina costándote dinero. Escaparse de la Matriz de préstamos estudiantiles requiere del mismo proceso consciente que utilizo Neo para escapar de la realidad simulada que el experimento: viendo a través de las apariencias de la realidad escondida.

Una vez que las 12 suposiciones contenidas dentro de la Matriz de préstamos a estudiantes ha sido retada, un estudiante puede operar libre de fantasías mientras trabaja hacia una recompensante vida adulta. Ellos podrán ver los riesgos que están enfrentando y navegar alrededor de ellos hasta encontrar un puerto seguro, ya sea desde adentro o afuera de la experiencia universitaria. Al pensar en la Matriz del endeudamiento estudiantil desde fuera, las suposiciones de los estudiantes acerca de la universidad no podrán atraparlos en una vida debilitada por deudas.

En este libro, cada capítulo plantea una de las 12 suposiciones que forman la Matriz del endeudamiento estudiantil. Conforme te vas familiarizando con ellas, empezarás a notar cuando se presentan las suposiciones en tu cabeza, y estarás preparado para retarlas. Como Neo, tú serás capaz de discernir si la bala dirigida hacia ti es únicamente inofensivos ceros y unos. El capítulo con la conclusión ofrece una mirada adicional hacia alternativas emergentes a una deuda educativa onerosa. También hay recursos que se presentan en el libro que te ayudarán a planear tu trayectoria financiera a lo largo de la universidad.

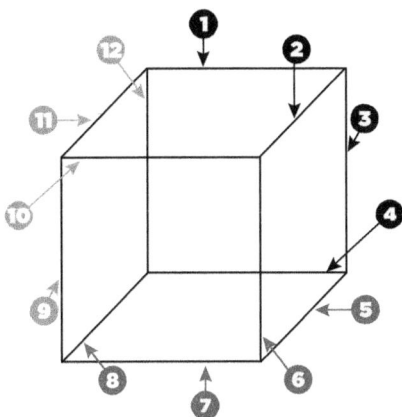

Figura 4

Aquí están las doce suposiciones que forman la Matriz del endeudamiento escolar:

1. Tengo que ir a la universidad.

2. Necesito un título universitario para ser exitoso.

3. La matrícula es el costo total de la universidad.

4. El colegio comunitario es un plan alternativo.

5. Puedo vivir a bajo costo en el campus.

6. Nunca podré calificar para obtener subvenciones o becas.

7. Puedo conseguir una beca deportiva.

8. Necesito establecer contactos en la universidad para tener éxito
   en la carrera.

9. Ir a la universidad es un esfuerzo libre de riesgos.

10. Conseguiré un trabajo en mi campo de trabajo que cubrirá mi deuda.

11. Puedo conseguir un préstamo sin garantía.

12. Puedo cancelar mi deuda universitaria si me declaro en bancarrota.

Eres joven, estas experimentando los mejores años de tu vida hasta ahorita. Estas emocionado porque te vas a graduar del bachillerato y te diriges hacia un mejor futuro, y así debería de ser. Una vez que hayas escapado de la Matriz de endeudamiento estudiantil, podrás estar seguro de que el futuro hacia el que te acercas no es una ilusión, y serás capaz de construir los cimientos del éxito basándote en la realidad. Tomemos esa pastilla roja e iniciemos.

CAPÍTULO 1

>ooooc ̀ ̀ooooc

Tengo que ir a la universidad

LA SUPOSICIÓN MÁS BÁSICA de la Matriz de endeudamiento estudiantil es *tengo que ir a la universidad*. Esta suposición fue satirizada en la comedia clásica de 1980 *Caddyshack*[1] durante una escena en el campo de golf de Bushwood. Danny Noonan (el caddie interpretado por Michael O'Keefe) le confía a Ty Webb (el prodigio del golf interpretado por Chevy Chase) que en realidad no quiere ir a la universidad, aunque cree que debería hacerlo y su familia quiere que vaya.

En la calle, Noonan declara: "Tengo que ir a la universidad, tengo que".

Webb no está de acuerdo y luego llega al meollo del asunto. "No, la cosa es, Danny, ¿quieres ir a la universidad?" La escena es mucho más divertida que este recuento, pero debajo de este diálogo se encuentra un verdadero dilema. La idea de que simplemente "tienes" que ir a la universidad se les presenta a los estudiantes estadounidenses a una edad temprana y se refuerza de innumerables maneras.[2]

En este momento, mientras lees esto, probablemente te estas preguntando por qué esta suposición está aquí. Como estudiante de secundaria o preparatoria, probablemente hayas asistido a presentaciones escolares y escuchado de consejeros, directores, bibliotecarios y maestros de tu escuela que el próximo paso obvio para ti, es la universidad. Tal vez tus padres te hayan inscrito en programas de verano para obtener mejores calificaciones y mejorar tus puntajes en las pruebas estandarizadas. Tal vez te hayas inscrito en actividades extracurriculares para fortalecer tu solicitud. Después de toda esta preparación, te ha quedado muy claro: tienes que ir a la universidad para ser exitoso; necesitas un título para tener una carrera que sea gratificante.[3]

Muchos estudiantes incluso llegan a juzgar sus posibilidades en la vida por su capacidad para ingresar a una universidad prestigiosa. Este mensaje funciona como un disco duro en el fondo de sus mentes, aunque la universidad no sea una buena opción para ellos y aunque no tengan los recursos para ir a la universidad. Muchos estudiantes de bachillerato ven la asistencia a la universidad como un rito inevitable de paso a la edad adulta, una obligación incuestionable, lo que hay que hacer. Tomemos un momento para cuestionar esta suposición fundamental.

¿Tienes que ir a la universidad para tener una carrera satisfactoria o una vida significativa?

Tú no tienes que ir a la universidad

No, No tienes que ir a la universidad para tener una carrera satisfactoria o una vida significativa. De hecho, asistir a la universidad podría ir en contra de tus intereses a largo plazo, particularmente si se excede financieramente o se pasan por alto otros prospectos profesionales significativos que van mejor contigo.

Podría alejarte de carreras viables que requieren menos tiempo de preparación y menos dinero para prepararse que, por ejemplo, un ingeniero o un educador. Esto podría incluir carreras con un punto de entrada como una licencia, una certificación o un título de asociado, como técnico de emergencias médicas o electricista.

Muchas carreras no requieren un título o educación post bachillerato. Por ejemplo, podría ser gerente de un restaurante de comida rápida. ¿Suena un poco contradictorio? Ser gerente de un restaurante de comida rápida no parece una gran aspiración para un estudiante extraordinario que está a punto de ir a la universidad como tú, ¿verdad? Tú tienes que ir a la universidad.

Sin embargo, fuera de la Matriz del endeudamiento estudiantil, ser gerente de comida rápida es una carrera honorable, útil y necesaria de la que muchos estadounidenses han llegado a depender para su sustento, sin mencionar sus comidas. Una amiga mía me confió que cuando su padre era padre soltero y tenía tres hijos pequeños que alimentar con el salario de un maestro, confiaba en el McDonald's cerca de su casa. El gerente allí publicó un especial los miércoles que le permitió a su padre alimentar a sus tres hijas de manera económica y rápida al menos un día a la semana, lo que le permitió tener más tiempo para calificar tareas escolares y hacer los deberes del hogar, lo que le dio oportunidad de pasar más tiempo con sus hijos. El gerente de ese McDonald's alimentó a esta familia y probablemente a muchas otras familias en circunstancias similares, brindando comida caliente a quienes la necesitaban. Los gerentes de franquicias de comida rápida alimentan a Los Estados Unidos y emplean a innumerables adultos jóvenes, jubilados y otras personas que necesitan trabajos de nivel inicial.[4]

Dentro de la Matriz del endeudamiento escolar, eso puede no parecer tan impresionante. Fuera de la Matriz, hay muchas carreras que no requieren títulos universitarios y que realizan funciones comunitarias similares que valen la pena. ¿Podrían nuestras ideas preconcebidas sobre trabajos que no requieren un título ser un indicador de cuán cegados estamos por la suposición de la Matriz de que tenemos que ir a la universidad?

Un buen lugar para analizar la validez de la suposición predominante *tengo que ir a la universidad* es un estudio conocido popularmente como el *Proyecto Hamilton* que fue actualizado recientemente.[5] El título completo del estudio es "Decisiones importantes: lo que un graduado gana durante toda su vida". Fue publicado originalmente en el 2014 por el Instituto Brookings y actualizado en octubre del 2020 por la Dra. Kirsten Broady y el Dr. Brad Hershbein como parte de una serie de estudios del *Proyecto Hamilton* para abordar políticas económicas sólidas.

Este estudio informativo rastrea el salario de por vida de 98 carreras universitarias y proporciona una calculadora de deuda universitaria para cada una de esas carreras. El estudio del *Proyecto Hamilton* es citado a menudo por la creencia de que "los graduados universitarios ganan más dinero durante su vida que los no graduados". La génesis de esta propuesta fue un estudio anterior publicado por la Oficina del Censo de EE. UU. en el 2002 que arrojó una diferencia citada con frecuencia de US$1 millón, entre el poder adquisitivo de toda una vida de un graduado universitario y un no graduado.[6] En este mismo sentido, el Centro Educativo de la Universidad de Georgetown y el departamento del trabajo publicaron un estudio informativo que se enfoca en las ganancias del primer año de 37,000 estudiantes y la deuda en 4,400 instituciones.[7] La implicación combinada de estos tres estudios es que tienes que ir a la universidad para ganar más dinero. Mientras que esta premisa es direccionalmente correcta, la clave para determinar su validez en tu caso individual es la carrera universitaria.

El Proyecto Hamilton y otros estudios relacionados merecen una lectura cuidadosa, tanto por su tratamiento en la premisa central con respecto a las ganancias de por vida como por su análisis del poder adquisitivo de varias carreras universitarias. La validez de la proposición de que los graduados universitarios ganan más dinero a lo largo de su vida se basa en gran medida en la carrera que el estudiante seleccione en la universidad. Diferentes carreras generan diferentes salarios después de la graduación, así que, si el objetivo es ganar más dinero, ten cuidado con el potencial de ingresos de la carrera que elijas.

¿Cuál es el valor de una carrera universitaria?

El *Proyecto Hamilton* y los estudios citados[8] son particularmente útiles para los estudiantes que están a punto de irse a la universidad, ya que los ayuda a entender y comparar el poder adquisitivo de varias carreras universitarias. Esto les ayudará a comprender mejor desde el punto de vista económico como elegir su carrera y su universidad. El éxito financiero no tiene por qué ser el único motivador para elegir una carrera universitaria, pero es una consideración razonable tomando en cuenta la deuda estudiantil. Y es importante utilizar los datos disponibles al elegir entre universidades y sus carreras departamentales. Seleccionar una carrera universitaria con los ojos bien abiertos acerca de su poder adquisitivo a futuro, no es mercenario, es simplemente una buena práctica. Puedes evitar un gran susto después de graduarte de la universidad, cuando descubras que el título que tanto te costó ganar en tu amada licenciatura no te dará un trabajo que te permita pagar por la gran carga que representa la deuda estudiantil que acabas de acumular.

Al profundizar más en el proyecto Hamilton encontramos que su conclusión real es que *la mediana* del salario de los graduados universitarios es más alta que *la mediana* del salario de los no graduados universitarios. Si bien, esa conclusión es una descripción precisa de los datos analizados, los hallazgos del estudio están más matizados de lo que en realidad muestran. Aquí está el lenguaje real del análisis de Broady y Hershbein de los datos actualizados: "En *la mediana*, las ganancias profesionales para un graduado de licenciatura son más del doble que para alguien que solo tiene un diploma del bachillerato o GED, aproximadamente un 70% más que para alguien con algunos estudios universitarios, pero sin título, y más del 45% más alto que para alguien con un título de asociado".[9]

A primera vista, esa conclusión parece ser una motivación económica que vale la pena para ir a la universidad. Pero toma nota en el término "mediana", que se refiere al punto medio de los valores observados, cuando se utiliza como base para el supuesto de un salario más alto y considera que las 98 carreras diferentes necesariamente tienen 98 resultados salariales diferentes.

Por supuesto, *la mediana* del salario citado para los graduados universitarios indica una diferencia sustancial en el poder adquisitivo de los graduados universitarios y los no graduados. Pero, como te dirán los expertos en estadística, en el uso de la mediana (el medio de una lista ordenada de números) para hacer la comparación, a menudo los valores atípicos en un conjunto de datos son ignorados. Volvamos al estudio para ver qué dice sobre los valores atípicos.

El estudio hace dos observaciones adicionales, ambas minimizando la conclusión de *la mediana* del salario. En primer lugar, algunos trabajadores sin título universitario logran mayores ingresos profesionales que algunos trabajadores con una licenciatura.[10] Curiosamente, esto incluye a algunos trabajadores con licenciaturas en las carreras con mayores ingresos, lo que contradice la noción de que un título universitario conduce necesariamente a mayores ingresos de por vida. Esta simple observación es solo un bache en el camino de *tengo que ir a la universidad*. Pero espera, hay otro.

Además de las diferencias en los ingresos a lo largo de la vida entre trabajadores con y sin títulos, existe una amplia variación en los ingresos entre trabajadores con diferentes carreras universitarias. Específicamente, "para la mediana de graduados de una licenciatura, las ganancias acumuladas de por vida para los trabajadores en todo tipo de especializaciones oscilan entre US$770,000 (educación de la primera infancia) y US$2.28 millones (ingeniería aeroespacial)".[11] Esta es una diferencia en las ganancias de por vida de más de US$1.5 millones para los graduados universitarios con diferentes especialidades.

Debido a que la mediana se ubica en el punto medio de un rango de ganancias de por vida (en este caso, entre US$770,000 y US$2.28 millones), la experiencia real de un estudiante individual en una especialización dada podría diferir significativamente de la mediana. ¿Qué sucede con las ganancias de por vida de los estudiantes que obtienen un título costoso en un campo de trabajo mal remunerado? Esto es esencialmente lo que le sucedió al Sr. Miller, el graduado de la Universidad de Nueva York citado en la introducción, cuyos costosos títulos en inglés le permitieron obtener un trabajo en educación con salarios relativamente bajos.

De manera similar, los estudiantes que eligieron una carrera en un campo de trabajo relativamente bien remunerado después de asistir a una costosa universidad privada aún pueden tener dificultades para hacer los pagos de la deuda. Un miembro de la familia, por ejemplo, eligió la carrera de derecho después de graduarse de una universidad de la *Ivy League*. El continúa haciendo pagos mensuales de la carga de su deuda 15 años después de graduarse. Sus ganancias de por vida pueden ser más altas, pero el pago mensual de la deuda está reduciendo su poder adquisitivo actual.[12]

El punto a considerar es que, dado que la mediana es simplemente el punto medio de la escala, la premisa de que ir a la universidad mejorará automáticamente tu potencial de ganancias futuras debe cuestionarse antes de que puedas confiar en ella para guiar tus elecciones. La suposición de que *tengo de ir a la universidad* no es una mala suposición, solo una que invita a una profunda reflexión a la luz de las realidades económicas y su elección individual de carreras. En algunos casos, tiene más sentido elegir su carrera antes de elegir su universidad.

La premisa también podría cuestionarse en su base subyacente: que un salario más alto es el resultado de una educación superior, a veces denominada *sueldo premium*. Esa afirmación suena lógica y parece tener sentido. Pero se puede argumentar sólidamente que el salario más alto que ganan los graduados universitarios no se debe a lo que les aportó la experiencia académica, sino a lo que ellos aportaron a la experiencia académica. Un artículo de Josh Mitchell que invita a la reflexión desafía la premisa de que un salario *premium* de un universitario mejora el futuro económico del estudiante como resultado de un título universitario.[13] En "Elevar los niveles educativos proporciona un impulso económico decreciente" el Sr. Mitchell señala que "el argumento de salario *premium*" es una observación improbable porque muchos graduados llegaron a la universidad con habilidades propias, que simplemente fueron perfeccionadas durante los cuatro años que pasaron en la universidad. En consecuencia, el título en sí solo facilita que los responsables de contratación seleccionen candidatos dignos para el trabajo.[14]

El debate entre *la naturaleza y la crianza* está en curso, pero no hay debate sobre la necesidad de trabajadores altamente calificados fuera de los que tienen títulos de licenciatura. Como vimos cuando la pandemia de COVID estaba en su máximo apogeo, los oficios críticos como plomeros, electricistas y técnicos de calefacción, ventilación y aire acondicionado (HVAC) son esenciales para las operaciones del hogar, la oficina y los hospitales. Las personas pueden calificar para estos oficios con uno o dos años de universidad y un programa de entrenamiento, en lugar de una carrera de cuatro años. Incluso los campus universitarios no pueden operar por mucho tiempo sin ellos.

La alta demanda ha llevado a salarios más altos y empleos más estables para los técnicos de HVAC que para algunos graduados universitarios. En un pasaje digno de mención, el propio *Proyecto Hamilton* reconoce que "algunos trabajadores sin una licenciatura tienen ingresos laborales más altos que algunos trabajadores con una licenciatura."[15]

Haz un análisis de tus creencias y metas, y cuestiónate lo que has escuchado en la calle. ¿Tienes la impresión de que las ocupaciones en oficios o en campos que no requieren un título son de alguna manera de segunda categoría o menos deseables? Esa es la impresión que pueden haber creado algunos consejeros escolares y eventos de ferias universitarias, tanto antes como después de COVID. ¿Es esto cierto?

Es curioso que no solemos ver ferias vocacionales en los bachilleratos patrocinados por sindicatos en lugar de universidades. ¿Estos eventos animarían a los estudiantes a visualizar los oficios como las ferias universitarias animan a los estudiantes a visualizar la universidad? ¿Dónde están las ferias de trabajo con puestos atendidos que promocionen los beneficios de ser un técnico de emergencias médicas (EMT) con licencia, enfermera médica, panadero, barbero, chef o agente de bienes raíces? Muchas escuelas preparatorias ofrecen educación vocacional como parte integral del plan de estudios de la escuela, pero existe la percepción de que los puestos vocacionales no pagarían tan bien como un plomero, electricista o técnico de HVAC, que requieren generalmente como mínimo un certificado y un programa de entrenamiento, por lo que la educación vocacional puede obtenerse en un plazo más corto. La dirección general dentro de la Matriz de préstamos estudiantiles es hacia el logro académico que conducirá a la matriculación en un colegio o universidad de cuatro años.

¿Por qué no vemos eventos patrocinados por la Administración de Pequeñas Empresas (SBA por sus siglas en inglés) que promocionan habilidades técnicas vocacionales como servicios de refrigeración, aislamiento, instalación de tuberías, plomería o soldadura? Ah, espera. Sí vemos estos eventos. Se llaman ferias de carreras o ferias de trabajo y promueven una amplia gama de carreras. De hecho, la SBA organiza estos eventos a menudo junto con los Centros de Desarrollo de Pequeñas Empresas (SBDC por sus siglas en inglés). Si los SBDC no te resultan familiares, tómate un tiempo para revisarlos. Son el motor detrás de los 27 millones de pequeñas empresas en Estados Unidos y, a menudo, están ubicadas en colegios comunitarios locales. Aunque las ferias de carreras pueden no ser una gran atracción para muchos estudiantes de bachillerato que irán a la universidad, tu querrás saber qué recursos se ofrecen para que puedas tomar una decisión informada.

Como propietario de un negocio, he asistido a numerosos programas de capacitación ofrecidos por la SBA en los SBDC del área de Dallas durante dos décadas. Muchas de las personas que he conocido en estos programas están iniciando empresas relacionadas con el comercio y trabajando arduamente para ofrecer productos y servicios valiosos. Quizás los estudiantes universitarios pasen por alto estas opciones de carrera porque los oficios existen como una cultura fuera de La Matriz, lo que conduce a un tiempo mínimo de atención en algunas escuelas de bachillerato. No caigas en la falacia de que las escuelas técnicas y los SBDC no tienen nada que ofrecerte.

La demanda de trabajadores calificados es muy alta. La gente en Texas aprendió el valor de un buen plomero cuando las tuberías de agua se congelaron durante la mega tormenta de hielo (llamada "*Snowpocalypse*") en el 2021. Debido a las bajas temperaturas, se produjeron fugas de agua en todo el norte de Texas. Con una gran escasez de plomeros, la demanda se disparó. Dado que la demanda de trabajadores calificados es alta, sus salarios son altos, lo que le da a un estudiante motivos para cuestionar la premisa general de que un título universitario conducirá a mayores ganancias de por vida.

Debido a que se requieren habilidades técnicas en la industria de la construcción, estoy familiarizado con los altos salarios disponibles para los trabajadores técnicos. El salario medio de un instalador de tuberías en la ciudad de Nueva York, al momento de escribir este artículo, es de US$60,643 por año,[16] sin incluir bonos. De manera similar, la mediana de los salarios de los oficiales de policía en la ciudad de Nueva York es de US$74,100.[17] Otras ciudades tienen estructuras salariales variables, pero tal compensación frecuentemente se compara favorablemente con los graduados universitarios que ganan entre US$50,000 y US$60,000 al año aproximadamente a la misma edad.

Este simple hecho desafía la suposición de que las carreras técnicas son menos lucrativas y, por lo tanto, menos deseables que otras profesiones. La suposición también puede cuestionarse con base en el propósito subyacente de la escolarización: encontrar una buena carrera adecuada para cada uno de los estudiantes y prepararlos para ella. Las personas que están interesadas en el área de humanidades en la universidad pueden no ser adecuadas para convertirse en instaladores de tuberías o electricistas, y viceversa. El objetivo para los estudiantes de bachillerato debe ser encontrar una carrera que se adapte a ellos y pague el flete por la carga de la deuda del préstamo estudiantil requerida para que califiquen en esa carrera.

¿Tengo que ir a una universidad de cuatro años?

Esto nos lleva de vuelta a lo que tienes que hacer. Si tienes que ir a la universidad, ¿tienes que ir a una institución de cuatro años para obtener un título?

Considera la experiencia de vida de un conocido en Dallas, Texas, cuya experiencia educativa es un modelo de pensamiento práctico. Este estudiante tenía estudios académicos sólidos y una fuerte ética de trabajo, pero los recursos familiares o el apoyo financiero eran limitados. Quería obtener un título universitario, pero ni él ni su familia tenían los medios para financiar la experiencia tradicional de cuatro años en el campus. Entonces, decidió asistir a un colegio comunitario local mientras trabajaba medio tiempo y vivía en su casa. Después de completar los primeros dos años del colegio comunitario, se transfirió a una universidad estatal local, siguió viviendo fuera del campus con sus padres y se graduó en cuatro años. El día de la graduación, él y sus padres estaban sin deudas. Muchos estudiantes, hasta cierto punto, están siguiendo esta ruta.

En resumen, el no necesitaba ir a un programa de grado de cuatro años o a una universidad costosa para lograr una carrera exitosa. En su lugar, el encontró una forma práctica de solucionar el dilema del endeudamiento estudiantil. Lamentablemente, esta experiencia puede ser la excepción y no la regla. De los estudiantes que tienen la intención de obtener una licenciatura, pero comienzan en una universidad de dos años, solo alrededor de uno de cada cinco logra obtener una licenciatura en seis años.[18] Eso se compara con dos tercios de los estudiantes que logran obtener una licenciatura cuando la empiezan en una universidad de cuatro años. Entonces, volveremos a la ruta de los colegios comunitarios en el capítulo cuatro y consideraremos los beneficios de esta ruta para evitar o minimizar la deuda universitaria. También consideramos si en realidad necesitas asistir a la universidad. Esa suposición debe cuestionarse desde el principio, para determinar qué es lo mejor para ti, considerando tus circunstancias económicas.

Pero ¿qué tal si todavía quieres ir a la universidad? ¡Genial, vete! Ciertamente hay valor en una educación universitaria, y ciertamente hay buenas razones para obtener un título. Si bien la universidad no es para todos, si decides que la universidad es adecuada para ti, selecciona cuidadosamente tu carrera. La idea es elegir sabiamente tu licenciatura para asegurarte de que ir a la universidad para obtener un mejor futuro para ti, no se convierta en un retroceso para tu futuro debido al peso de una deuda aplastante.

Asiste a una universidad que puedas pagar

Muchos estudiantes, al decidir asistir a la universidad, hacen dos suposiciones relacionadas. Primero, asumen que deben asistir a la mejor universidad en la que sean admitidos. En segundo lugar, ellos, y sus padres, asumen que pueden encontrar una manera de pagarla sin importar el costo. En la introducción, el Sr. Miller cayó preso de estas dos suposiciones relacionadas. Eligió NYU porque creía que debería ir a la mejor escuela en la que fue admitido. Luego, sus padres lo animaron a asistir, diciendo que encontrarían la manera de pagar la cuenta. Tú y tus padres pueden tener ideas similares al contemplar esa encantadora Universidad de Nueva Inglaterra con un campus frondoso y un precio estratosférico. No seas víctima de la falacia de que debes ir a la mejor escuela que te acepte. Esta suposición puede ser financieramente desastrosa y puede acumular un Monte Trashmore de endeudamiento universitario. En su lugar, planea ir a la mejor escuela que puedas pagar y que te permita graduarte sin o casi sin deudas.

Como estudiante de bachillerato en 1970, estas dos suposiciones me impulsaban cuando se trataba de mi propia educación universitaria. En aquel entonces, cuando tenía 17 años, tenían mucho sentido. Pero en ese entonces, las suposiciones no terminaron siendo un detrimento porque el costo para asistir a una universidad privada como Duke en la década de 1970 era mucho menor. El riesgo de acumular una enorme carga de deuda en ese momento era relativamente bajo. De hecho, la noción de una enorme deuda nunca se me ocurrió. Pero los tiempos han cambiado, y esas viejas suposiciones deben darle paso a una nueva realidad.

En los últimos 50 años, los costos de la misma universidad han aumentado más de diez veces, de alrededor de US$7,000 hasta más de US$80,000 por año. De acuerdo con los materiales publicados por la Universidad de Duke sobre ayuda financiera, en 2021-2022 el costo anual por asistencia es de US$81,488, sin incluir transporte. Los materiales de ayuda financiera indican que más del 52% de los estudiantes de Duke no pagan el costo total, pero eso significa que el 48% sí lo hace. Dado que solo el 12% de los estudiantes de la Universidad de Duke reciben Becas Federales Pell, lo cual está muy por debajo del promedio nacional, podemos suponer que la mayoría del 48% del cuerpo estudiantil de Duke que paga la tarifa completa proviene de familias que pueden pagar el costo.[19]

Dado el costo cada vez más elevado de asistir a la universidad en general (y las instituciones privadas en particular), la suposición de que *debo ir a la mejor universidad a la que pueda ingresar* debe ser desafiada. Las duras experiencias de numerosos graduados encadenados por sus deudas ilustran lo mal que puede funcionar esa suposición en la realidad económica actual.

De manera similar, cuando los estudiantes o los padres asumen que pueden encontrar una forma de pagar la universidad, la suposición merece una cuidadosa consideración. Puede convertirse en un problema, particularmente si la decisión se le deja únicamente al estudiante. En un artículo del *Washington Post* que invita a la reflexión, la columnista Michelle Singletary, madre de tres graduados universitarios sin deudas, ofrece ideas profundas a los padres sobre este delicado tema:

- "No dejes la decisión en manos de un joven de 18 años.

- No dejes que la capacidad de pedir mucho dinero prestado dicte tu decisión.

- No ignores la carga a largo plazo que la deuda por préstamos estudiantiles puede tener en tu presupuesto mensual.

- No supongas que solo estarás en apuros financieros durante cuatro años.

- No te creas la exageración de que lo que más importa es la universidad".[20]

Este sabio consejo merece una discusión significativa entre estudiantes y padres porque desafía la suposición de que *podemos encontrar una manera de pagar la universidad.*

Los costos inflados de las universidades son análogos a los costos inflados de los salarios en los deportes profesionales y debe analizarse cuidadosamente por las mismas razones. Michael Lewis, en el libro *Moneyball,*[21] señaló que hace algunas décadas, cuando los jugadores de béisbol ganaban alrededor de US$100,000 al año, el costo total de una lista completa del equipo era relativamente bajo, por lo que el desempeño de un jugador en el campo no necesitaba ser minuciosamente escudriñado a través de un análisis de datos. El riesgo de contratar a un jugador de bajo rendimiento era bajo en comparación con el costo total de las operaciones del equipo de béisbol. Sin embargo, en las últimas décadas, con jugadores de béisbol que ganan individualmente millones de dólares al año, el costo de las listas de equipos se ha disparado. Ahora se ha vuelto fundamental para los directivos de béisbol confiar en un análisis de datos detallado acerca del rendimiento del fildeo y bateo de un jugador para determinar el valor real de cada jugador de acuerdo con lo que le aporta al equipo.[22]

La misma necesidad de un análisis cuidadoso de los datos se aplica ahora al proceso de toma de decisiones de la universidad, y por la misma razón, lo que está en juego es demasiado valioso como para simplemente adivinar. Si bien puede ser cierto que tus padres pueden encontrar una manera de pagar por tu universidad, también podría ser cierto que la única manera es a través de los préstamos Federales *Direct Parent PLUS*,[23] que pueden ser devastadores, como veremos más adelante.

En este punto, es necesario decir algo sobre la calidad de la educación y el valor del dólar en las universidades de primer nivel. En términos generales, cuanto más se pague por cualquier cosa, incluida la experiencia universitaria, mejor será. El valor de una educación en la *Ivy League* puede estar mucho más allá de su precio en términos de relaciones formadas, redes creadas y exposición al talento de profesores de primer nivel. Además, debido a las amplias cualidades que se les atribuyen a estas universidades de ser superiores, la carga financiera de cualquier estudiante podría resultar menor que la de su contraparte en una universidad menos competitiva y menos costosa.

Hay una razón por la cual las universidades de la *Ivy League* son tan prestigiosas. Se han ganado su reputación como campos de prueba selectivos para desarrollar talento a lo largo de los siglos, independientemente del argumento de *la naturaleza frente a la crianza*. En consecuencia, uno no puede criticar que las universidades sean altamente selectivas o que los estudiantes tengan suerte por asistir a ellas. (Además, sonaría como comer uvas amargas si menospreciara a las *Ivy Leagues*, ya que no pude ingresar a Harvard en mis años de escuela preparatoria). Las escuelas son excelentes y sus estudiantes son de primer nivel. Pero si nos salimos de la Matriz de endeudamiento estudiantil, podemos observar que el costo de asistir a ellas se ha disparado hasta tal punto que son inalcanzables sin ayuda financiera para la mayoría de las familias.

Dicho esto, si decides que ir a la mejor universidad en la que puedas ser admitido es el plan correcto para tu futuro, sigue el camino de *Moneyball* el cual consiste en hacer un análisis cuidadoso de datos para encontrar una manera de pagar por el privilegio. La mayoría de los estudiantes no pueden darse el lujo de esperar hasta el final para encontrar una manera de pagar por sus estudios.

Ahórrate algunos problemas a futuro al formular en el *presente* un plan financiero para hacer frente a costos ya conocidos desde el principio.

Considera pagar la universidad a través del servicio militar

Muchos aspirantes a estudiantes universitarios descubren que pueden financiar su educación a través de oportunidades con las Fuerzas Armadas de los Estados Unidos. Los miembros del servicio pueden ganar créditos universitarios a través de cursos de capacitación técnica y también pueden solicitar asistencia para la matrícula que puede reducir enormemente (en un 75%) el precio de la universidad. Becas universitarias a través del programa del Cuerpo de Entrenamiento de Oficiales de Reserva (ROTC, por sus siglas en inglés) ofrecen cobertura total y parcial de los costos universitarios y pueden llevarte a que te comisionen en las Fuerzas Armadas.[24] En ROTC, requieren que tomes clases de ciencia militar y condicionamiento físico que también pueden calificar como horas electivas en tu escuela. Tomando el primer año de ROTC sin el compromiso de un servicio activo a largo plazo es una forma de saber si una carrera militar es adecuada para ti.

Las cuatro academias militares ubicadas en West Point, Annapolis, Colorado Springs y New London presentan una oportunidad inigualable para una excelente educación, sin mencionar la perspectiva de tener un empleo garantizado en un campo elegido durante varios años después de graduarse de la universidad y una base sólida para una carrera civil después de eso. Pero ser seleccionado para una academia militar en EE. UU. es extremadamente competitivo, ya que requiere una nominación de tu congresista o senador, y también requiere un esfuerzo académico, atlético y extracurricular que algunos pueden encontrar difícil de ejecutar.

Financiar tu educación a través del servicio militar puede ocurrir más allá del ROTC y las academias militares. Los graduados de la escuela preparatoria pueden considerar alistarse en los servicios, asistiendo a escuelas técnicas militares que ofrecen entrenamiento en áreas tales como propulsión a chorro, tecnología de la información y HVAC. Estos campos militares están directamente relacionados con carreras civiles homólogas.

Personas enlistadas de manera regular en las fuerzas armadas que sirven continuamente durante 90 días, también pueden ser elegibles para la Ley GI Post-9/11, que cubre el costo total de la matrícula y tarifas en universidades públicas de cuatro años, así como también ofrece prestaciones para alojamiento y costos de libros.[25] Si estás considerando esta ruta, ten en cuenta que "el Programa Yellow Ribbon puede ayudarte a pagar por la matricula y tarifas de escuelas de nivel superior que están fuera de tu estado, privadas, extranjeras o de posgrado que no cubre el proyecto de ley GI posterior al 11 de septiembre".[26] Además de ayudar a reducir el costo de la universidad, los programas militares incluyen capacitación en administración y liderazgo que también pueden aplicarse en entornos civiles. Durante una carrera de 24 años en la Fuerza Aérea de EE. UU., me beneficié de varios de estos programas de capacitación en liderazgo y puedo dar fe del nivel de instrucción y el valor de la experiencia. Aparte de desarrollar el carácter, inculcan una actitud positiva que es atractiva para los empleadores cuando te entrevistan para un trabajo después de servir.

Educación a la carta

¿No estas interesado en el servicio militar? ¿Tienes que ir a la universidad? ¿Te falta dinero para pagarlo? DE ACUERDO. Existen numerosas rutas alternativas para financiar un título universitario sin deudas, incluso antes de que toquemos la cuestión de las becas y financiamientos en el capítulo seis. Algunas de estas rutas alternativas para pagar la universidad están ocultas a simple vista.

La primera ruta alternativa para pagar la universidad es trabajar en una franquicia de comida rápida, en donde un estudiante puede aprovechar el salario competitivo, la comida económica, los horarios flexibles y las becas que se ofrecen. Llamamos a esta oportunidad *educación a la carta* porque (a) suena chic y (b) hay un amplio menú de opciones disponibles para un estudiante emprendedor. Las oportunidades que una franquicia de comida rápida pudiese ofrecer a sus empleados probablemente no cubrirán el costo total de la carrera de un estudiante. Pero, aun así, pueden servir como componentes básicos del paquete total. Consideremos los pros y los contras de los programas de becas de *educación a la carta* disponibles en varias franquicias famosas de comida rápida en Estados Unidos.

McDonald's. Quizás el restaurante de comida rápida más conocido en el mundo ofrece un pago inicial de US$7.86 a US$40.12, según la ubicación. McDonald's ofrece un reembolso de la matrícula del 20% de hasta US$3,000 al año en universidades seleccionadas. También ofrece un generoso programa de becas para estudiantes de bachillerato que trabajaron anteriormente en McDonald's. Además de esto, McDonald's ofrece un camino hacia la gerencia fomentando el desarrollo profesional y proporcionando los medios para lograrlo.[27]

Taco Bell. Taco Bell ofrece un servicio de ventanilla nocturno, con horarios de trabajo que podrían encajar perfectamente en los horarios de clases semanales de un estudiante. (Sus tacos tampoco están mal). Los asociados comienzan en US$7.79 a US$14.04 por hora, y al hacerlo también pueden ganar US$5,250 al año en beneficios para pagar su matrícula universitaria. Además, a partir de enero de 2020, Taco Bell comenzó un programa de pago de US$100,000 al año a los gerentes de sus restaurantes. Eso es aproximadamente el doble del salario inicial promedio de un graduado universitario.[28]

In-N-Out. El pago inicial en In-N-Out es de aproximadamente US$13 por hora, lo que es un punto de entrada alto. Pero hay algo mucho más gratificante en In-N-Out que su escala salarial por hora. Abrirse camino en la organización para convertirse en gerente de un restaurante puede generar recompensas financieras aún mayores que la franquicia de Taco Bell. Desde 2018, los gerentes de In-N-Out han ganado un salario de US$160,000 por año.[29] Intenta asimilarlo—US$160,000 anuales—y la franquicia con sede en Irvine, California, permite a los empleados llegar a ese salario de US$160,000 sin un título universitario. Si tu motivación para asistir a la universidad era mejorar tu situación económica en la vida, considera que el gerente promedio de un restaurante In-N-Out probablemente no tenga deudas estudiantiles y gane tres veces el salario promedio de un graduado universitario. Dice Bill Murphy Jr. en un artículo de la revista Inc.: "Este podría ser el camino (legal) más seguro

hacia un salario de seis cifras, independientemente de si tienes una educación preparatoria".[30]

Chipotle. Volviendo de la estratósfera de In-N-Out, la escala salarial
inicial en Chipotle es de US$9 a US$18 por hora, lo que sigue siendo
un impulso sobre los competidores. Además, Chipotle tiene un sólido
programa educativo. Los empleados de tiempo completo y medio
tiempo de Chipotle son elegibles para el programa de asistencia educativa que se ofrece a través de *Guild Education*. El programa proporciona
hasta US$5,250 en asistencia de matrícula por año. Adicionalmente,
los asociados pueden obtener un tercio de su título sin ir a un salón
de clases y pueden obtener créditos para su título cuando consigan un
ascenso. Cualquier empleado de tiempo completo que haya trabajado al
menos 180 días es elegible para este programa.[31]

Kentucky Fried Chicken. Por décadas, he sido fanático del rico pollo
para chuparse los dedos del Coronel. Más concretamente, el salario
inicial por hora del Coronel es de US$7 a US$13, y su programa educativo es magnífico. El Programa de Subsidios Educativos REACH
de Kentucky Fried Chicken se enfoca en ayudar a los empleados que
trabajan por hora y a los gerentes de turno en los restaurantes KFC par-
ticipantes a alcanzar sus sueños de ir a la universidad. Bajo el programa
REACH, "Los empleados de cualquier edad, cualquier posición, que
buscan cualquier título pueden recibir dinero para ayudarlos a asistir a
una universidad acreditada de su elección ya sea por cuatro o dos años".[32]

Chick-fil-A. Los asociados que comienzan en Chick-fil-A ganan un salario por hora que oscila entre US$8.03 y US$17.55, muy competitivo.
Como parte de su programa de becas *Remarkable Futures*, Chick-fil-A
otorga premios a más de 6,000 miembros del equipo cada año con una
"beca de liderazgo". En 2019, 6,016 empleados en EE. UU. recibieron
una beca de US$2,500 cada uno.[33] Nuevamente, nada mal.

Papa John's. Los asociados que empiezan en Papa John's ganan de US$6.84 a US$13.44, lo cual es, de nuevo, muy competitivo. Pero el programa educativo más importante es un convenio con la Universidad de Purdue que Papa John's llama *"Dough and Degrees"* (Masa y títulos). Después de trabajar 90 días durante 20 horas a la semana, un empleado es elegible para este programa de reembolso de matrícula que paga hasta el 100% de la matrícula de cualquier empleado. Papa John's cubrirá cursos de pregrado y posgrado en negocios, administración de empresas y tecnología de la información. Tenga en cuenta que el programa también financia trabajos de posgrado, incluida una maestría en administración de empresas.[34]

Starbucks. ¿Quién puede resistirse a un "late blanco con reserva de avellanas" de Starbucks? Particularmente durante los estudios nocturnos. El promedio por hora de sueldo de inicio en Starbucks en 2021 fue de US$11.64. Y convertirte en barista podría calificarte para una beca única a través del plan de logro universitario de Starbucks. El sitio web de Starbucks explica: "Todos los socios estadounidenses elegibles para beneficios que trabajan de tiempo parcial o completo reciben una cobertura del 100% de la matrícula para obtener una licenciatura por primera vez a través del programa en línea de la Universidad Estatal de Arizona. Elija entre más de 100 diversos programas de licenciatura y cuente con nuestro apoyo en cada paso del camino".[35] Si eres un estudiante de recursos modestos y estás dispuesto a trabajar, podrías ser barista de tiempo parcial y estudiante de tiempo parcial, y graduarte de la Universidad Estatal de Arizona completamente libre de deudas. En lugar de acumular deudas universitarias, podrías graduarte con dinero en el banco y con experiencia laboral adicional.

Burger King. Algunos aficionados de mi barrio consideran que la *Whopper* es la reina de las hamburguesas. Asimismo, el programa *Burger King Scholars* es un trato ideal. Ha otorgado "casi US$55 millones en becas a más de 45,000 estudiantes de bachillerato, empleados de BK y sus familias en América del Norte desde el año 2000". Las becas varían en valor desde US$1,000 hasta US$50,000. En 2022, por ejemplo, "la Fundación otorgó más de US$4.6 millones en becas a casi 4000 estudiantes".[36] Hay requisitos mínimos requeridos para el GPA, la participación comunitaria y la inscripción en la universidad, así que consulte la solicitud de Burger King.

Ya que estamos en el tema de la *educación a la carta* y las becas que otorgan los restaurantes, ampliemos el menú de comida rápida para incluir restaurantes familiares tradicionales. Estas cadenas de restaurantes ofrecen la oportunidad de aprender a brindar un servicio de calidad, a obtener propinas por el esfuerzo, a desarrollar habilidades de atención al cliente y a calificar para becas. La lista incluye franquicias familiares famosas como Denny's, Bob Evans, Cracker Barrel, IHOP, Restaurantes Perkins y Shoney's.[37] Cada programa de restaurante es único y merece una mirada más cercana. Por ejemplo, desde 2011, el programa *"Hungry for Education Scholarship"* (Beca Hambriento de Educación) de Denny's ha otorgado US$1.8 millones a 436 estudiantes que escribieron un ensayo de 300 palabras sobre cómo Denny's puede "tener un impacto positivo en el hambre infantil".[38] Hay alrededor de 275 palabras en esta página. No sería demasiado difícil escribir un ensayo de 300 palabras.

Una de las mejores partes de hacer uso de la educación a la carta para financiar un título universitario es que uno o más de estos restaurantes suelen estar ubicados con fácil acceso al campus universitario o, en algunos casos, directamente en el campus. Considera esta alternativa a la acumulación de deudas universitarias, particularmente si el COVID continúa y las ventanillas de comida rápida continúan funcionando como una oficina de intercambio comercial.

Escápate de Matrix: obtén una beca de las grandes cadenas comerciales

Más allá de las oportunidades de franquicias de comida rápida, se encuentra otra alternativa importante para financiar la universidad: las becas de las grandes cadenas comerciales. Si no es fundamentalmente un fanático de las franquicias de comida rápida que sirven comida frita durante muchas horas a la semana, considera conseguir un trabajo en una gran cadena comercial con oportunidades de becas disponibles para empleados de medio tiempo y tiempo completo.

Walmart y Target son grandes competidores minoristas que también compiten en el ámbito de las becas universitarias. El 4 de agosto de 2021, el corporativo Target anunció que ahora ofrece a sus 340,000 trabajadores de primera línea asistencia sin deudas para obtener títulos y certificados en ciertas carreras en unos 250 programas de negocios en más de 40 instituciones a través de su "capacitación de asociados" en "Guild Education".[39]

Para no quedarse atrás, el rival de Target, Walmart Inc., se ha ofrecido a pagar el costo total de la matrícula universitaria y los libros de sus aproximadamente 1.5 millones de empleados de tiempo completo y medio tiempo.[40] Walmart también ofrece la Beca Comunitaria Sam Walton, la Beca Walmart para dependientes y la beca Walmart para asociados, las cuales brindan una amplia gama de apoyo para becas universitarias.[41] En consecuencia, un aspirante a estudiante podría trabajar a tiempo parcial en Target o Walmart, calificar para estas notables oportunidades de becas y, al hacerlo, obtener un título a bajo costo. Ambos programas son operados a través de *Guild Education* y están restringidos a los empleados, por lo que vale la pena confirmar la elegibilidad si tienes la intención de seguir una de estas rutas.

Más allá de la noción de educación a la carta a través de franquicias de comida rápida, restaurantes familiares tradicionales y cadenas de grandes negocios comerciales, otras empresas privadas ofrecen una serie de programas de becas para licenciaturas en administración. Un artículo muy útil del sitio web de *Hip2Save* enumera más de 40 empresas, desde restaurantes y tiendas de comestibles hasta compañías de gasolina, bancos y aerolíneas, que ofrecen a sus empleados algún nivel de reembolso de la matrícula.[42] En una entrevista de trabajo, un estudiante con visión hacia el futuro podría preguntar si su posible empleador ofrece algún "beneficio de asistencia educativa proporcionado por el empleador" según la sección 127 del código de impuestos internos. Esto impresionará al entrevistador y también informará al estudiante si puede aprovechar hasta US$5,250 anuales en asistencia educativa libre de impuestos para trabajos para estudiantes universitarios o de posgrado.[43] En resumen, los estudiantes industriosos pueden financiar su trayectoria educativa y comenzar a obtener una valiosa experiencia laboral invirtiendo su tiempo en estas empresas por algunos años al inicio de su carrera.

No tienes que ir a la universidad después del bachillerato. Puedes optar por obtener una certificación comercial, comenzar un programa de entrenamiento, asegurar un puesto en una tienda o restaurante, o tomarte un año sabático. Algunos de estos caminos pueden conducir a un futuro económico próspero, al igual que la búsqueda de algunos títulos universitarios. La educación a la carta y a través de las grandes cadenas comerciales pueden brindarte la oportunidad de considerar una carrera que funcione para ti, como negocios o mercadotecnia, mientras trabajas de medio tiempo para reducir costos.

También hay muchos empleadores que ofrecen asistencia para el pago de préstamos estudiantiles además de la asistencia educativa descrita anteriormente. Por lo general, proporcionan US$100 por mes para pagar tus préstamos estudiantiles como herramienta de reclutamiento y retención. El dinero está libre de impuestos hasta el 31 de diciembre de 2025 y es probable que se extienda o se haga permanente. Es posible que desees consultar si tu empleador ofrece un programa de pago de préstamos estudiantiles.

Si decides que tienes que ir a la universidad, hay muchas maneras en las que puedes financiar tu educación sin endeudarte. Ya examinamos algunas de estas en este capítulo, incluida la educación a la carta, las becas de las grandes cadenas comerciales, el servicio militar y una variedad de becas corporativas. Pero antes de profundizar en algunas de las formas más convencionales para que los estudiantes financien su experiencia universitaria, examinemos algunas suposiciones clave que hacen las personas, antes que nada, cuando deciden que quieren asistir a la universidad: *Necesito un título universitario para ser exitoso*.

><><><><>< ><><><><><

CAPÍTULO 2

Necesito un título
universitario para ser exitoso

UNA BUENA RAZÓN para asistir a la universidad es mejorar tu futuro económico. Pero el éxito financiero no es la única razón para asistir a la escuela. Otra razón igualmente importante es desarrollar tus habilidades intelectuales—Tu caja de herramientas con habilidades del pensamiento para ser exitoso en la vida.

En el sentido más idealista, uno podría ir a la universidad para experimentar por el simple hecho de experimentar, sin importar a dónde conduce esa experimentación. Sin embargo, como señaló recientemente Miles K. Davis, presidente de la Universidad de Linfield, las universidades "se han quedado fuera del mercado [de la exploración]", y los estudiantes ahora "quieren obtener rendimientos de su inversión".[1] ¿Qué significa obtener rendimientos de la inversión? Abordaremos la noción de rendimiento financiero de la inversión más adelante, pero para este capítulo surge la pregunta: ¿Qué rendimiento intelectual de la inversión esperan lograr los estudiantes universitarios para ser exitosos?

Como propietario de un negocio durante los últimos 17 años, he desarrollado varias ideas sobre lo que se necesita para que un empleado tenga éxito en un entorno laboral. Mucho de lo que los empleadores buscan en los empleados se puede obtener al completar un curso universitario. Pero no es una conclusión definitiva que los cursos académicos te convertirán en un mejor empleado o más competitivo. Para ser eso debes adquirir habilidades de pensamiento crítico. Como estudiante, ¿no sería genial si pudieras saber antes de la entrevista de trabajo, qué habilidades está buscando un posible empleador? Tendrías una ventaja sobre los otros competidores. Entonces, ¿qué es exactamente lo que busca un empleador en un entorno de trabajo? Aquí está mi opinión sobre la pregunta.

Como empleador, busco a alguien que haya desarrollado un conjunto de habilidades esenciales necesarias para ser exitoso en el campo elegido. Para mí, ese conjunto de habilidades consta de tres habilidades blandas esenciales y dos habilidades duras esenciales. Estas habilidades de alguna forma son necesarias para ser exitoso, y pueden adquirirse dentro o fuera de la universidad.

Habilidades esenciales desde una perspectiva de recursos humanos

Para presentar las habilidades esenciales, comencemos con el punto de vista de los profesionales responsables de las recomendaciones de contratación en la mayoría de las empresas: los gerentes de Recursos Humanos (RH). Estos profesionales tienen una vista panorámica del conjunto de habilidades críticas que necesitan los posibles empleados. Los estudiantes universitarios que se preparan para sus carreras deberían hacer un análisis profundo en las habilidades que buscan sus futuros empleadores para que puedan desarrollar esas mismas habilidades en la universidad. Escucharlo directamente de los gerentes de recursos humanos es como robar las señales del equipo de béisbol contrario. Sabes qué esperar y cómo prepararte para ello.

En un artículo perceptivo de la Sociedad para Gerentes de Recursos Humanos (SHRM, por sus siglas en inglés) titulado "¿Qué pasó con la promesa de un título universitario de 4 años?",[2] la Sra. Dana Wilkie comparte algunas ideas sobre las habilidades necesarias que adquirió a lo largo de los años como profesional de recursos humanos. Wilkie destaca la "creciente desconexión" que existe entre lo que los estudiantes aprenderán de los profesores y lo que sus empleadores esperarán de ellos. Debido a esta desconexión, los nuevos graduados "estarán desempleados, subempleados o con dificultades profesionales", a pesar de haberse aplicado académicamente y de haber acumulado una deuda sustancial de préstamos estudiantiles en el proceso.[3]

La desconexión principal entre lo que enseñan las universidades y lo que requieren los empleadores es la ausencia de "habilidades blandas" entre los universitarios recién graduados. Desde una perspectiva de contratación corporativa, la Sra. Wilkie identifica estas habilidades como la capacidad de "escribir con claridad, hablar de manera persuasiva, pensar críticamente, trabajar de forma independiente y mostrar iniciativa".[4] Toma nota particularmente de esta lista. Estas habilidades blandas son fundamentales en el lugar de trabajo, pero es posible que no se adquieran durante una experiencia universitaria estándar si un estudiante no está consciente de ellas y no tiene la intención de adquirirlas a través de actividades tales como pasantías y trabajos de verano. El artículo de la Sra. Wilkie cita a Brenda Leadley, vicepresidenta senior y directora de Recursos Humanos para las Américas de *Allianz Global Corporate & Specialty* en Nueva York, con respecto al nivel de preparación alcanzado por los graduados universitarios en la actualidad. "Realmente no han llegado a donde yo esperaría que la gente estuviera hace 20 años."[5]

Las habilidades que buscan los empleadores se pueden adquirir a través de una educación universitaria, pero el estudiante debe concentrarse en ellas. Por ejemplo, una persona que toma un curso universitario de historia de los Estados Unidos puede adquirir la habilidad blanda del pensamiento crítico y la habilidad dura de la investigación profunda. Pero si un estudiante no es consciente de que necesita desarrollar estas habilidades esenciales, es posible que se desvíe de las clases sin internalizarlas. Si bien es cierto que un estudiante puede obtener una buena educación en la universidad, el simple hecho de ir a la universidad no te garantiza que vas a obtener una educación de calidad. Un estudiante debe ser consciente de esta búsqueda.

Habilidades blandas esenciales

Tres habilidades blandas esenciales que los estudiantes deben adquirir, ya sea dentro o fuera de una educación universitaria, incluyen conversación, persuasión y análisis. Estas habilidades le permiten a un empleado trabajar eficazmente con otros, ser un buen administrador del tiempo e identificar y priorizar de manera eficiente las tareas en el trabajo, que son necesarias de cierta manera en todos los campos de trabajo.

1. HABILIDADES DE CONVERSACIÓN

La conversación es una habilidad útil en cualquier entorno social o comercial y es particularmente crítica en las áreas de ventas y mercadotecnia. La capacidad de entablar una conversación significativa es la piedra angular de estos dos campos, sin embargo, esa capacidad es poco enfatizada en la universidad y puede debilitarse por falta de ejercicio. Sherry Turkle comenta que, "Vivimos en un universo tecnológico en el que siempre nos estamos comunicando. Y, sin embargo, hemos sacrificado la conversación por la mera conexión."[6] Aprender a conversar bien, en esencia, te da la capacidad de ser empático con las personas, lo cual es esencial en el sitio de trabajo.

Cuando las personas no logran iniciar o avanzar en su carrera, a menudo se puede rastrear el fracaso hacia la incapacidad de tratar con la gente. Estas personas no pueden comunicarse cómodamente. En su libro *Cómo hablar con quién sea: 92 pequeños trucos para un gran éxito en las relaciones*, Leil Lowndes comenta que la capacidad para conversar de manera significativa con los demás, a menudo comienza con una charla, porque "las charlas sirven para hacer que las personas se sientan cómodas".[7]

¿Una conversación profunda comienza con una charla? De ninguna manera. Por supuesto que sí.

Una charla no es cualquier cosa. La charla es un reconocimiento de la parte humana de la persona que está frente a ti y una puerta de entrada a su forma de pensar. Una charla es un trampolín para mejorar la forma en que nos tratamos unos a otros. También es una habilidad que puedes aprender y desarrollar para profundizar tus conexiones con otras personas.

Aquí tienes un ejemplo de una pequeña charla que condujo a una conexión más profunda. En un hotel de San Antonio, conocí a un tejano que llevaba un sombrero vaquero en el spa del hotel y abrí la conversación con una pequeña charla. "¿Qué piensas de esta lluvia?"

Él respondió: "Los peces pican más bajo la lluvia".

Entonces supe que al hombre le gustaba pescar y le pregunté acerca de este pasatiempo. Él explicó cómo su padre le había enseñado a pescar cuando era niño, lo que lo llevó a disfrutar de este deporte durante toda su vida. Hablamos amigablemente sobre la pesca durante unos minutos más, y luego me dijo: "No había compartido esto antes, pero mi papá pasó el último día de su vida pescando conmigo en un banco de arena en el río Brazos". Asentí. El continuó: "Estaba lanzando su cordel al agua y de repente tuvo un ataque al corazón. Corrí a su lado. Me dijo que me amaba y yo también le dije que lo amaba, y luego falleció". La pequeña charla abrió un camino de comunicación directo del clima hasta el corazón de este hombre.

La base de la capacidad para tratar con la gente es la capacidad de comunicarse con ellos. Si decides ir a la universidad, practica tus habilidades de conversación mientras caminas entre tus clases o cuando sales a cenar. No pases por alto las clases de oratoria o las tareas con presentaciones, utilízalas para desarrollar tus habilidades de comunicación. Considera involucrarte en debates. Reconoce el arte de conversar como un objetivo digno de seguir en la escuela.

Puedes convertirte en un mejor conversador en la universidad, pero hacerlo requiere que aproveches cuidadosamente las oportunidades de comunicación disponibles para ti. Dondequiera que estés, recuerda que educarte para ser exitoso en el futuro requiere una educación en conversación, y solo la mitad de la conversación implica hablar bien. La otra mitad es escuchar activamente.

La mayoría de las personas que conozco piensan que "escuchar" es el momento en que pretenden estar interesados mientras formulan su siguiente argumento. Puedes darte cuenta cuándo lo están haciendo y se siente artificial. La habilidad de escuchar que es realmente atractiva para los demás es la "escucha activa", mediante la cual el oyente discierne la verdadera intención de otra persona. Existen cuatro niveles de este tipo de escucha.

Antes de abordar los cuatro niveles de la escucha activa, comencemos con un fragmento del tamaño de un bocado: escuchar y recordar el nombre de la persona con la que está hablando. Suena bastante simple. Pero ¿cuántas veces has estado en una conversación con otra persona y ésta se olvida de tu nombre inmediatamente después de haberse presentado? Un truco que suele funcionar, además de pedirles su tarjeta de presentación, es preguntarles cómo se escribe su nombre. Otro es usando una técnica de mnemotecnia que vincule su nombre con alguna característica de su rostro, como "Rose tiene las mejillas sonrosadas" o "Bill tiene los ojos azules". Luego, cuando veas la característica, recordarás el nombre. En cualquier caso, encuentra una manera de escuchar y recordar los nombres de las personas. Ahora profundicemos.

Hay muchos cursos de escucha activa disponibles en la web. El mejor que he visto lo ofrece el Sr. Sanford Wilder del Instituto *"Educare Unlearning"* en St. Louis. El Sr. Wilder describe los cuatro niveles progresivos de escucha como auditivo, visual, empático e intuitivo. Aquí hay un resumen de las cuatro dimensiones de la escucha del Sr. Wilder.

Piensa en lo diferente que sería tu relación con las personas si, cuando están hablando, dedicaras toda tu atención para escuchar lo que están diciendo. Es fácil decirlo, pero difícil de hacer. Ese tipo de escucha engendra una relación de confianza. ¡Qué refrescante! Una buena meta para cuando te gradúes de la universidad sería que dominaras las cuatro dimensiones de la escucha. Puedes desarrollar la escucha activa en la universidad incluso si tu trabajo de curso no la incluye. Nunca nadie fracasó en la universidad por escuchar demasiado.

La conversación efectiva es una tarea particularmente difícil en los tiempos modernos cuando estamos acostumbrados a realizar múltiples tareas y escanear la pantalla pequeña continuamente. Pero en cualquier negocio o entorno laboral después de la universidad, estarás tratando con personas y necesitarás conectarte con ellas. Ser capaz de hablar con otros y relacionarse con ellos bajo cualquier circunstancia, te garantiza que siempre atenderán tu llamada cuando sea importante.

LAS CUATRO DIMENSIONES DE LA ESCUCHA

Dimensión	Actitud	Atención	Diálogo	Escucha Activa
1	Interesado	Auditiva	Charla—preguntas informativas (quién, qué, cuándo, dónde).	*Hechos*: Enfocarse en hechos y detalles. Reconocer lo que la persona está diciendo. *Ideas*: Centrarse en los conceptos; entender el significado.
2	Crear una conexión sincera	Visual	Preguntas gentiles (por qué, cómo). No sondear para fisgonear o entrometerse. Hacer las preguntas 2 y 3. Autorrevelación: compartir experiencias, ideas o sentimientos comunes.	*Contexto actual*: Analizar significados relevantes a la situación. *Comprensión*: Sintetizar significados. Parafrasear para verificar la precisión.

continúa

Dimensión	Actitud	Atención	Diálogo	Escucha Activa
3	Empático, curioso	Mental, física, emocional	Preguntas y respuestas cálidas, perceptivas y auténticas. Mantener el enfoque en la otra persona y no desplazarlo hacia el oyente. No juzgar: aceptar lo que se comparte y dejar que las distracciones desaparezcan.	*Motivación*: Reconocer por qué la persona está hablando. Ver y parafrasear la importancia del asunto para la otra persona. Esto aumenta de manera natural tu capacidad de empatía. *Sentimientos:* reconocer cómo se siente el otro y aceptar esto como su verdad. *Inspiración:* Permitirles respirar y pausar entre ideas y sentimientos.
4	Humilde, generoso	Consciente, intuitivo, ser, alma, presencia	Sin agenda ni resultados predeterminados. Mucho silencio: preguntas y respuestas pacientes, con propósito y en el momento adecuado. La conversación se siente ordenada para y a través de ti, no por ti.	*Silencio navegante:* Subirse a la ola de sentimientos de la persona hacia nuevas costas. *Confiar:* Estar dispuesto a dejar lo conocido; abrir y llegar a encontrar lo desconocido. *Nutrir:* Promover el desarrollo de nuevas ideas. *Descubrir:* Explorar nuevas vistas juntos. Sinergia.

Figura 5

Para ser exitoso en los negocios y en la vida se necesita aprender ambas cosas, conversar y escuchar. Estas habilidades blandas te conectan con la gente. Haz que aprender a escuchar sea una de las paradas en tu trayectoria académica.

2. HABILIDADES DE PERSUACIÓN

La persuasión es la segunda habilidad blanda esencial en el lugar de trabajo, y fluye directamente de la primera. Después de que hayas establecido la confianza a través de una conversación, puedes usar esa confianza para guiar el pensamiento de otra persona hacia un resultado previsto a través de la persuasión.

Los gerentes valoran a los empleados persuasivos. Estas son las personas que venden productos, que hacen tratos y que establecen conexiones beneficiosas con otras empresas y promueven servicios valiosos. Estos son los individuos a quienes se les confía la administración de otros. Los empleados persuasivos son las personas que consiguen ascensos.

A diferencia de otras habilidades blandas que no forman parte del plan de estudios universitario, las habilidades de persuasión pueden ser parte de él. Por ejemplo, puedes adquirir habilidades persuasivas a través de programas de debate y cursos de lógica que enseñan a organizar los hechos. Puedes mejorar tus habilidades a través de clases de filosofía que enseñan la diferencia entre razonamiento inductivo y deductivo, conocimiento *a priori* y *a posteriori*, argumentos *ad hominem* y *ad rem*, y cómo tener un pensamiento intencional. Esas actividades académicas mejorarán tu capacidad para convencer a los demás y te ayudarán a dominar un conjunto completo de habilidades de persuasión. Querrás tener este estuche de herramientas cuando te gradúes y entres a la fuerza laboral, así que comienza ahora.

La habilidad persuasiva básica te permite reunir argumentos a favor de las posiciones que defiendas y en contra de las que no estás de acuerdo. Dale forma a tus argumentos de una manera que lleva al oyente a llegar a tu misma conclusión. Puedes ser persuasivo apilando hecho sobre hecho, "línea sobre línea, precepto sobre precepto", como la Biblia aconseja en Isaías 28:10, hasta que tu conclusión sea vista como indiscutible.

Puedes aprender lógica y argumentos persuasivos en la universidad, pero no puedes aprender cuándo persistir en la persuasión y cuándo abandonarla. Eso es algo que se aprende con la experiencia. Pero también es un componente esencial cuando estás bien educado. Determinar el punto en el que tu persuasión se percibe como autoritaria y se vuelve contraproducente es un arte. Se necesita tiempo y práctica para caminar esa línea.

Si decides asistir a la universidad, usa tus cursos electivos de una manera productiva y toma cursos de lógica y filosofía, pero también haz buen uso de tus actividades extraescolares. Involúcrate con organizaciones estudiantiles que requieran buenas relaciones con los demás y participación incluso cuando no seas el líder designado para esa actividad. Desarrolla tus habilidades blandas en conversación y persuasión y aprende a relacionarte y a dirigir a otros en el ambiente controlado que proporciona la universidad.

Si tienes un trabajo de medio tiempo o una pasantía o eliges buscar un empleo de tiempo completo en lugar de asistir a la universidad, aprovecha las oportunidades que te brinda el trabajo para lograr desarrollar tus habilidades interpersonales. Adquiere experiencia construyendo conexiones con otros y luego persuadiéndolos hacia un cierto curso de acción. A medida que practiques tus habilidades blandas, te volverás más hábil, más seguro y un empleado más valioso.

3. HABILIDADES ANALÍTICAS

La tercera habilidad blanda que busco como empleador es la capacidad de analizar datos. Las habilidades analíticas te brindan la capacidad de pensar en problemas en función de los datos adquiridos en tu investigación. La habilidad de análisis te ayuda a asignar el peso adecuado a los diversos factores en un proceso de toma de decisiones para que los elementos más importantes reciban la mayor consideración. Analizar problemas en un entorno empresarial u organizativo no es únicamente la función de un análisis de datos. A cada individuo en un entorno de trabajo se le pide que analice lo que sucede a su alrededor.

Cuando yo trabajé en el Pentágono para el Subsecretario de Personal y Preparación, mi jefa era una funcionaria de carrera que había perfeccionado su capacidad analítica para tomar decisiones políticas acertadamente. ¿Cómo lo hizo? Para empezar, estudió los temas hasta que se convirtió en la experta en materia de todas las principales políticas de su dominio.

Regresando a nuestro punto, ella se enseñó a sí misma a sopesar los aspectos competitivos de un problema y a asignarle un valor a cada aspecto. Analizaba los problemas sin apegarse a ningún punto de vista o resultado en particular. Buscaba consejos de subordinados y superiores en la organización. Conocía las fortalezas y debilidades de todos en su extensa organización, por lo que podía identificar y descartar cualquier sesgo que pudiera influir en un argumento de cualquier individuo.

Una vez que reunía y sopesaba la información necesaria para tomar una decisión, ella sacaba sus propias conclusiones de manera informada. Aquí había una mente analítica trabajando, filtrando montones de información para tomar una decisión política sólida sobre otra. Mi jefa del Pentágono ejemplificó la capacidad de aplicar habilidades analíticas una y otra vez para guiar posiciones políticas importantes para el Departamento de Defensa.

El desarrollo de habilidades analíticas requiere una mente inquisitiva y una capacidad de pensamiento crítico. ¿Cómo se adquiere una mente inquisitiva?

Buena pregunta.

Haz preguntas.

Mi maestro de historia del bachillerato, el Sr. Robert N. McKenney, enseñaba la sabiduría de las épocas cuando observó: "La educación no se trata de obtener las respuestas correctas a las preguntas, se trata de hacer las preguntas correctas para responderlas". Eso, es oro puro. Para dominar el arte del análisis, concéntrate en un cuestionamiento desenfrenado. Hacer la pregunta correcta surge del anhelo de resolver las cosas. Imagina una experiencia universitaria que alimente ese anhelo

Puedes desarrollar el hábito analítico de hacer preguntas tanto dentro como fuera de la universidad. Comienza a investigar las cosas que te interesan. Asegúrate de encontrar respuestas por ti mismo en lugar de tomar por cierto lo que te digan. Una vez que has encontrado tus primeras respuestas, haz más preguntas. Pregunta, "¿Qué significa esto?" y "¿Qué puedo hacer con esta información?" Pregunta, "¿Hay alguna inconsistencia aquí?" y "¿Cómo puedo aplicar lo que sé para ser más eficiente?"

Cuando correctamente desarrolles y manejes una mente inquisitiva y cuando hayas dominado el arte del análisis, habrás aumentado tu valor ante los empleadores potenciales. Podrás hacer tu trabajo, sea cual sea, de manera más efectiva y usar esa eficacia para construir una base para tener un futuro exitoso. Y después de todo, ¿no es ese el objetivo de una buena educación?

Habilidades duras esenciales

Además de desarrollar habilidades sociales esenciales, existen varias habilidades duras que son fundamentales en el lugar de trabajo. Las personas que esperan ser efectivas en su trabajo pueden considerarse bien educadas cuando dominan estas habilidades. Aquí, la desconexión entre lo que enseñan las universidades y lo que esperan los empleadores es aún más evidente. Por ejemplo, muchos estudiantes de negocios carecen de habilidades para usar hojas de cálculo.

El artículo de SHRM previamente citado, hace referencia a Martin Fiore, actual socio y gerente en impuestos de una empresa en la ciudad de Nueva York.

Sorprendentemente, muchos de los graduados universitarios en negocios que él contrata carecen de conocimientos básicos de hojas de cálculo en herramientas como Microsoft Excel, aun cuando estas habilidades son esenciales para "recolectar, organizar y analizar datos"[9] y se esperarían de un graduado universitario.

Esta brecha en las habilidades duras entre las expectativas de los empleadores y la competencia de los estudiantes plantea grandes preocupaciones para el futuro. El artículo de SHRM cita a Sue Bhatia, fundadora de Rose International, una agencia de empleos con sede en Chesterfield, Missouri, quien observa un retraso entre el antiguo modelo de educación y el nuevo modelo de trabajo. Muchas habilidades aprendidas en la universidad serán irrelevantes poco después de que los estudiantes que se gradúen comiencen sus carreras.[10]

Esta tendencia no es un buen augurio para los estudiantes que, mientras que aún están en la universidad, no se concentran en las habilidades técnicas que necesitan los empleadores. La inversión de los empleadores en la formación de nuevos trabajadores parece estar disminuyendo. En el artículo de SHRM, la Sra. Wilkie señala que, en el pasado, los líderes empresariales encargaban a sus gerentes que enseñaran a los nuevos empleados en el trabajo. Eso propiciaba una transición para que los nuevos empleados adquirieran las habilidades necesarias. Sin embargo, en el entorno actual, es posible que las pequeñas y medianas empresas no tengan los recursos para capacitar a los nuevos empleados en el trabajo. El problema es más profundo, explica Wilkie, porque incluso si las empresas capacitan a los nuevos empleados, "la tendencia de los trabajadores más jóvenes a cambiar de trabajo y el aumento de los trabajadores temporales" puede disuadir a los empleadores de gastar sus limitados presupuestos de capacitación en nuevas contrataciones.[11] Cuando se piensa desde la perspectiva de un empleador, el empleador gastó recursos para reclutarte, incorporarte y equiparte. ¿Por qué deberían gastar más dinero en capacitarte cuando podrías irte en unos meses? Tienes que presentarte el primer día después de haberte capacitado a ti mismo.

Wilkie plantea preguntas útiles para los estudiantes universitarios sobre cuál debería ser el enfoque de su educación en la universidad. Si la universidad está destinada a preparar a los estudiantes para un empleo significativo, los estudiantes deben pasar su tiempo en la universidad asegurándose de adquirir las habilidades duras y blandas que buscan sus posibles empleadores. Si esas habilidades se desarrollan mejor a través del autoaprendizaje, ¿deberían los estudiantes gastar su dinero y acumular deudas para tomar cursos universitarios?

1. HABILIDADES PARA LA INVESTIGACIÓN

Las habilidades para la investigación son fundamentales en cualquier entorno profesional. Puedes adquirirlas en la universidad mientras escribes ensayos durante el semestre, realizas estudios de laboratorio, participas en debates, tomas clases básicas de derecho y completas las tareas relacionadas. O puedes ser autodidacta y enseñártelos a ti mismo a través del estudio en línea. Pero la habilidad de investigación que captará el interés de un empleador es la capacidad de mantener la curiosidad sobre un tema y profundizar más allá de la búsqueda inicial en Google hasta que hayas encontrado datos procesables.

Las claves aquí son el cuestionarse, la curiosidad y el impulso para entender el por qué detrás del problema. La habilidad de investigación que se necesita para el trabajo es la capacidad de determinar lo que falta en el análisis existente y luego investigar la solución hasta encontrar el elemento faltante. En el ejército, esto a veces se denominaba "control de cordura" o "prueba de fuego" para distinguir entre una revisión superficial o una edición textual. Los términos se refieren a darle una nueva visión a un problema cuestionándose para identificar cualquier elemento clave que haya quedado fuera del primer análisis. Esta curiosidad de mente abierta es la perspectiva mental necesaria para la investigación en un entorno profesional. Esta perspectiva puede descubrir la verdad que se aplica al problema en cuestión para que se pueda ejecutarse en el trabajo.

La perspectiva de la indagación requiere que los estudiantes prosigan la pregunta ¿Por qué? hasta que encuentren la respuesta, independientemente de a dónde lleve la respuesta. Este enfoque de la investigación incluye el requisito de hacer a un lado las ideas preconcebidas y los sesgos a favor de buscar la verdad sin adornos. Una persona que constantemente hace esto será muy solicitado por un empleador.

Hoy en día, en muchos campus universitarios, la noción de indagación desenfrenada parece estar en declive, a favor de recibir la sabiduría. Pero eso no le preocupa a una persona que está comprometida con la búsqueda de analizar problemas para descubrir la verdad. Las personas tienen derecho a pensar lo que quieran en la universidad (y a pagar tanto como quieran para pensar lo que quieran). Pero en un entorno empresarial o laboral, simplemente creer lo que te dicen sin haber investigado tu propia conclusión puede ser una receta para el desastre. Así es como se pierden los problemas. Así es como se cometen los errores. En ocasiones, así es como la gente es despedida. La mejor perspectiva es hacer un análisis a través de la indagación aunada a la iniciativa.

Por ejemplo, uno de mis empleados en el negocio de la construcción una vez investigó acerca del software Salesforce como un medio para mejorar nuestra gestión de relaciones con los clientes (CRM, por sus siglas en inglés). El descubrió que el software podía expandirse para incluir el progreso de la construcción. Luego él decidió programar los módulos del software Salesforce disponibles, que nuestra empresa había comprado, para vincular el progreso de la construcción con nuestro sistema de reportes. Cuando el terminó la programación, pudo darle seguimiento al ciclo de ventas desde el prospecto inicial hasta completar el proyecto.

Su aportación le ahorro a la compañía tiempo, dinero y esfuerzo. El demostró una iniciativa en el lugar de trabajo que aumento su valor como empleado. Curiosamente, este empleado no tenía un título universitario. Pero, si tenía una mente inquisitiva y la iniciativa para primero analizar el problema, luego aprender por sí mismo a programar el software Salesforce, y por último a instituir la actualización del programa.

2. HABILIDADES INFORMÁTICAS

Dejemos que el gran Steve Jobs, pionero de la revolución de las computadoras personales, nos hable sobre las habilidades informáticas. Hace aproximadamente 30 años, el Sr. Jobs incluyó un clip de voz de *Lip Service* cuando lanzó su computadora "NeXT". No quedan muchos de los clips, pero Tim Berners-Lee recuerda el clip de voz de *Lip Service* que recibió en septiembre de 1990 que capturó la visión de Steve Jobs: "No se trata de computadoras personales, se trata de computación interpersonal".[12] No se trata de computadoras, se trata de la habilidad informática.

El comentario de Steve Jobs reveló que él estaba enfocado en usar la computadora para realizar funciones informáticas necesarias en la vida y en el lugar de trabajo. La informática es el destino, las computadoras son la ruta. Si eso es suficientemente bueno para el mundialmente famoso desertor de Reed College, es suficientemente bueno para mí. No tengo ninguna experiencia en algún tema informático en particular, pero soy un feliz consumidor.

Las habilidades informáticas pueden incluir programación, redes y análisis de datos. En un nivel más básico, incluyen la capacidad de trabajar dentro del espacio de Microsoft Office, Google Workspace y el universo de Apple para hacer las cosas de manera efectiva y eficiente. En mi entorno empresarial actual, Microsoft Outlook, Word, Excel y PowerPoint parecen ser un paquete de software de oficina estándar. Google Workspace Mail, Docs, Sheets y Slides ofrecen otro espacio popular. Un estudiante con visión hacia el futuro podría querer aprender ambos, así como navegar por el mundo de Mac si, como a mí, ese mundo no le resulta familiar.

Como mínimo, una persona bien educada hoy en día debe tener conocimientos básicos de informática para la oficina. En un nivel de entrada, esto significa la capacidad de crear correos electrónicos, documentos, hojas de cálculo, tablas y presentaciones. En el mundo de la construcción en el que habita mi empresa, hay necesidad de habilidades informáticas de oficina para crear propuestas, analizar datos, realizar construcciones y muchas otras funciones de ventas, operaciones y finanzas.

Curiosamente, algunos universitarios recién graduados a los que entrevisté para puestos vacantes de trabajo tenían un conocimiento muy rudimentario de las habilidades informáticas de oficina. ¿Eso te describe? Si es así, como estrategia para mejorar tu competitividad, toma algunas clases en cada uno de los paquetes de Microsoft y Google durante las vacaciones de verano. Hay escuelas de formación informática en cada pueblo y ciudad. Estos cursos de computación generalmente cuestan alrededor de US$125 cada uno, duran aproximadamente un día y pueden mejorar seriamente tus habilidades. O capacítate en línea. Visita www.onlc.com para obtener capacitación sobre Microsoft o www.wyzant.com para tener un tutor de habilidades informáticas. Luego, después de graduarte, cuando estés en una entrevista de trabajo, puedes conversar cómodamente con tu posible jefe sobre tus habilidades informáticas para el trabajo de oficina y convencerlo de que tú puedes ser una contribución inmediata para la empresa. Algunas certificaciones en esta área pueden ser muy útiles.

Para avanzar hoy en día en el lugar de trabajo y volverse indispensable, agrega habilidades de programación y redes a tus habilidades informáticas básicas. Estas habilidades adicionales te permitirán hacer y responder la pregunta de tu empleador: "¿Cómo podemos hacer esta tarea mejor, más barata, más inteligentemente, más rápido y rentable?" La respuesta a menudo se encuentra en la automatización de múltiples tareas para eliminar el trabajo repetitivo que consume mucho tiempo. Estoy predicando al coro de todos los estudiantes de la licenciatura en informática, para que puedan saltarse la siguiente parte.

Es posible que sientas que no estás hecho para trabajar con la computadora, lo que bien puede ser cierto. Pero ciertamente estás preparado para hacerte una pregunta sobre cómo tu organización podría hacer una tarea de manera más eficiente y efectiva. Y para esa pregunta, necesitas adquirir habilidades informáticas de oficina elementales.

Desde la perspectiva de un empleador, las habilidades duras y blandas discutidas anteriormente son esenciales para tener éxito en cualquier entorno laboral, ya sea que esas habilidades sean adquiridas dentro o fuera de la universidad. Si has adquirido estas habilidades al finalizar tu educación universitaria, estarás bien educado ante los ojos de cualquiera que quisiera emplearte. Como beneficio adicional, si alguna vez deciden despedirte, tendrás un buen comienzo con las habilidades necesarias para ser tu propio jefe.

En última instancia, las habilidades adquiridas, en lugar de mostrar tan solo un diploma, podrían ser tu boleto al éxito. Esto es particularmente cierto considerando una tendencia emergente entre autoridades de contratación federales y estatales para reemplazar el requisito de trabajo de un título universitario por un requisito más específico como una evaluación basada en habilidades. En el sector federal, la cámara de representantes de los EE. UU. aprobó recientemente un proyecto de ley titulado "Ley para la oportunidad de competir" que efectivamente colocaría las evaluaciones basadas en habilidades por encima de los requisitos educativos para algunas contrataciones federales.[13] Promovida por la Sociedad para la Gestión de Recursos Humanos (SHRM, por sus siglas en inglés), "el proyecto de ley les daría prioridad a las evaluaciones de los candidatos en función de sus conocimientos, habilidades, capacidades y competencias, al tiempo que limitaría el uso de la educación al momento de determinar si alguien está calificado para un puesto".[14] Para entrar en vigor como ley, este proyecto de ley bipartidista de la cámara deberá ser aprobada por el senado y ser firmado por el presidente, lo que no ha ocurrido a la fecha de este escrito. Pero claramente está surgiendo una tendencia hacia las evaluaciones basadas en habilidades. La tendencia está cobrando impulso gracias a las iniciativas de varios gobiernos estatales, incluidos Maryland,[15] Utah,[16] y Pensilvania,[17] las cuales se analizan con más detalle en las notas finales. A medida que aumenta dicho impulso y se reduce la fuerza laboral, es probable que la contratación gubernamental basada en habilidades se extienda hacia la contratación en el sector privado. Las habilidades que adquieras durante tu trayectoria educativa podrían ser tan valiosas para ti como tu título.

Escápate de Matrix:
Consigue lo que quieras de tu educación

Puedes tener éxito con o sin un título universitario desarrollando tus habilidades duras y blandas para ser eficaz en el lugar de trabajo. Hay maneras de obtener esas habilidades fuera de la academia, así que, si no sientes que estás desarrollando las habilidades esenciales en la universidad, busca en otra parte. Por ejemplo, los estudiantes pueden autoeducarse a través de "Khan Academy" y otras vías que ofrecen cursos en línea gratuitos, a veces llamados MOOC, que están disponibles para cualquier persona interesada.

El argumento de contrapunto es que estas habilidades blandas se pueden obtener en la universidad eligiendo el tipo de institución a la que asistas (por ejemplo, un instituto técnico) o seleccionando cuidadosamente tus clases (especialmente cursos que no sean obligatorios) para incluir habilidades informáticas.

También puede que tu seas el tipo de persona que aprende por sí misma a través del estudio personal o de videos en YouTube. Si es así, es posible que puedas adquirir las habilidades esenciales necesarias para los negocios y la vida sin asistir a la educación superior. Sin embargo, si el autoaprendizaje no es tu fuerte o simplemente prefieres la ayuda y el conocimiento más amplio disponible a través de una educación universitaria, por supuesto, asiste a la universidad. Pero asegúrate de dirigirte hacia la experiencia con claridad acerca de las habilidades que un empleador busca de ti como posible contratación. Y ya sea durante o después de tu experiencia universitaria, adquiere esas habilidades. Si decides asistir a la universidad, ten un plan de cómo ser un buen consumidor de los productos educativos que se ofrecen. En lugar de ir a la deriva durante los cuatro años sin un propósito claro, establece algunos objetivos simples.

Como investigador bien informado de los programas educativos, es posible que desees aprovechar un año sabático para perfeccionar tus habilidades duras y blandas. Ese trabajo de perfeccionamiento te podría facilitar convertirte en un mejor consumidor de tu educación mientras estás en la universidad. Como señaló Doug Belkin en un artículo del *Wall Street Journal*, "Ir a la universidad para encontrarse a uno mismo se ha convertido en un lujo que muchos estadounidenses ya no pueden permitirse".[18] El Sr. Belkin cita a Brandon Busteed, director ejecutivo de educación y desarrollo de la fuerza laboral global en Gallup, para enfatizar que ir a la deriva en la universidad no es una opción viable. Si un estudiante realmente no puede pagar la universidad, el Sr. Busteed sugiere tomarse un año sabático. De esta manera, los estudiantes pueden identificar áreas de interés y desarrollar un plan para adquirir las habilidades necesarias para tener éxito en su futuro laboral. Después del año sabático, cuando el estudiante se inscriba en la universidad, debe asegurarse de utilizar las tareas de clase para desarrollar y ejercitar las habilidades blandas y duras esenciales para los empleos que tenga después de la universidad.[19]

El argumento en contra es que un año sabático podría interferir con tu experiencia universitaria. Citando datos de estudiantes matriculados como argumento en contra de tomarse un año sabático en su libro, *¿Quién se gradúa de la universidad? Quien no*, Mark Kantrowitz, señala que "Los estudiantes que toman un año sabático o retrasan su inscripción a la universidad tienen casi la mitad de las probabilidades de graduarse con una licenciatura".[20] Solo el 90% de los estudiantes que toman un año sabático regresan a la universidad. En ese momento, tienen aproximadamente la mitad de las probabilidades de graduarse con una licenciatura en cuatro años y un tercio menos de probabilidades de graduarse en seis años.[21] Por lo tanto, si planeas tomarte un año sabático, se firme en tu intención de regresar e inscribirte en la universidad.

Hay muchas maneras de obtener una buena educación fuera de la idea de la Matriz de préstamos estudiantiles y fuera de la universidad misma. Si decides asistir a la universidad, puedes aplicar los mismos principios para obtener una buena educación en la universidad y prepararte para tener una carrera exitosa y una vida después de la escuela. La clave es fijar la vista en adquirir las habilidades esenciales para cuando te gradúes, de modo que puedas comenzar a construir esa carrera exitosa.

꒷꒦꒷꒦꒷꒦

CAPÍTULO 3

La matrícula es el costo
total de la universidad

MUCHA GENTE COMETE EL ERROR de subestimar el costo total de la universidad al mirar solo el precio de la matrícula y concluir que es todo lo que necesitarán cubrir. Confunden el costo de la matrícula universitaria, que es simplemente el cargo por enseñanza o instrucción, con el costo total de asistir a la universidad, que incluye otros costos como vivienda, comidas, transporte, entretenimiento, libros, tarifas e intereses de los préstamos.

En términos generales, el gasto más grande del costo de la universidad será la matrícula. Sin embargo, en algunos estados, donde las universidades públicas no controlan las tasas de matrícula, lo compensan aumentando las tarifas. En este caso, el costo de las "cuotas" puede acercarse al costo de la matrícula, por lo que es importante comprender el costo de la "matrícula y las cuotas" de la escuela, así como el costo de la "matrícula". La matrícula es el punto de referencia utilizado en el lenguaje común para la comparación con otras universidades. Es la variable que más contribuye a la deuda estudiantil. Pero no es el costo total de la universidad. Para tener una idea clara de los costos totales universitarios, seremos muy precisos al definir los diversos elementos del costo y luego le daremos seguimiento a lo largo del proceso de cuatro años para tener una idea general.

Definición de términos para entender la deuda universitaria

Para entender mejor los diferentes costos involucrados en la obtención de un título, comencemos definiendo tres términos clave relacionados con los costos universitarios: el *costo total de la universidad* (la canasta de todos los gastos), *el total de los recursos para la universidad* (recursos combinados entre el estudiante y la familia disponibles para la universidad) y el *total gastado en la universidad* (la cantidad total gastada, en tiempo pasado, para la universidad hasta el momento de la graduación).

Definimos el término *costo total de la universidad*, de acuerdo con la definición federal, como la canasta de todos los gastos requeridos para completar la universidad, incluyendo matrícula y cuotas, alojamiento y comida, libros, suministros, equipo, transporte y gastos personales varios, así como el costo de una computadora, software y dispositivos auxiliares (y acceso a Internet), costos del cuidado de dependientes y gastos relacionados con discapacidades. En circunstancias individuales, el costo total de la universidad también puede incluir cuotas para estudiantes para asistir a eventos atléticos, entretenimiento y gastos únicos relacionados con especializaciones específicas. Aun cuando no está incluido en la definición federal del costo total de asistir a la universidad, en este libro agregamos el costo de los *intereses* de los préstamos porque la mayoría de los estudiantes tendrán préstamos estudiantiles. Presta especial atención al costo de los *intereses contraídos en la deuda* porque, con el tiempo, este costo inadvertido puede tener consecuencias desproporcionadas, como veremos más adelante. El énfasis en la matrícula en algunos folletos universitarios puede llevar a los estudiantes a concluir que la matrícula es el único costo en el que los estudiantes y sus familias deberán incurrir. Realmente, no.

Esta interpretación errónea puede causar una gran sorpresa cuando los estudiantes se enteran del costo total de asistir a la universidad y se dan cuenta de que sus ahorros y ganancias no cubrirán el costo total.[1] Más adelante en su carrera académica, darse cuenta de los costos totales de la universidad puede llevar a un resultado desafortunado en el que un gran porcentaje de estudiantes abandonan los estudios universitarios. Estudios han demostrado que la mayoría de los estudiantes que abandonan la universidad eligen irse después de su primer año. Quizás es ahí cuando te golpea la realidad económica y entiendes cuál es el costo total de la universidad.

El próximo término que necesitamos definir es el *total de los recursos para la universidad*. Esta es una combinación de dinero en efectivo, ahorros universitarios, planes 529 u otros activos que un estudiante y su familia han apartado específicamente para satisfacer la demanda de los costos universitarios. Los recursos pueden incluir:

1. una cuenta de ahorro para estudiantes

2. una cuenta de ahorros creada por los padres del estudiante para la universidad

3. ganancias tanto del estudiante como de sus padres durante la universidad para hacer pagos

4. planes de ahorro a largo plazo, como un plan de ahorro para la universidad 529 con ventajas fiscales, un plan de matrícula prepagada, una cuenta de ahorro para la educación Coverdell (ESA, por sus siglas en inglés) y una cuenta Roth IRA para la educación

Ten en cuenta que, para esta discusión, el término "recursos totales" se refiere a los recursos familiares internos y NO incluye subvenciones, becas y otras fuentes externas de financiamiento. Estos están incluidos en el término *total gastado en la universidad* como se analiza a continuación. Ten en cuenta que, mientras que una familia puede acumular sus recursos totales en preparación para el impacto económico de los costos universitarios, los recursos totales son generalmente menos de lo que se requiere para pagar el costo total de la universidad, dependiendo de la universidad elegida por el estudiante y otras vías de financiación que pueden usar.

La definición final para nuestra discusión es el *total gastado en la universidad*. El tiempo pasado de la palabra "gastar" se usa aquí porque esta cantidad se determina retrospectivamente después de la graduación. El total gastado es el conjunto de fondos que realmente se utilizaron para cubrir el costo total de la universidad e incluye los recursos financieros externos utilizados además de los recursos familiares. Específicamente, estos recursos externos pueden incluir los siguiente:

1. Becas

2. Subvenciones

3. Préstamos

4. Regalos

5. Descuentos

6. Fideicomisos

7. Un programa federal específico

Esta última categoría incluye reducciones fiscales para la educación, como el crédito fiscal *American Opportunity*, el Crédito Fiscal *Lifetime Learning* y la Deducción de Intereses de Préstamos Estudiantiles, así como los Programas de Asistencia para el Reembolso de Préstamos Estudiantiles (LRAP, por sus siglas en inglés). Esta categoría también incluye empleos para estudiantes, como trabajo y estudio federal, y trabajo y estudio universitario con trabajos de medio tiempo en el campus, si están financiados por el gobierno federal. Otros trabajos en o cerca del campus podrían caer en esta categoría o ser considerados parte de los recursos totales discutidos anteriormente.

Todas estas categorías de financiamiento, más los recursos totales de la familia, pueden utilizarse para cubrir los costos totales de la universidad, y alguna combinación de ellos sumará el total gastado en la universidad. Analizaremos la deuda restante y el interés acumulado sobre esa deuda más adelante.

Uno podría preguntarse, ¿para qué tomarse la molestia de hacer estas distinciones sobre financiamiento y costos? ¿Por qué usar estos términos específicos? Respuesta: porque el uso común de las palabras "deuda estudiantil" puede ocultar un hecho importante sobre los costos universitarios reales que deben ser cuidadosamente considerados. Específicamente, el término "deuda estudiantil" comúnmente se refiere al monto promedio del préstamo restante después de la graduación universitaria, que a menudo escuchamos que está en el rango de US$30,000. Debemos tener claro que la deuda estudiantil restante después de los costos universitarios no representa el monto total gastado en la universidad. Recuerda que, en la introducción, notamos que solo el 10% del costo total de la universidad fue cubierto por los préstamos de los estudiantes, mientras que el 8% fue de los préstamos de los padres. El resto de esos costos a veces son pasados por alto en la discusión sobre la deuda.

Lo que comúnmente se conoce como "deuda estudiantil" es simplemente lo que queda por pagar después de cuatro (o más) años de gastos que ya han sido desembolsados el día de la graduación. Esos pagos generalmente incluyen los gastos de cuatro años de muchas fuentes: ahorros de los padres, ahorros de los estudiantes, ganancias de los padres, ganancias de los estudiantes, obsequios, planes de ahorro para universitarios, préstamos, becas y subvenciones.

En consecuencia, la noción de que la deuda estudiantil promedio es de US$30,000 no toma en cuenta los recursos ya aportados, del estudiante y de la familia, antes del día de la graduación. Cuando los estudiantes revisan su plan de pago de préstamos estudiantiles después de la graduación, pueden pasar por alto lo que ya han gastado en la universidad. Así que usaremos los términos *costo total, recursos totales* y *total gastado* para enfocarnos en el panorama financiero más amplio.

Al final de este capítulo, analizamos un costo adicional, el costo de oportunidad perdida, que se debe sumar al costo total de la universidad para obtener el panorama financiero completo. El *costo de la oportunidad perdida* surge de la incapacidad para realizar un trabajo que genere ingresos a tiempo completo durante los años de asistencia a la universidad. Representa lo que un estudiante podría haber ganado si hubiera elegido ingresar al mercado laboral o a un oficio inmediatamente después de graduarse de la escuela preparatoria. Cuando agregamos el costo de la oportunidad perdida a otros costos universitarios, obtenemos una imagen más completa de los dólares involucrados en la decisión universitaria. En resumen, hay numerosos costos además del costo de la matrícula. Antes de explorar esos costos, abordemos rápidamente los programas de "universidad gratuita" que principalmente se relacionan con la matrícula.

¿ES LA UNIVERSIDAD GRATUITA REALMENTE GRATIS?

Varios estados ahora ofrecen programas conocidos como "universidad gratuita" o "promesa universitaria" los cuales aparentemente cubren los costos totales de la universidad. En realidad, no. Estos valiosos programas a menudo ofrecen matrículas gratuitas a estudiantes específicos, generalmente de bajos recursos, en instituciones comunitarias o estatales, pero no cubren los costos totales.[2] Un buen ejemplo es el programa de Becas Excelsior de Nueva York, que cubre "la matrícula pública que no haya sido pagada con otras subvenciones para estudiantes con un ingreso familiar inferior a US$125,000."[3] Para calificar, "los beneficiarios tienen que haber residido en el estado un año antes de iniciar la universidad, inscribirse como estudiantes universitarios de tiempo completo y mantenerse en camino de terminar a tiempo."[4]

Sin embargo, el autor de un perspicaz artículo del *Christian Science Monitor* titulado "¿Es realmente gratis la 'universidad gratuita'?"[5] señala que los programas universitarios gratuitos no son "tan simples como la etiqueta hiperbólica" los hace parecer, porque los gastos de manutención, los libros de texto, y otros costos no relacionados con la matrícula "a menudo son más altos que la matrícula pública y no están cubiertos por la mayoría de los programas".[6] En consecuencia, los programas "gratuitos", aunque son de gran ayuda, útiles y vale la pena solicitarlos para bajar los costos de la universidad, a menudo únicamente cubren la matricula,[7] en lugar del costo total de la universidad, que es nuestro enfoque en este capítulo.

Elementos que componen el costo total de la universidad

Cuando los estudiantes piensan dentro de la Matriz de Préstamos Estudiantiles y quedan atrapados por la suposición de que la matrícula es el costo total de la universidad, pueden subestimar severamente sus gastos durante cuatro a seis años. Revisaremos algunos de los costos que quizás ellos no hayan pensado incluir en el costo total de la universidad.

Los colegios y las universidades generalmente publican los costos de asistencia en sus sitios web, pero no necesariamente en sus cartas de otorgamiento de ayuda financiera, como lo señala el estudio de la GAO, discutido anteriormente. Algunos no mencionan ningún costo en las cartas de otorgamiento, mientras que otros enumeran solo los costos directos (montos de matrícula y otros gastos que se pagan directamente a la universidad). En su defensa, a menudo en las cifras que proporcionan incluyen los costos estimados de otros factores. Sin embargo, lee cuidadosamente los *calificadores* sobre esos costos estimados. ¿Son promedios, medianas o estimaciones? Los libros de texto y el transporte a menudo son subestimaciones bajas, intencionalmente subestimadas para hacer que la universidad parezca menos costosa. Incluyen préstamos PLUS en el paquete como si operaran como subvenciones es otro truco que usan para hacer que la universidad parezca menos costosa.[8] Como consumidor informado de esta información, sé muy cauteloso y haz preguntas sobre las cifras presentadas. ¿Cuál es el grupo de muestra y cómo se desarrollaron los datos? ¿Incluye estudios empíricos sobre lo que los estudiantes realmente pagaron por comida, alquiler o transporte en el campus? ¿O realmente son solo estimaciones? ¿Qué tan recientemente se actualizaron estas cifras?

Es posible que el promedio informado de la universidad para los costos estimados no coincida con tus costos individuales reales. Considera los costos de viaje para las familias de California cuyos hijos asisten a universidades del este. Considera los costos de vivienda para estudiantes que viven fuera del campus en la ciudad de Nueva York o los costos de servicios públicos para viviendas fuera del campus en el norte de Michigan. Y considera los costos en alimentos para estudiantes fuera del campus en cualquier lugar. Tus gastos individuales pueden variar sustancialmente en comparación con los datos publicados, por lo que deberías consultar la fuente de la información. Ten en cuenta que las universidades deben tener cuatro "presupuestos estudiantiles", uno para los estudiantes que viven en el campus en viviendas que son propiedad de la universidad u operadas por ella, otro para los estudiantes que viven fuera del campus en un departamento y un tercero para los estudiantes que viven fuera del campus con sus padres u otra familia. Un cuarto presupuesto estudiantil para estudiantes que viven en viviendas militares que deja en cero el costo de la vivienda, ya que está cubierto por el gobierno federal.[9] El punto es que estos costos no están personalizados a tus circunstancias individuales, por lo que es útil conocer la fuente de información de dichos costos para poder comparar esos costos con tus circunstancias personales.

Algunos otros costos pueden ser exclusivos de tu experiencia. Por ejemplo, los costos de entretenimiento para las licenciaturas en teatro pueden no incluirse en los costos informados. Si tu alojamiento fuera del campus está ubicado a una buena distancia del campus, tus costos de transporte pueden superar los promedios universitarios, especialmente si eliges usar Uber/Lyft en lugar de transporte público. Del mismo modo, las tarifas por uso de laboratorio, tiempo de computadora e impresión o copias que pueden ser necesarias para completar los requisitos para títulos técnicos pueden o no aparecer en las estimaciones de costos oficiales. También ten en cuenta el tema de la "matrícula diferencial", donde la matrícula puede ser más alta para especializaciones académicas específicas o estar sujeta a una tarifa de curso adicional.[10] Como consumidor astuto del producto educativo, querrás saber si los costos universitarios promedio reportados incluyen todos los costos en los que podrías incurrir personalmente.

Un concepto importante que se debe comprender en este sentido es el término "precio neto", que describe el precio después de que la universidad ha reducido el precio de estimado en la etiqueta al incluir ajustes significativos a la baja, como descuentos, becas o subvenciones. Estate atento al uso del término precio neto, especialmente si no calificas para esos ajustes. El precio neto representa el número promedio de estudiantes que recibieron becas, subvenciones y préstamos en años anteriores para determinar cuánto paga en promedio el alumnado (en su conjunto). Es posible que el precio neto no se aplique a tus circunstancias específicas.

Al analizar el costo real de la matrícula con el responsable de ayuda financiera, particularmente en colegios y universidades privadas, es útil saber si el costo de la matrícula *publicada* puede tener un descuento sustancial para los estudiantes Un estudio de 2019 realizado por la Asociación Nacional de funcionarios comerciales de colegios y universidades (NACUBO, por sus siglas en inglés) reveló que en 2019 los estudiantes de primer año en escuelas privadas recibieron un descuento promedio del 53%.[11] Según el estudio, los estudiantes de primer año recién ingresados en realidad pagaban menos de la mitad del precio publicado. Pero esta información solo se aplica a los pocos cientos de universidades privadas que participan en la encuesta de NACUBO y no incluye cifras de las universidades públicas. Para ver esas cifras, consulta el libro *Cómo obtener más ayuda financiera para la universidad* de Mark Kantrowitz.[12] Como destaca el título de este libro, cuando negocies con la oficina de ayuda financiera, no pases por alto la posibilidad de apelar la cantidad de ayuda financiera que te fue otorgada, para obtener una mayor cantidad. Determinar el costo real para tus circunstancias y reducir ese costo es fundamental.

Igualmente importante es que el estudio NACUBO muestra que cerca del 89% de los estudiantes que inician el primer año, recibieron ayuda de la institución a la que planeaban asistir. Entre estos, la cantidad promedio equivalía al 60% del precio publicado.[13] Estas estadísticas de descuento merecen una conversación informativa con el responsable de ayuda financiera[14] para determinar en dónde cae en particular tu paquete dentro del espectro. La pregunta crucial que hay que plantearle al responsable de ayuda financiera es "¿Cuál es el precio neto después de aplicar el descuento?" Esto revelará la diferencia entre los costos universitarios totales y las subvenciones y becas que no necesitan ser reembolsadas. Luego pregunta si el precio neto cambia del primer año a los años subsecuentes. En resumen, el concepto que le debe importar a la familia es el precio neto. Este te dará una idea de los verdaderos gastos de la matrícula que tu familia tendrá que cubrir.

¿Por qué la matrícula está aumentando tan rápido?

Aunque la matrícula no es el costo total de la universidad, es un factor importante. Dejando a un lado los descuentos y los extras, es posible que te preguntes: "¿Por qué cuesta tanto la matrícula?" ¿Cuáles son los factores que impulsan a elevar más ese número cada año? Un artículo de Amanda Ripley en *The Atlantic* señaló que "los EE. UU. seguirían gastando más por estudiante universitario que cualquier otro país (excepto… Luxemburgo)", incluso si se restaran de la cuenta los costos de alojamiento y comida.[15]

De acuerdo con la Sra. Ripley, la causa fundamental del aumento de los costos de matrícula es el aumento de los gastos institucionales normales. Dice Ripley: "Resulta que la gran mayoría de los gastos de las universidades estadounidenses se destinan a operaciones educativas de rutina—como pagar al personal y al profesorado—no a los comedores. Estos costos suman aproximadamente US$23,000 por estudiante al año (en 2017)—más del doble de lo que Finlandia, Suecia o Alemania gastan en servicios básicos".[16] Entonces, una explicación del por qué los costos de matrícula son astronómicos es que las universidades tienen que pagarle a sus profesores y personal, y mantener la infraestructura física.

Pero mirando más allá de las operaciones educativas de rutina, los costos universitarios también están aumentando porque la planta docente, la administración y el personal se han extendido en la academia de manera proporcional al aumento en la inscripción. Con respecto a este aumento del costo de los gastos generales, Holman W. Jenkins Jr., columnista del *Wall Street Journal*, observó que "El precio de una educación universitaria se está inflando hasta perderse de vista. y mientras tanto, los gastos educativos generales se están disparando. Las universidades estadounidenses de cuatro años gastan menos del 30% de sus presupuestos en su misión real, es decir, 'la instrucción'".[17] Por lo tanto, un consumidor conocedor de los servicios educativos querría saber qué porcentaje del presupuesto universitario se destina para los costos de operación y no para instrucción.

Una excepción notable al modelo de aumento de los costos generales educativos es la Universidad de Purdue en West Lafayette, Indiana. Purdue no ha aumentado sus costos generales durante los últimos 10 años a través de una estrategia de mantener el nivel de matrícula y, de hecho, reducir el costo de los libros, el alojamiento y la comida.[18] El presidente de Purdue, Mitch Daniels, atribuye este fenómeno al enfoque presupuestario único de Purdue: "Nosotros simplemente nos preguntamos cada año, '¿Podemos resolver la ecuación a cero?', es decir, ¿Qué haría falta para evitar el aumento de la tarifa? Este enfoque ha tenido un impacto favorable en la población estudiantil. Diez años después, más del 60% de nuestros estudiantes se gradúan sin deudas."[19] La estrategia de la universidad de Purdue demuestra que se puede controlar el aumento de los costos de operación de la educación. A veces, esto puede significar clases más grandes, más profesores adjuntos y de medio tiempo, y más recortes en los servicios. Pero, los estudiantes listos pueden buscar universidades que modelen este tipo de enfoque de costos y encontrar una que sea accesible a sus circunstancias financieras particulares.

Dado que la matrícula y otros costos en la mayoría de las universidades han crecido más rápido de lo que el salario promedio de un graduado universitario puede cubrir—y es el estudiante quien al final está obligado a pagar la factura— necesitamos algunas herramientas para calcular el costo total para obtener un título universitario. Las siguientes tres secciones ofrecen una metodología para hacer ese cálculo para una universidad privada, una universidad pública o para un colegio comunitario de dos años, más dos años en una universidad pública.

CALCULANDO EL COSTO TOTAL DE UNA UNIVERSIDAD PRIVADA

Es relativamente fácil leer literatura universitaria y detectar el costo establecido. Pero lo que tú necesitas averiguar es el costo total real para asistir a ese colegio o universidad en comparación con el costo publicado. Dado que la literatura publicada por la escuela puede no ser suficiente para que un estudiante individual determine su costo total, es mejor realizar una investigación independiente.

Existen varios recursos para facilitar esta investigación independiente. El sitio web de *College Board*, www.collegeboard.org, ofrece una herramienta útil para comenzar a estimar el costo total por asistir a la universidad. Luego, investiga sitios web como www.smartasset.com y www.studentloanhero.com que ofrecen calculadoras financieras que te ayudarán a calcular cuánto te costarán los préstamos estudiantiles en total y qué porcentaje de tu futuro sueldo representará. Para obtener un mejor resultado, estas herramientas deben ser usadas al mismo tiempo para hacer una proyección de los costos totales de asistencia basándote en tu situación única.

Para divertirnos, analicemos un ejemplo utilizando datos publicados de una universidad privada de primer nivel, la universidad de Harvard, para llegar al costo total. Supongamos que en 2021–22, el sitio web de Harvard publicó que el costo total de asistencia a la universidad sería de US$78,028 por año. Esta cifra incluye matrícula, alojamiento, comida, honorarios, suministros, libros y transporte. Pero ¿cubre tus gastos personales? Difícil de decir. Adaptar la cifra a tu situación personal requeriría indagar más profundamente. Pero utilizaremos la cifra de US$78,028 para este ejemplo de cómo determinar tú mismo los costos universitarios en una universidad privada.

El sitio web de Harvard también muestra una calculadora de precio neto que solicita cierta información financiera y estima la cantidad de asistencia financiera que puedes recibir. Esa calculadora es útil para ti, pero recuerda un par de factores que influyen en la cantidad de ayuda financiera. Harvard no tiene control sobre tu solicitud FAFSA ni la cantidad de subvenciones o préstamos que el reporte de FAFSA puede recomendar para ti. Dado que Harvard utiliza el Perfil CSS para determinar la elegibilidad para sus propias subvenciones, no solo para la FAFSA, la calculadora de precio neto de Harvard está en cierta manera personalizada para tu situación y para la filosofía del paquete de ayuda financiera de Harvard. La estimación, como se indicó anteriormente, es un excelente punto de partida, pero puede ser un poco engañoso si fallas al calcular tus circunstancias particulares.

Además de la herramienta de Harvard, usaremos el estimador de *College Board* en el sitio web www.collegeboard.org, y para tener una comparación al mismo nivel, excluyamos cualquier asistencia financiera. La herramienta de *College Board* te pide que ingreses cierta información, como el costo total de asistencia y la cantidad de años que asistirás. También te pide que ingreses una tasa de inflación para el costo de asistencia, la cual se estimó en un 5% en promedio anual. Esto significa que tu porción de matrícula universitaria aumentará en un 5% cada año que estés en la universidad.

Otras estimaciones de la inflación universitaria están un poco más altas. Con una inflación en 2022 muy por encima del 5%, debe hacerse una proyección cuidadosa. Por ejemplo, el sitio web de ayuda financiera www.finaid. org ha publicado una tasa de hasta el 8%.[20] Considera calcular la inflación de la matrícula cada año a varias tasas entre el 4 y el 8% hasta llegar al peor de los casos, al caso probable y al mejor de los casos.

El otro factor importante para calcular es la contribución familiar, que será única para ti y para tu familia. La FAFSA puede estimar la contribución de tu familia en un 35%. Pero esto puede ser un poco alto. Piensa en tus gastos e introdúcelos con precisión. Para nuestro ejemplo de Harvard, supongamos que la familia no podrá ayudar en absoluto. Multiplicando los cuatro años del costo anual y sumando una inflación del 5% cada año, se obtiene un costo total de US$327,615 después de cuatro años. El monto que descuenta Harvard, que puede ser del 50% o más, y el monto que tú aportes de tus ahorros, un trabajo de verano, becas y subvenciones determinarán el monto restante que podría cubrirse con préstamos familiares.[21]

Para una comparación al mismo nivel entre las diversas rutas para obtener un título, supongamos que no tenías nada para contribuir y que no recibiste ni subvenciones ni becas. Ahora puedes calcular de cuánto va a ser tu deuda usando www. smartasset.com. Recomendamos este sitio web porque te brinda una estimación real de tus costos totales reales. Al aplicar la metodología *SmartAsset*, necesitarías obtener un préstamo de alrededor de US$80,000 al año para pagar la universidad de acuerdo con el costo total después de cuatro años (incluida la inflación).

Si metes esa cifra en la calculadora de deuda, verás un costo total al final de cuatro años de aproximadamente US$400,000. Recuerda, esa cifra de US$400,000 asume que *no aportaste nada*, así que considéralo solo como un ejemplo y aplica tus propias circunstancias. Nuevamente, la cifra de US$400,000 NO es el monto de tu deuda estudiantil al graduarte. Más bien, se aproxima a la canasta previamente identificada de los costos totales de la universidad el día que te gradúas. Este ejercicio solo pretende introducirte al procesamiento de ideas.

Para determinar la carga de la deuda, tu querrás reducir ese costo total de US$400,000 con tus contribuciones del total de tus recursos durante cada uno de los cuatro años. Pero aquí solo estamos tratando de calcular el costo total de una educación universitaria, en lugar de la carga de la deuda que llevarás después de graduarte. Mostraremos el proceso de cálculo del peso de la deuda en el siguiente ejemplo de una universidad pública.

También queremos saber el costo total de la educación universitaria porque esa es la cantidad por la que tú renuncias a otras oportunidades, como la oportunidad de viajar, trabajar, tocar música o escribir. Sumando el costo total y el costo de la oportunidad perdida llegamos a un costo total combinado por asistir a la universidad.

CALCULANDO EL COSTO TOTAL DE UNA UNIVERSIDAD PÚBLICA

Dado que no todos los estudiantes planean asistir a una universidad privada, a continuación, calcularemos los costos de una universidad pública. Para llegar al costo anual de la matrícula de una universidad pública, podemos promediar la matrícula nacional de *College Board* 2022–2023 cuando se estudia dentro del estado de US$10,950 contra la matrícula de las universidades cuando se estudia fuera del estado de US$28,2400.[22] para llegar a un promedio de US$19,595. Por ejemplo, el estado de Michigan público el costo de su matrícula dentro del estado de US$14,460, mientras que la matrícula fuera del estado es de US$39,766. Y la matrícula del estado de Arizona dentro del estado es de US$11,338, mientras que la matrícula fuera del estado es de US$29,428.

Ten en cuenta que esta metodología no tendría sentido para un estudiante individual como tú, ya que tu factura total diferirá dependiendo de si pagas los costos dentro o fuera del estado. Además, el promedio no está ponderado por el porcentaje de estudiantes que están dentro del estado versus los que están fuera del estado. Por lo tanto, promediar la matrícula dentro y fuera del estado a nivel nacional es definitivamente un modelo imperfecto. Lo usaremos en este ejercicio solo para explicar el proceso. Notarás que en los gráficos detallados que mostramos a continuación, los costos dentro y fuera del estado se desglosan por separado para ilustrar la comparación de los costos.

Aplicando los mismos parámetros utilizados para las universidades privadas y para las universidades públicas, los costos promedio de pregrado públicos durante cuatro años coincidirían en US$97,061, mientras que el costo total al graduarse (incluida la inflación) alcanzaría los US$121,611. Compara esto con el costo total de Harvard al graduarte de US$327,615. Suponiendo que después de graduarte, la deuda de Harvard de US$327,615 se pagará durante 10 años a una tasa de interés promedio del 6%, el pago mensual se calcularía en US$3,637 mensuales. Ahora, suponiendo que después de graduarse, la deuda de la universidad pública de US$121,611 se pagará durante los mismos 10 años a la misma tasa de interés del 6%, el pago mensual se calcularía en US$1,270 mensuales.

El ingreso mensual generado por un salario anual de US$58,000 sería de US$4,833, por lo que el pago mensual de la deuda de Harvard de US$3,637 solo dejaría $1,196 mensualmente, mientras que el pago mensual de la deuda de la escuela pública de US$1,270 dejaría US$3,563 mensuales, es un poco más factible vivir con eso. Estos ejemplos no son definitivos. El objetivo es presentar una metodología para el análisis del efecto de la deuda estudiantil en los pagos mensuales después de la graduación.

CALCULANDO EL COSTO TOTAL DEL PLAN 2+2

Para hacer una comparación mayor, calculemos el costo de dos años de colegio comunitario más dos años de matrícula estatal (el plan 2+2), lo que arroja un costo promedio nacional total de US$83,122.

Para corroborar el promedio nacional, comparémoslo con un ejemplo de un estado. Específicamente, calculemos los costos publicados de la matrícula del Colegio Comunitario de Virginia del Norte (NVCC, por sus siglas en inglés) en Virginia y su vecino público más cercano la Universidad "George Mason". Los estudiantes de NVCC del estado pagan US$5,610, mientras que los estudiantes de fuera del estado pagan US$11,693. Después de dos años, habiendo pagado un promedio de US$17,302, el estudiante de NVCC puede transferirse a la Universidad George Mason (GMU, por sus siglas en inglés), una universidad estatal ubicada a 17 minutos de distancia. Los costos de GMU ascienden a US$13,014 de matrícula para los residentes de Virginia y US$36,474 de matrícula para los residentes foráneos, lo que arroja un promedio de US$27,744 por año.

Si un estudiante toma esta ruta, el costo total por cuatro años bajo el plan 2+2 se calcularía sumando US$17,302 por dos años en NVCC más de US$49,488 por dos años en GMU para obtener un total de cuatro años de US$66,790. Usando la misma metodología y parámetros de nuestro análisis anterior, los costos totales pagados durante 10 años serían de US$88,980. Ten en cuenta que el costo del plan 2+2 de Virginia de US$88,980 se correlaciona con el costo promedio nacional estimado para el plan 2+2 en US$83,122. A una tasa de interés del 6%, el pago mensual sería de US$741,51. Por lo tanto, con un salario inicial promedio de US$58,000 y un ingreso mensual de US$4,833, este pago del plan Virginia 2+2 dejaría US$4,091.49 por mes para vivir.

Resumiendo, lo que queda para vivir cada mes de la deuda de una universidad privada es US$1,196, de la deuda de una universidad pública es US$3,563, y de la deuda 2+2 es US$4,091.49. De los ejemplos calculados aquí, ¿cuál parece más ventajoso desde el punto de vista financiero?

Pasos para pagar la deuda estudiantil

Aun después de haber agotado todos los recursos disponibles (ahorros, ganancias, descuentos, ESAs, subvenciones y becas), el promedio de una deuda estudiantil para un estudiante de pregrado es de US$30,000 como indicamos previamente. Esta deuda debe ser pagada individualmente por cada estudiante graduado. No todos tienen la misma carga, pero un número alarmante de estudiantes graduados de la universidad cada año han caído en la trampa de una deuda sin esperanza de salir de ella. A diferencia de ti, quizás ellos no pudieron predecir los costos para poder hacer un juicio consciente.

Pasemos ahora de la cuestión de la accesibilidad en cuestión de la deuda, desde analizar el costo total de la universidad hasta abordar el pago esperado de la deuda después de la graduación. Suponiendo que pagaste algunos de los costos totales de la universidad a medida que avanzabas, tu deuda restante podría ser los US$30,000 que se mencionan con frecuencia. Usando la calculadora de deuda en www.privatestudentloans.guru para determinar el monto de la devolución e insertando términos de pago de 10 años al 6 %, se obtiene un costo total de US$40,398, con pagos mensuales de US$336.65. Este cálculo nos indica una regla general: suponiendo un plazo de pago de 10 años, el pago mensual será aproximadamente del 1% por ciento de la deuda al momento de la graduación. Sin embargo, es posible que esa regla no funcione para ti porque hay estudios que demuestran que el período de pago promedio se extiende de los 10 años originales hasta los 21 años.[23] Por lo tanto, otra buena regla general para tener en cuenta es que cada US$1.00 de deuda estudiantil requiere US$2.00 para pagarla.[24]

Si el pago de tu deuda es demasiado oneroso, podrías retrasarte en la búsqueda de otros eventos en tu vida, como comenzar una carrera, comprar una casa, encontrar una pareja o tener una familia—todo esto debido a que estarías ahogado en deudas estudiantiles tratando de pagarlas. Saber cómo está el panorama puede ayudarte a evitarlo al comienzo de tu carrera universitaria. Aún mejor, en lugar de hacer todos esos cálculos para préstamos, intenta aplicar otra regla básica útil: si tu deuda total de préstamos estudiantiles al graduarte es menor que tu salario inicial anual, deberías poder pagar tus préstamos estudiantiles en 10 años o menos. Esta regla solo requiere que compares dos números, en lugar de hacer un montón de cálculos.

Al comparar tus opciones universitarias, asegúrate de comparar los costos de cada opción. Usa las calculadoras. Haz la cuenta. Tus números serán diferentes a los de los ejemplos usados en este libro porque tu o tu familia podrían contribuir más con tu educación. Tal vez te hayan ofrecido descuentos y paquetes de becas en una universidad. Con suerte, ganaste otras becas y subvenciones para ayudar a financiar tu educación.

Es crucial que abordes los costos de la educación superior con los ojos bien abiertos. Tienes que saber cuánto te costará la matrícula no solo este año sino todo el tiempo que pases en la universidad de tu elección. Conoce el estimado de la carga de tu deuda. Solo así podrás tomar una decisión informada.

LOS COSTOS DE LA UNIVERSIDAD VAN MÁS ALLÁ DE LA MATRÍCULA

Conforme haces tus cálculos de los gastos para tu viaje educativo, recuerda que los costos universitarios van más allá de la matrícula. La matrícula es probablemente el gasto educativo más grande con el que te enfrentarás al tomar la decisión de asistir a la universidad. Pero además de la matrícula, también debes considerar otros costos variables, como el transporte.

¿Cuánto tiempo te tomará viajar de tu dormitorio o apartamento al salón de clases y de regreso cada día? ¿Tomarás un auto? Si es así, ¿cómo pagarás la gasolina, el mantenimiento y el estacionamiento, los cuales pueden aumentar la cuenta mensual? ¿Podrías tomar un autobús? ¿Podrías desplazarte caminando o en bicicleta? Deberás considerar no solo los gastos diarios de gasolina o transporte público, sino también la cantidad que se necesita para viajar a casa para las vacaciones de primavera, verano, acción de gracias y vacaciones de invierno. Por supuesto, mientras más viajes por el campus y por el estado, mayor será el costo en el que incurrirás.

Esto presenta la disyuntiva entre vivir cerca de las clases en el campus y vivir fuera del campus con un traslado significativo. Como se analiza con más detalle en el capítulo cinco, la Universidad de Texas en Austin tiene costos de alojamiento en los campus relativamente altos en comparación con las opciones de vivienda en los suburbios. Sin embargo, el transporte a través de metro bus suma tiempo y dinero. La disyuntiva se da entre la vivienda de mayor precio en el campus sin desplazamiento y la vivienda de menor precio fuera del campus con un trayecto largo. Uno cuesta menos pero también te deja menos tiempo libre para actividades extracurriculares. Curiosamente, el costo de vida fuera del campus podría ser incluso mayor que el gasto en el que incurre, ya que los estudiantes que viven fuera del campus a menudo tienen menos probabilidades de graduarse. Mantente alerta a los peligros que podrían impedirte terminar la universidad. Dependiendo de dónde vivas, los costos de transporte pueden ser considerables.

Otra forma de determinar el costo total de la universidad es comparando el precio establecido y el precio neto. En un estudio innovador de 2016 realizado por Sara Goldrick-Rab y Nancy Kendall titulado "El precio real de la universidad",[25] las autoras explican que la terminología federal de "precio establecido" incluye la matrícula y las tarifas, junto con costos como libros de texto y suministros, viajes y alojamiento y comida. Según el artículo de Goldrick-Rab y Kendall, el precio promedio de los precios establecidos por las universidades ha aumentado "aproximadamente entre un 10 y un 25% (según el sector y el período de tiempo) cada cinco años desde 1995".[26] La información se obtuvo de las propias instituciones universitarias y se le reporta al gobierno federal a través del Sistema Integrado de Datos sobre Educación Postbachillerato (IPEDS, por sus siglas en inglés), por lo que puede considerarse fiable. Y el aumento del precio de las matrículas ha continuado, según las proyecciones del estudio.

Los investigadores explicaron que la terminología federal del "precio neto" tiene en cuenta la ayuda financiera federal, estatal y local que reduce el precio establecido por la universidad. El precio neto es el precio establecido menos las ayudas no reembolsables. Pero incluso el precio neto es muy elevado para la mayoría de los estudiantes. "Aproximadamente tres de cada cuatro estadounidenses que asisten a una universidad pública pagan o piden prestada una cantidad equivalente al 20% o más de sus ingresos familiares anuales para pagar un año de estudios", explica el estudio.[27]

Goldrick-Rab y Kendall descubrieron que en "las universidades públicas del país, el 80% del precio promedio de US$16,833 de la matrícula procede de gastos no relacionados con la matrícula", mientras que "en los colegios comunitarios y universidades públicas de cuatro años, los gastos no relacionados con la matrícula representan el 61% de los costos totales", debido principalmente a los gastos de alojamiento y manutención.[28]

El precio establecido de una universidad puede verse reducido por subvenciones y becas. Pero para muchos estudiantes, las ayudas de las propias universidades y del gobierno federal varían en función de los ingresos familiares, lo que nos obliga a examinar los casos individualmente. Los importes reales de las subvenciones y becas para cada estudiante se calculan mediante una compleja fórmula para llegar a una "Contribución Familiar Esperada" (EFC, por sus siglas en inglés) utilizando la solicitud gratuita de ayuda federal para estudiantes

(FAFSA, por sus siglas en inglés). Buenas noticias. A partir de 2024-25, la EFC será reemplazada por el Índice de Ayuda Estudiantil (SAI, por sus siglas en inglés) como parte de una simplificación de la FAFSA que reducirá el número de preguntas en la FAFSA en aproximadamente dos tercios.[29]

La contribución familiar prevista podría superar con creces el dinero real disponible porque la FAFSA "no recoge mucha información crítica que afecta a la solidez financiera [de la familia]".[30] El estudio de Goldrick-Rab y Kendall descubrió que, como porcentaje de los ingresos anuales, tanto el precio de etiqueta como el precio neto de la universidad son "bastante considerables para todas las familias, excepto para las más ricas".[31] Además, muchos estudiantes no son conscientes de que no completar la FAFSA puede poner fin a su ayuda estudiantil y, lamentablemente, omiten la FAFSA después del primer año. Es por eso por lo que hacemos varias advertencias sobre la omisión de la FAFSA en el segundo año.

Las subvenciones y becas pueden compensar sustancialmente los costos directos de la universidad. Harvard es un buen ejemplo. Un artículo de Abigail Hess en el sitio web *Make It* de CNBC cita las estadísticas de Harvard que indican que "Harvard estima los costos totales facturados y no facturados en alrededor de US$73,800 a US$78,200 por año para asistir a la prestigiosa escuela". Teniendo en cuenta que "alrededor del 55% de los estudiantes de Harvard reciben becas basadas en la necesidad con un total promedio de alrededor de US$53,000", la cantidad neta que pagan los estudiantes en costos financieros directos se reduce considerablemente.[32]

Pero los costos indirectos por asistir a la universidad también son dignos de mención, particularmente considerando la reciente pandemia. Debido al COVID, Harvard pasó a clases en línea que no requerían asistencia local. Curiosamente, Harvard no redujo su costo de asistencia durante COVID porque la matrícula y las tarifas pagaban el mantenimiento necesario de los edificios e instalaciones a pesar de que los estudiantes no podían usarlos. COVID reveló los costos indirectos de los servicios que un estudiante necesitaría duplicar en casa.

Cuando pienses en el costo de asistir a cualquier universidad desde casa a través de Zoom, es posible que desees ajustar el costo total estimado de la universidad por cualquier costo duplicado en el que puedas incurrir en casa, como pagar tu propia membresía en el gimnasio, tu propia renta y servicios públicos, tus propias comidas y tus propios conciertos y eventos sociales.

EL COSTO AGREGADO DE LOS INTERESES DE LOS PRÉSTAMOS ESTUDIANTILES

El costo de los intereses es un elemento de la deuda universitaria que con frecuencia se pasa por alto, pero podría ser uno de los más onerosos para los graduados. En un artículo preventivo del *New York Times*, Molly Webster detalla el efecto del interés agregado sobre el costo total de la universidad. El título del artículo resume el dilema: "He gastado US$60,000 para pagar préstamos estudiantiles y debo más que antes de comenzar".[33] La autora hace una crónica de su "vergüenza secreta" de que todavía tiene "una enorme deuda de préstamos estudiantiles federales" 14 años después de completar la escuela de posgrado.[34] A los 38 años, se encuentra en dificultades financieras porque el costo de los intereses de su préstamo está aumentando más allá de su capacidad de pago. La historia de la Sra. Webster es una llamada de atención para los futuros estudiantes y sus padres. La contamos aquí con cierto detalle para subrayar la necesidad de estar alerta a los efectos de los intereses de los préstamos estudiantiles y para describir la acumulación de deuda.

Después de graduarse en 2007, con una maestría en periodismo científico, la Sra. Webster debía US$78,060 en préstamos federales.[35] Durante los siguientes tres años, aplazó los pagos de ese préstamo (en la medida en que las condiciones del préstamo lo permitían) para comenzar su carrera. Después empezó a pagar las mensualidades de algunos de los 16 préstamos federales que había adquirido, al tiempo que amortizaba algunos de los préstamos privados. Aunque vivía de forma frugal y trabajaba de tiempo completo como periodista, no progresaba mucho porque los tipos de interés de algunos de sus préstamos federales (*Grad PLUS*) llegaban al 8.5%.[36]

Siguiendo el consejo de los asesores de *Sallie Mae*, ella suspendió temporalmente los pagos del préstamo mediante un programa conocido como indulgencia para evitar caer en morosidad. Sin embargo, en el marco de este programa, los intereses seguían acumulándose y sumándose al capital. Aunque en aquel momento parecía una buena idea, la indulgencia agravó su problema. A medida que aumentaba el capital, también lo hacía el pago mínimo mensual correspondiente. De modo que, cuando podía hacer un pago del préstamo, lo destinaba en su mayor parte a pagar los intereses en lugar del capital original del préstamo. De hecho, cuando ingresó a su cuenta de préstamo estudiantil el 1 de abril de 2020, observó que debía US$731.36 en intereses. Pero cuando el pago de intereses se dedujo de su cuenta, su "capital no se movió".[37]

La Sra. Webster intentó varias estrategias para controlar su deuda. Buscó trabajos mejor pagados, pero no encontró ninguno. Se volvió ahorradora, pidió prestada una computadora portátil en lugar de comprar una y buscó muebles gratis. Aceptó más trabajos para ganar dinero extra. Todo fue en vano. A pesar de sus esfuerzos, y debido a los crecientes costos de los intereses, en 2021 se encontró cada vez más endeudada. "He pagado US$60,000 por US$78,000 en préstamos. De alguna manera ahora tengo una deuda de US$100,000".[38] Una buena lección que pueden aprender otros prestatarios de esta desafortunada situación es evitar pagar menos de los nuevos intereses que se acumulen, lo que se conoce como amortización negativa. Según su relato, es posible que ella sólo haya pagado el 60% de los nuevos intereses. La amortización negativa puede crear una situación extremadamente difícil.

Después de todo esto, la Sra. Webster no es elegible para la Ley CARES, que podría haber aliviado este problema.[39] Uno esperaría que la Sra. Webster podría resolver este dilema de deuda con algún programa federal. Así que es conveniente explicar brevemente el enigma jurídico que rodea a la Ley CARES. La Sra. Webster y unos seis millones de sus contemporáneos no son elegibles para la Ley CARES porque, en 2010, el Congreso determinó que le costaría más al gobierno federal ofrecer créditos a través del Programa FFEL que a través de programas de préstamos directos y decidió terminar el FFEL.

En ese momento, el congreso determinó que los bancos privados no debían seguir operando en el negocio de los préstamos federales para estudiantes, y pusieron fin al Programa FFEL el 30 de junio de 2010. Por lo tanto, para todos los *nuevos* solicitantes de préstamos después de 2010, los préstamos federales para estudiantes serían retenidos únicamente por el gobierno federal, y los préstamos privados para estudiantes serían retenidos únicamente por prestamistas privados. Sin embargo, para todos los préstamos *existentes* que estaban en manos de prestamistas privados y garantizados por el departamento de educación de EE. UU., el camino a seguir se volvió turbio—el Gobierno federal decidió comprar algunos de estos préstamos a prestamistas comerciales, pero no todos.[40]

Esa decisión del Congreso de 2010 dejó a unos seis millones de titulares de deudas universitarias en un feo callejón sin salida. Sus préstamos estudiantiles se clasificaron como federales, por lo que el congreso fijó el tipo de interés, pero los préstamos en realidad estaban en manos de prestamistas privados, por lo que los prestatarios no cumplían los requisitos para calificar para la ley CARES.[41] En consecuencia, para muchos prestatarios los costos por intereses fijados por el congreso continúan acumulándose mientras que la cantidad del capital continúa sin disminuir.[42]

Más allá del enigma que supone la ley CARES, la engorrosa experiencia de la Sra. Webster con la deuda descontrolada pone de relieve la naturaleza insidiosa de los intereses de la deuda a la que se enfrentan muchos titulares actuales de préstamos estudiantiles, y sirve de advertencia para los futuros estudiantes universitarios. El pago de intereses puede ser tan oneroso como el propio pago del capital.

Por si fuera poco, hay un costo más de la universidad que debe abordarse para revelar el panorama financiero completo de la experiencia universitaria.

EL COSTO DE OPORTUNIDAD PERDIDA POR LA UNIVERSIDAD

El último costo universitario que debemos considerar es el *costo de oportunidad perdida*.[43] No se incluye en ninguna de las otras categorías de costos porque funciona de manera diferente. El *costo de oportunidad perdida* es la oportunidad de obtener ingresos a los que se renuncia mientras se asiste a la universidad. Es un costo relacionado con el tiempo que no puedes recuperar. Ir a la universidad significa renunciar a cuatro (o más) años de generación de ingresos, además de acumular deudas durante todo ese tiempo.

En la comedia de época de temática universitaria *Animal House*,[44] cuando Dean Wormer (interpretado por John Vernon) le informa a "Bluto" Blutarsky (interpretado por John Belushi) que ha sido expulsado, Bluto se lamenta, "siete años de universidad tirados a la basura" Esperemos que no tardes siete años, pero el tiempo que te tome, los costos de oportunidad se acumulan hasta que termines la carrera, y ese es tiempo de generación de ingresos que no puedes recuperar.

Considera que, si eliges dedicarte a un oficio o entrar en el mercado laboral en lugar de asistir a la universidad, empezarías a ganar un sueldo que genera un flujo positivo de efectivo, mientras que no incurres en gastos universitarios que generan un flujo negativo de efectivo que conduce a la deuda estudiantil. En lugar de contraer deudas sin obtener ingresos, podrías obtener ingresos sin contraer deudas. A lo largo de cuatro años, estos caminos alternativos pueden crear una diferencia significativa en la situación financiera.

Veamos un ejemplo utilizando el salario mínimo. Supongamos que un recién graduado del bachillerato decide aceptar un trabajo con el salario mínimo nacional actual. Según el sitio web del departamento de trabajo, el salario mínimo federal para los empleados cubiertos, no exentos, es de US$7.25 por hora en virtud de la Ley de Normas Laborales Justas (FLSA, por sus siglas en inglés).[45] Calculando aproximadamente 2,000 horas de trabajo al año, el costo de oportunidad perdida sería de US$14,500 al año o US$58,000 durante los cuatro años que el graduado de bachillerato habría estado asistiendo a la universidad. Sin embargo, cuando el salario mínimo se calcula en US$15 por hora, como es obligatorio en varias localidades, esa cifra aumenta a US$30,000 al año, y el total en cuatro años alcanza los US$120,000. Después de restar el costo de la vivienda, la alimentación, la atención médica, etc., el costo de oportunidad neto sería considerablemente inferior, pero el hecho es que entra más dinero por un trabajo que el que sale para pagar los gastos universitarios.

He aquí otro ejemplo. Después de graduarse del bachillerato, Sam Student trabajó en Papa John's en Dallas, Texas, a un precio por hora de unos $9, lo que supondría un costo de oportunidad perdido de US$18,000 al año. Luego, durante la pandemia, cuando unos nueve millones de puestos de trabajo quedaron sin cubrir, muchos dueños de empresas aumentaron sus salarios iniciales para atraer trabajadores. Bajo estas circunstancias, Sam ganaba un salario promedio por hora de US$12.50, multiplicado por las 2,000 horas al año para obtener un salario de US$25,000 anuales. Si Sam hubiera decidido ir a la universidad, durante los mismos cuatro años habría renunciado al costo de oportunidad de US$100,000 por no trabajar en Papa John's. La demanda de trabajadores ha aumentado tras el COVID, y el desempleo ha disminuido. Esta demanda de mano de obra fluctuará, pero con el tiempo la mano de obra está disminuyendo, por lo que es probable que aumenten los salarios y los costos de oportunidad correspondientes.

Siendo imparciales, repasemos el ejemplo para ver qué ocurre realmente con los US$100,000 generados por esta vía. En promedio el alquiler en Dallas, Texas, es de unos US$1,500 al mes, lo que suma un total de US$72,000 en cuatro años. Los comestibles cuestan unos US$275 al mes, lo que suma un total de US$13,200 en cuatro años. El billete de autobús cuesta US$2.50 por viaje, lo que arroja US$5,000 en cuatro años. Y la atención médica cuesta otros US$250 al mes, para un total de US$12,000 en cuatro años. De modo que esos US$100,000 generados por trabajar en lugar de ir a la universidad se reducen casi a cero cuando se restan los gastos. Esto se debe a que el salario que él gana no existe separado de los gastos de manutención normales. Más bien, el salario paga sus gastos de manutención. En resumen, tomar este camino no le hace rico, simplemente evita la perspectiva de añadir la deuda estudiantil a los gastos de manutención corrientes.

¿Qué tal si, en lugar de trabajar en una franquicia de comida rápida, Sam decidiera aprender un oficio? En ese caso, su salario por hora podría ser mucho mayor. Utilizando *ZipRecruiter* como guía, descubrimos que "al 12 de junio de 2022, el salario promedio anual de un aprendiz en algún oficio en Estados Unidos es de US$43,567 al año", lo que equivale a US$20.95 por hora, y "la mayoría de los salarios de aprendices de oficios oscilan actualmente entre US$33,000 (percentil 25) y US$46,000 (percentil 75), y los que más ganan (percentil 90) alcanzan los US$62,500 anuales en todo Estados Unidos."[46] En este caso, el costo de oportunidad total de Sam por elegir asistir a la universidad en lugar de trabajar como aprendiz en un oficio podría oscilar entre US$58,000 y US$160,000 dólares durante los cuatro años que estuvo matriculado.

En conclusión: Si tú decides ir a la universidad hay un costo de oportunidad, así que aprovecha al máximo el tiempo que pases en la universidad. Este no es el momento de perder el tiempo entre clases. Ese enfoque podría llevarte a pasar tiempos difíciles. En lugar de eso, céntrate en obtener una educación que te sea útil después de graduarte. Piensa en ello antes, no después. De lo contrario, podrías desperdiciar los mejores años de tu vida haciendo algo que no te va a compensar, ni monetaria ni experimentalmente. Cuando pienses en ello, intenta encontrar un balance adecuado entre trabajo y estudios para tus circunstancias individuales. Ten en cuenta que un estudiante que trabaja 40 horas o más a la semana tiene únicamente la mitad de las probabilidades de obtener un título universitario en seis años.[47] Así que, para poder graduarte sin deudas, primero tienes que graduarte. Dicho esto, sin examinar por qué quieres ir a la universidad y qué quieres hacer con tu título, el mayor costo de asistir a la universidad bien podría ser el costo de oportunidad perdido.

Deuda Universitaria Ilustrada

Echa un vistazo a los siguientes cuatro gráficos que muestran la profundidad del agujero financiero que cava un estudiante cuando va a la universidad. Hemos utilizado promedios nacionales porque son fáciles de investigar, verificar y comparar. Nuestros datos sobre el costo promedio de la universidad fueron recopilados del Departamento de Educación de EE. UU., el Centro Nacional de Estadísticas de la Educación, la Asociación Nacional de Universidades y Empleadores y el *College Board*. Los gráficos comparan los costos de cuatro rutas comúnmente elegidas para obtener una licenciatura:

1. Costo promedio de 2 años de colegio comunitario más 2 años de universidad pública en el estado (el plan 2+2)

2. Costo promedio de la universidad pública en el estado (4 años)

3. Costo promedio de la universidad pública fuera del estado (4 años)

4. Costo promedio de universidad privada en el estado o fuera del estado (4 años)

Ten en cuenta que las rutas 2 y 3 representan específicamente los costos dentro y fuera del estado por separado para mostrar la gran diferencia de costos entre estas dos rutas.

Los gráficos pueden ayudarte a visualizar y comparar la profundidad promedio del agujero financiero que estás cavando al seguir una de estas cuatro rutas principales para obtener una licenciatura. Como verás, la matrícula y el alojamiento son los factores clave. Los demás costos recurrentes, como los libros y las tarifas, serían prácticamente los mismos independientemente de la vía elegida para obtener un título universitario, por lo que se mantienen constantes en las cuatro vías de los gráficos.

Los gráficos incorporan cuatro supuestos básicos:

En primer lugar, ellos asumen que el estudiante termina la carrera universitaria en cuatro años. Aunque algunos estudiantes pueden terminarla en tres años y un gran número de ellos tarda seis años, normalizamos en cuatro años para la comparación.

En segundo lugar, ellos asumen que el estudiante paga el costo "promedio nacional" de cada elemento identificado de la deuda estudiantil universitaria (por ejemplo, libros y cuotas).

En tercer lugar, ellos asumen que mientras un estudiante asiste a la universidad comunitaria con el plan 2+2, no incurre en gastos de alojamiento ni manutención porque vive en casa. Esto se ajusta a la experiencia de vida común y está integrado al gráfico de esa ruta.

Por último, asumen que todos los estudiantes que siguen cualquiera de estas cuatro rutas universitarias reciben el mismo promedio nacional de subvenciones y becas. Del mismo modo, los estudiantes no tienen ahorros que aplicar a los costos universitarios, no cuentan con el apoyo de los padres, ESA o un plan de ahorro 529, no contribuyen con los ingresos del verano para compensar los costos universitarios y no participan en programas de trabajo ni de estudio durante los cuatro años.

Por supuesto, este último supuesto no refleja la experiencia común. Pero excluimos estas contribuciones en los gráficos para lograr una comparación nivelada entre las cuatro rutas de titulación universitaria. En realidad, muchos estudiantes se abrirán camino en la universidad utilizando varios de los medios identificados para obtener fondos y reducir así su deuda estudiantil al graduarse. En esas circunstancias, la deuda total disminuiría en esa misma cantidad independientemente de la ruta universitaria que eligiera el individuo. Por lo tanto, en aras de una comparación nivelada de los costos entre las cuatro rutas, suponemos que se concede el promedio nacional de subvenciones y becas, pero no se realizan aportaciones del estudiante ni de la familia.

Cuando consideres los costos de tu propia educación universitaria, asegúrate de tener en cuenta tus circunstancias individuales. Por ejemplo, el promedio de becas concedidas por estudiante es de US$4,202, pero tu beca podría variar significativamente de esa cifra, sobre todo si presentas tú mismo las solicitudes de becas.[48]

Comienza con estas ilustraciones. Pero no pares ahí. Los costos de la universidad de cada estudiante son diferentes.

Colegio comunitario más universidad publica costo promedio de 2 años c/u

Costo de la carrera	Lo que debes al graduarte
US$28,196 Matrícula y tarifas	— 0
	— $10,000
	— $20,000
US$18,588 Vivienda	— $30,000
	— $40,000
US$4,083 Intereses	— **$50,000**
	— $60,000
US$8,366 Misceláneos	— $70,000
	— $80,000
US$4,525 Transporte	— $90,000
	— **$100,000**
US$5,020 Libros	— $110,000
	— $120,000
US$68,778 Costo total de la carrera	— $130,000
	— $140,000
	— **$150,000**
US$16,114 Becas	— $160,000
	— $170,000
US$21,666 Subvenciones	— $180,000
	— $190,000
US$30,998 Deuda del estudiante al graduarse	— **$200,000**
	— $210,000

US$30,998 Deuda del estudiante al graduarse

Figura 6

Universidad pública dentro del estado costo promedio por 4 años

Costo de la carrera	Lo que debes al graduarte
US$45,585 Matrícula y tarifas	— 0
	— $10,000
	— $20,000
US$37,177 Vivienda	— $30,000
	— $40,000
US$6,327 Intereses	**— $50,000**
	— $60,000
US$8,366 Misceláneos	— $70,000
	— $80,000
US$4,525 Transporte	— $90,000
	— $100,000
US$5,020 Libros	— $110,000
	— $120,000
US$107,000 Costo total de la carrera	— $130,000
	— $140,000
US$16,114 Becas	**— $150,000**
	— $160,000
	— $170,000
US$21,666 Subvenciones	— $180,000
	— $190,000
US$69,220 Deuda del estudiante al graduarse	**— $200,000**
	— $210,000

US$69,220 Deuda del estudiante al graduarse

Figura 7

Universidad pública fuera del estado costo promedio por 4 años

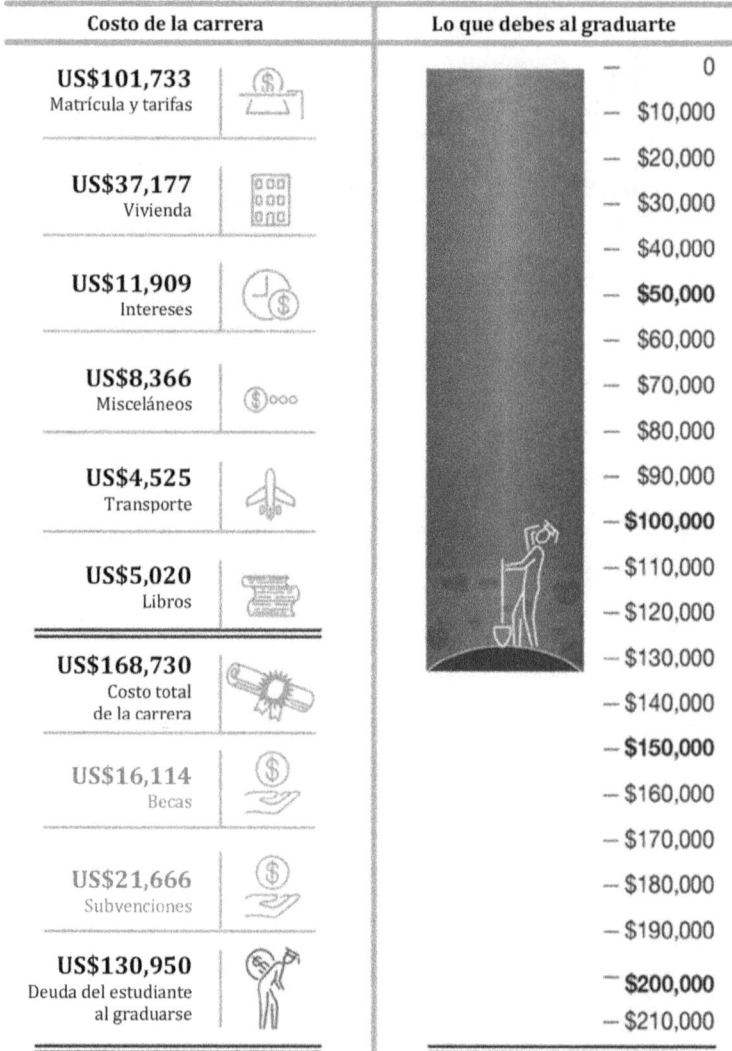

Costo de la carrera	Lo que debes al graduarte
US$101,733 Matrícula y tarifas	— 0
	— $10,000
US$37,177 Vivienda	— $20,000
	— $30,000
	— $40,000
US$11,909 Intereses	— **$50,000**
	— $60,000
US$8,366 Misceláneos	— $70,000
	— $80,000
US$4,525 Transporte	— $90,000
	— **$100,000**
US$5,020 Libros	— $110,000
	— $120,000
US$168,730 Costo total de la carrera	— $130,000
	— $140,000
US$16,114 Becas	— **$150,000**
	— $160,000
	— $170,000
US$21,666 Subvenciones	— $180,000
	— $190,000
US$130,950 Deuda del estudiante al graduarse	— **$200,000**
	— $210,000

US$130,950 Deuda del estudiante al graduarse

Figura 8

Universidad privada dentro/fuera del estado costo promedio por 4 años

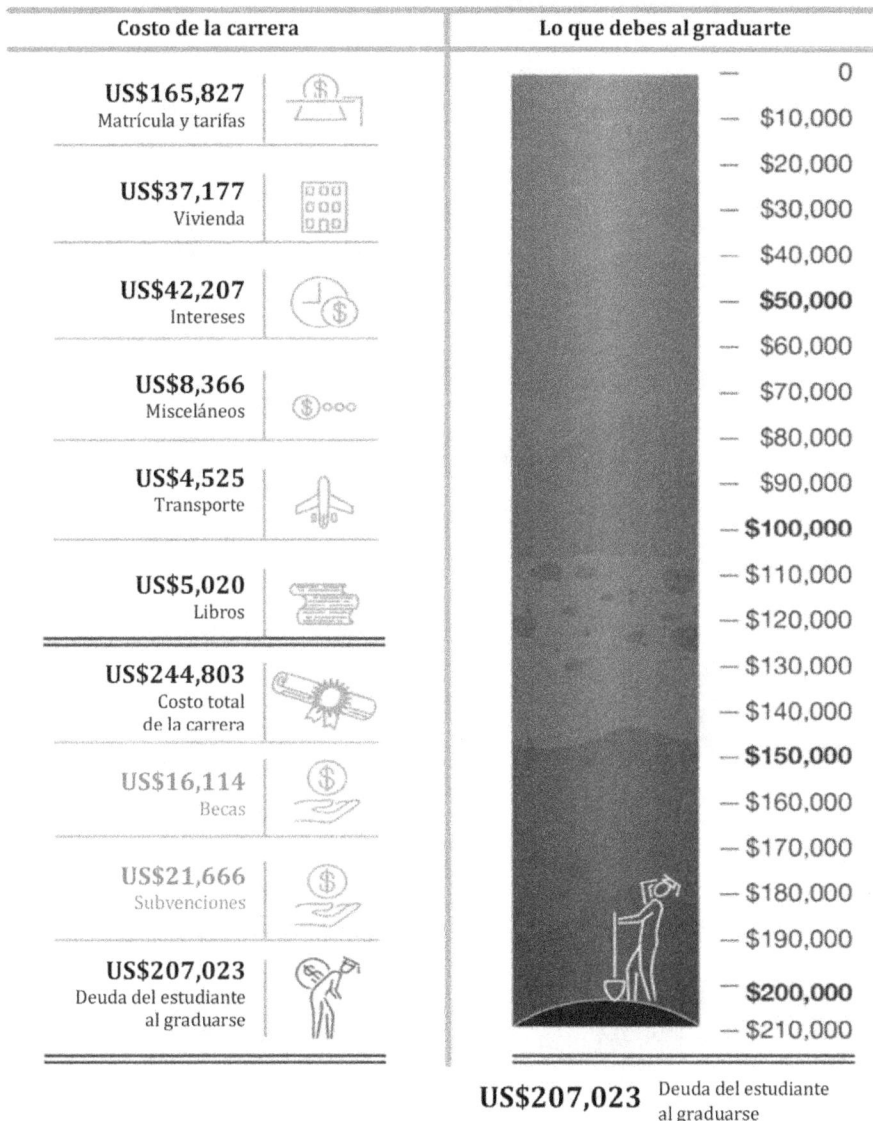

Costo de la carrera	Lo que debes al graduarte
US$165,827 Matrícula y tarifas	0
	$10,000
	$20,000
US$37,177 Vivienda	$30,000
	$40,000
US$42,207 Intereses	**$50,000**
	$60,000
	$70,000
US$8,366 Misceláneos	$80,000
	$90,000
US$4,525 Transporte	**$100,000**
	$110,000
US$5,020 Libros	$120,000
	$130,000
US$244,803 Costo total de la carrera	$140,000
	$150,000
US$16,114 Becas	$160,000
	$170,000
US$21,666 Subvenciones	$180,000
	$190,000
US$207,023 Deuda del estudiante al graduarse	**$200,000**
	$210,000

US$207,023 Deuda del estudiante al graduarse

Figura 9

Ahora apliquemos la tasa de interés del 6% a 10 años por dos rutas.

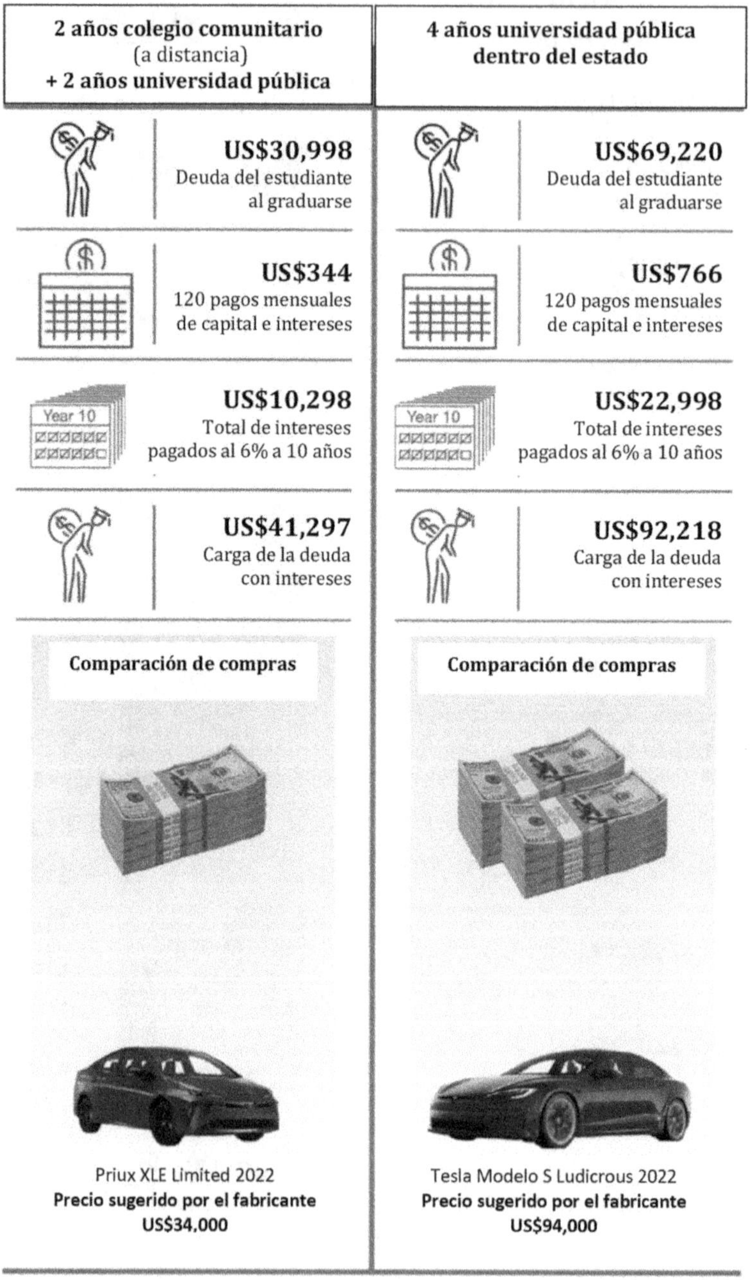

2 años colegio comunitario (a distancia) + 2 años universidad pública	4 años universidad pública dentro del estado
US$30,998 Deuda del estudiante al graduarse	**US$69,220** Deuda del estudiante al graduarse
US$344 120 pagos mensuales de capital e intereses	**US$766** 120 pagos mensuales de capital e intereses
US$10,298 Total de intereses pagados al 6% a 10 años	**US$22,998** Total de intereses pagados al 6% a 10 años
US$41,297 Carga de la deuda con intereses	**US$92,218** Carga de la deuda con intereses
Comparación de compras	**Comparación de compras**

Priux XLE Limited 2022
Precio sugerido por el fabricante US$34,000

Tesla Modelo S Ludicrous 2022
Precio sugerido por el fabricante US$94,000

Figura 10

Este gráfico muestra la tasa de interés del 6% a 10 años por otras dos rutas.

4 años universidad pública fuera del estado	4 años universidad privada dentro o fuera del estado
US$130,950 Deuda del estudiante al graduarse	**US$207,023** Deuda del estudiante al graduarse
US$1,453 120 pagos mensuales de capital e intereses	**US$2,298** 120 pagos mensuales de capital e intereses
US$45,508 Total de intereses pagados al 6% a 10 años	**US$68,783** Total de intereses pagados al 6% a 10 años
US$174,458 Carga de la deuda con intereses	**US$275,806** Carga de la deuda con intereses
Comparación de compras	**Comparación de compras**
Van Rekon Mercedes-Benz 2022 **Precio Sugerido por el fabricante US$175,500**	2060 ft2 Casa en Midwest **SLM Precio de lista US$285,000**

Figura 11

Estas ilustraciones gráficas de la deuda pueden incitarte a considerar cuánto deberías pedir prestado para la universidad. Las estadísticas publicadas por el Estudio Nacional de Ayuda para Estudiantes Postsecundarios (NPSAS, por sus siglas en inglés) pueden brindarte una vista previa de lo que pudieses necesitar pedir prestado. Según el NPSAS del 2015–16, alrededor del 39% de los estudiantes de pregrado en programas de certificación, programas de asociado y programas de licenciatura reciben un promedio de US$9,174, incluidos los préstamos *Parent PLUS*. Esa cifra baja a US$7,639 sin los préstamos *Parent PLUS*. Solo para los programas de licenciatura, las cifras muestran US$10,459 con préstamos *Parent PLUS* y US$8,349 sin ellos.[55] De acuerdo con el presupuesto federal, el promedio de la Beca Pell fue de US$4,325 en 2021 y US$4,353 en 2022.[56] Estas cifras te dan una idea de la cantidad de ayuda federal que podría estar disponible para ti.

Escápate de Matrix: ¿Qué tan profunda quieres que sea tu deuda?

Los estudiantes gastan en la universidad mucho más que la matrícula. El total gastado incluye una serie de gastos como vivienda, libros, transporte e intereses de préstamos. Estos gastos están fuera de la matrícula y a veces se pasan por alto cuando se piensa en la Matriz de préstamos estudiantiles. Como puedes ver, cuando calculas el costo total de la universidad, incluso después de gastar tus recursos, el total gastado puede dejarte con una montaña de deudas.

Cuando te plantees tu futuro, piensa qué nivel de deuda es sostenible para ti. Con esto en mente, piensa en cómo evitar o mitigar los costos de una educación universitaria. Ten esa difícil conversación con tus padres antes de marcharte a la universidad bajo el yugo de la Matriz de préstamos estudiantiles. Recuerda que los padres también pueden verse ahogados en deudas estudiantiles por intentar ayudar a sus hijos. Esto ocurre a menudo a través del programa *Parent PLUS*. Una vez que tú y tu familia entiendan lo que es factible dentro de sus finanzas familiares, es hora de reunirse con los responsables de ayuda financiera en las universidades prospectivas para finalizar un plan de acción. Cuando te reúnas con el responsable de ayuda financiera, considera la posibilidad de hacerle las siguientes preguntas:

1. ¿Cuál es su precio neto y su precio establecido?

2. ¿Cuál es la contribución familiar promedio para estos dos precios?

3. ¿Practica la universidad la distribución anticipada de las subvenciones en el primer año?

4. ¿Qué tipo de ayuda, además de los préstamos federales, ofrece la propia universidad a los estudiantes?

5. ¿Cuánto aumentará el costo total año tras año, con fines de planificación?

6. ¿Hay algún plan para reducir el costo de la matrícula si resurge COVID?

7. ¿Qué opciones en línea están disponibles para reducir el costo total de obtener un título?

8. Después del primer año, ¿cuántos estudiantes aún viven en el campus?

9. ¿Cuántos estudiantes usan los planes de comidas disponibles? ¿Cuál es el más popular?

10. ¿Cuántos estudiantes trabajan en el campus y cuánto pagan por los trabajos en el campus?

11. ¿Cómo afectaría una política de desplazamiento de becas a sus becas privadas?

12. ¿Cuál es su política de becas externas y cómo te afectaría?

Cuando tengas una mejor idea de los costos por asistir a tu universidad elegida, usa una calculadora de deuda para estimar los costos de tu préstamo proyectado en particular, antes de que esos costos alcancen tu punto más bajo. Un ejemplo de esta herramienta se encuentra en https://smartasset.com/student-loans/student-loan-calculator. Los padres pueden usar

la calculadora de deuda de los padres en bigfuture.collegeboard.org para completar la imagen de la carga total de la deuda de la familia.

Después de completar la universidad, si has contraído deudas, también es útil que puedas calcular el calendario de pagos de tu préstamo. Dado que gran parte de la deuda estudiantil (alrededor del 92%) está ahora en el ámbito federal, consulta la calculadora federal en https://studentaid.gov/loan-simulator. Esta herramienta también brinda una guía útil sobre cómo se pueden ajustar los pagos para satisfacer las necesidades actuales. Además, puede usar una calculadora de préstamos privados para determinar el monto a devolver en http://www. privatestudentloans.guru/loan-calculator.html.

En resumen, si decides asistir a la universidad, no te dejes engañar por los costos y no confundas la matrícula con el costo total de la universidad. Vas a pagar más que solo la matrícula. Calcula cuánto. Una vez que tú y tus padres sepan cómo calcular la canasta de costos totales de la universidad y determinen los recursos totales disponibles para cubrir esa canasta, estarán bien encaminados para minimizar la cantidad total gastada. Decididamente lograste salir de la caja de la Matriz de préstamos estudiantiles y ahora estás listo para hacerte cargo de tu propio futuro financiero.

CAPÍTULO 4

El colegio comunitario
es un plan alternativo

UNA EXCELENTE MANERA en que los posibles futuros estudiantes pueden minimizar sus costos es comenzar sus estudios en un colegio comunitario. Pero aquí, muchos de ellos se topan con otra de las suposiciones erróneas que encierran a los estudiantes dentro de la Matriz de Préstamos Estudiantiles: después de graduarse del bachillerato, *el colegio comunitario es un plan alternativo.*

Este concepto erróneo puede haberse fomentado por la creencia entre algunos estudiantes de que el colegio comunitario representa un estancamiento para los estudiantes no competitivos que no pudieron ingresar a la universidad regular. El escenario 2+2 desafía la validez económica de esa suposición "alternativa", pero vale la pena explorar los orígenes de la suposición con más detalle.

En todo el país, cada otoño hay estudiantes de bachillerato sentados en presentaciones en la biblioteca realizadas por sus consejeros escolares. Estos consejeros les dicen que obtener un título de asociado en su colegio comunitario local es una forma accesible de comenzar una educación. Pero luego estos mismos estudiantes ven programas de televisión llenos de protagonistas que son aceptados en universidades de la *Ivy League*. Cuando los estudiantes se ubican en el 10% superior de su generación sin mucho esfuerzo, y cuando asisten a ceremonias de graduación donde los estudiantes son altamente reconocidos cuando son aceptados en una universidad prestigiosa, ¿por qué querrían asistir a colegios comunitarios? Las recomendaciones de los consejeros escolares son sabias y prácticas, pero pueden resultar difíciles de vender a los estudiantes en este entorno.

Para un precoz joven de 17 años, entrar a esa prestigiosa universidad no parece especialmente difícil. Tampoco lo es pagar esa universidad. Los sabios consejos de los orientadores pueden parecer un insulto al sueño de salir de casa y abrirse camino en el mundo. Muchos estudiantes y sus padres consideran que una universidad de cuatro años, sobre todo una privada, es la opción más respetable. Es otro supuesto de la Matriz de Préstamos Estudiantiles que hay que analizar a la luz de los costos.

¿Qué hay de los costos?

La matrícula de una hora semestral típica de instrucción en un colegio comunitario cuesta menos de US$250. Compara esto con el costo de una hora semestral típica de una universidad privada de cuatro años, cuyo costo promedio es 10 veces mayor, US$2,500. El requisito para completar un año de estudios universitarios es de 30 horas lectivas. En un colegio comunitario, esas 30 horas costarían en promedio menos de US$7,500. Comparemos esa cifra con el costo promedio de esas mismas 30 horas en una universidad privada, alrededor de US$75,000 anuales. La diferencia se multiplica por 10.

Para desentrañar esta diferencia de costos, la siguiente tabla compara los costos reales de los colegios comunitarios en cinco ciudades diferentes del país. Dependiendo del curso y de la especialidad, la mayoría de las universidades públicas aceptan la transferencia de los créditos cursados en el colegio comunitario, aunque este supuesto debe confirmarse con una institución específica. Planificar la obtención de un título de cuatro años en el plan 2+2 al inicio de tu carrera universitaria es muy sabio.

Compara los costos de un colegio comunitario de cuatro años con los de las universidades privadas situadas en esas mismas cinco ciudades—US$70,000 por año, lo que supone un total aproximado de US$280,000. Después, pregúntate si es peor tener US$40,000 de deuda estudiantil, US$20,000 o ninguna deuda estudiantil cuando te gradúes.

Los aspectos prácticos de vivir en casa, trabajar medio tiempo y seguir los cursos con un horario menos apretado son ventajas adicionales que podrían ser tan valiosas como la reducción de los costos de matrícula. Pero es muy esclarecedor comparar la diferencia sustancial de los costos.

TABLA DE COSTOS POR CURSO Y COSTOS TOTALES EN CINCO COLEGIOS COMUNITARIOS

Colegio comunitario	Costo por curso	Costo total	Cursos en línea
Colegio comunitario del Condado de Dallas	US$237 para residentes dentro del condado, US$405 para residentes fuera del condado, US$600 para residentes fuera del estado	Unos US$58.000 por un título de 4 años viviendo fuera del campus como residente del condado	Sí
Colegio central de Seattle	US$339 para residentes dentro del condado, US$384 para residentes fuera del condado/ fuera del estado	Unos US$60,000 por un título de 4 años viviendo fuera del campus como residente del condado	Sí
Colegios de la ciudad de Chicago	US$438 para residentes dentro del condado, US$1,152 para residentes fuera del condado, US$1,443 para residentes fuera del estado	Unos US$70,000 por un título de 4 años viviendo fuera del campus como residente del condado	Sí
Colegio de la ciudad de Nueva York	US$250 para residentes dentro del estado, US$620 para residentes fuera del estado	Unos US$30,000 por un título de 4 años viviendo fuera del campus como residente del condado	Sí
Colegio comunitario de Filadelfia	US$477 para residentes dentro del condado, US$1,431 para residentes fuera del estado	Unos US$41,000 por un título de 4 años viviendo fuera del campus como residente del condado	Sí

Figura 12

¿No te parece muy revelador? El colegio comunitario de Nueva York cuesta US$30,000 dólares por un título de cuatro años. Ten en cuenta que el costo de la matrícula de un título de dos años en un colegio comunitario sería aproximadamente la mitad de esa cantidad. Las ventajas económicas de asistir a un colegio comunitario son convincentes, aunque el factor *"cool"* no lo sea tanto.

Los colegios comunitarios permiten un equilibrio práctico entre la vida laboral y personal que ofrece una mayor flexibilidad en el alojamiento, las comidas y el transporte—especialmente si puedes vivir en casa y ahorrar en alojamiento y comida. Los costos más bajos de los colegios comunitarios pueden facilitar un acceso más temprano a una independencia económica como adulto.

Los estudiantes de los colegios comunitarios no están dentro de un capullo. Comparten su experiencia con personas que trabajan en situaciones similares. Los estudiantes de los colegios comunitarios pueden actuar de forma independiente y navegar por la universidad en sus propios términos. Muchos de los cursos de los colegios comunitarios se adaptan a las necesidades personales y económicas de cada estudiante. Para estudiantes centrados en lo que realmente significa estar bien formados y adquirir las habilidades esenciales necesarias para tener éxito en la vida, la meta se puede lograr en un entorno de colegio comunitario.

Casi todas las ciudades o condados tienen algún tipo de colegio comunitario. Estos colegios están generalmente financiados por los contribuyentes, lo que permite que la matrícula esté sustancialmente más baja que en otros colegios y universidades estatales. Por ejemplo, en el condado de Collin, Texas, un título de cuatro años costaría aproximadamente lo mismo que un año en una universidad privada. Los estudiantes que elijan asistir a un colegio comunitario pueden solicitar menos préstamos y, por lo tanto, puede experimentar una liberación más temprana de la deuda a largo plazo.

El colegio comunitario también presenta la posibilidad de transferir cursos a una institución de cuatro años con el tiempo. Un estudiante puede comenzar su carrera educativa en un colegio comunitario y luego transferir esos créditos a una universidad para graduarse en cuatro años o tomar más tiempo si es necesario. En este camino de dos años en un colegio comunitario más dos años en una universidad pública (la ruta 2+2), solo pagarían los costos más altos de una universidad durante dos años, en lugar de cuatro. Los ahorros pueden ser sustanciales. Un artículo de Abigail Endsley en *Pearson Accelerated* titulado "Cómo transferir créditos de colegios comunitarios a la universidad" ofrece varios consejos que vale la pena conocer de antemano.[2]

Consideremos la experiencia real de un estudiante del colegio comunitario del condado de Collin de 2011 a 2013.[3] En ese tiempo, acumuló 60 horas en créditos para cumplir con el requisito de grado de 120 horas. Estos créditos fueron transferidos a la Universidad de Texas en Dallas (UTD), y se graduó en 2015 después de un total de cuatro años.

El calculó sus gastos en cinco categorías: matrícula, libros, alquiler, comida y transporte. Los costes totales en cada una de esas categorías fueron los siguientes:

Matrícula	US$164 por hora acreditada por 60 horas	US$9,840
Libros	US$50 por un libro por 20 clases	US$1,000
Renta	US$300 por un mes por 24 meses	US$7,200
Comida	US$20 por un día por 512 días	US$10,240
Transporte	US$30 por una semana de gasolina por 73 semanas	US$2,190
	Total	US$30,470

Figura 13 Costos incurridos en un colegio comunitario

El estudiante gastó aproximadamente US15,000 dólares al año durante los dos años, en total algo más de US$30,000 dólares. En esos años, sus gastos de comida y alquiler fueron casi el doble de su matrícula. Como vivía en casa, sus padres le devolvieron generosamente el pago del alquiler de US$7,200 dólares para que lo utilizara en la universidad cuando se matriculó en UTD. Además, comía varias comidas en casa, lo que a menudo reducía sus gastos reales de alimentación a US$5 al día.

Este estudiante pudo trabajar a tiempo parcial y cubrir todos los gastos del colegio comunitario con un trabajo como dependiente en una tienda de temporada en el que ganaba US$10 la hora. Cuando terminó sus dos años de estudios en el colegio comunitario, había acumulado cero deudas. De este modo, se ahorró dos años de deudas tras graduarse en UTD. En este caso, el estudiante sí tomo un plan alternativo con su decisión de asistir a la universidad comunitaria - efectivamente eludió la deuda y los intereses por esos dos años.

Muchos colegios comunitarios también ofrecen cursos en línea a un precio comparativamente bajo que ofrecen la flexibilidad que los estudiantes necesitan para estudiar a distancia, combinando al mismo tiempo un horario de trabajo con obligaciones familiares. Un curso de estudios exclusivamente en línea puede requerir más disciplina por parte del estudiante, pero la flexibilidad que ofrece bien vale la pena. Además de los cursos en línea y las oportunidades de transferencia disponibles en los colegios comunitarios, muchos colegios comunitarios ofrecen programas de certificación para facilitar la entrada a la fuerza de trabajo sin obtener un título de asociado.

Estos programas de certificación presentan otra vía económica para obtener certificaciones rentables Melissa Korn, experta en educación superior, observa que "los certificados, ofrecidos principalmente por los colegios comunitarios y escuelas con fines de lucro, suelen durar de uno a dos años y pueden preparar a las personas para trabajar en campos como la cosmetología y la facturación en consultorios médicos. Suelen ser mucho más baratos que una licenciatura".[4]

Aun cuando los programas de certificación son menos caros, la Sra. Korn advierte que los estudiantes de certificación deben tener cuidado de no endeudarse. En un artículo del *Wall Street Journal* titulado "Los índices de morosidad de los graduados de programas de certificación están a la par con los de los que abandonan la universidad, según nuevos datos",[5] ella analizó a los graduados de programas de certificación a lo largo de 10 años, en comparación con otros programas de pregrado. Como indica el título del artículo, los estudiantes de programas de certificación tienen un alto índice de morosidad.[6] Citando datos de un estudio plurianual, *Korn* informó de que "los graduados de programas de certificación que iniciaron sus estudios en el curso 2003-04 debieron una mediana de US$3,700 de deuda estudiantil, incluido el capital y los intereses, doce años después de haber comenzado los programas, según mostraron los nuevos datos. Eso es sustancialmente menos que la mediana de la suma de US$13,800 que debían aquellos que se graduaron con títulos de asociado".[7] El punto clave para nuestros propósitos es la cantidad relativamente menor de deuda acumulada por los estudiantes certificados.

En el lado negativo, a pesar de tener una menor cantidad de deuda, alrededor del "44% de los graduados de programas de pregrado de certificación que pidieron préstamos en el año 2003-2004 habían incumplido en sus pagos en 2015", según informó el Centro Nacional de Estadísticas Educativas del Departamento de Educación de EE. UU.[8] Si decides seguir un programa de certificación en un colegio comunitario, ten en cuenta esta situación para poder evitarla.

La conclusión de nuestra discusión es la necesidad de hacer coincidir el programa de certificación en un colegio comunitario con las perspectivas de empleo para que los estudiantes obtengan un certificado que los lleve a tener un trabajo gratificante financiera y profesionalmente. Los estudiantes que buscan una certificación profesional en un colegio comunitario deben averiguar acerca de las industrias como la manufactura que "tienen resultados sólidos medidos por la capacidad de sus graduados para conseguir empleos".[9] Además de la manufactura, estos trabajos incluyen gerentes de construcción, técnicos veterinarios, electricistas, y soldadores. Según un informe de *National Public Radio* (NPR) publicado en febrero de 2023, "alrededor de 30 millones de trabajos en los Estados Unidos que pagan un promedio de US$55,000 no requieren una licenciatura" y en su lugar requieren certificados, títulos de asociado u otras credenciales.[10]

La investigación de la Sra. Korn refuerza la idea de que el mercado laboral disponible y el salario anual promedio para los que poseen un certificado merecen una cuidadosa consideración. Es fascinante notar que el salario anual de US$55,000 para los graduados de colegios comunitarios de dos años en 2015 fue US$5,000 más alto que el salario anual promedio para los graduados de cuatro años en ese momento. ¡A saber!

Considera los costos

En general, los colegios comunitarios ofrecen impresionantes incentivos para estudiantes listos que buscan tanto una educación superior como una pronta estabilidad económica. Pero consideremos un argumento contrario respecto a que asistas a la mejor universidad en la que te admitan. Por un lado, un colegio comunitario es a menudo la opción más accesible para el estudiante promedio que intenta ser consciente de sus finanzas. Por otra parte, la reputación de las universidades de prestigio se la han ganado a lo largo de los siglos y cuenta mucho en el mercado laboral.

Si un centro de trabajo está considerando a dos candidatos, uno con un título de una universidad privada de renombre nacional, y otro con un título de una escuela pública precedido de un título de asociado de su colegio comunitario local, es muy probable que el titulado de la universidad privada consiga ese puesto. Las universidades de cuatro años bien establecidas y de gran prestigio tienen un prestigio ganado a pulso, al igual que las universidades conocidas por programas específicos, como la Escuela de Negocios Wharton de la Universidad de Pensilvania.

En ese sentido específico, la idea de que los estudiantes deben ir a la mejor universidad en la que puedan ser admitidos tiene cierta validez. Pero es aquí donde te será útil hacer un análisis cuidadoso. Los estudiantes deben sopesar el mérito de un título prestigioso y su mayor empleabilidad frente al mérito de un título estatal 2+2 que ha dejado a su titular en una posición financiera sin deudas. A veces es posible conciliar ambos intereses si, por ejemplo, la universidad de gran renombre ofrece una beca completa. Piénsalo bien.

Al principio de su carrera, un graduado de una escuela pública con una formación universitaria de dos años puede no tener las mismas oportunidades que un graduado de una prestigiosa universidad privada. El graduado de una escuela pública quizá tendrá que esforzarse más para competir y hacerse notar. Pero, en un momento dado, la experiencia laboral y la ética de trabajo importarán más que la educación al encargado de contrataciones, y en ese momento la carga de la deuda de la prestigiosa escuela podría empezar a irritar al titular de la deuda.

Con respecto al factor de la ética laboral, hay estudios convincentes que sugieren que la capacidad de obtener ingresos más adelante en la vida no está dictado tanto por el título de una persona como por su capacidad. Un estudio de Stacey Berg Dale y Allen B. Krueger revisó los ingresos de 14,239 graduados en 30 universidades y concluyó que el éxito económico se correlacionaba más con la selectividad de las universidades que los admitían, que con la universidad a la que eligieron asistir. En concreto, Dale y Krueger descubrieron que "los estudiantes que asistieron a universidades más selectivas no ganan más dinero que otros estudiantes que fueron aceptados y rechazados por escuelas comparables pero que asistieron a universidades menos selectivas".[11]

Este hallazgo es consistente con la investigación presentada anteriormente, que indica que el éxito en la vida puede estar determinado por el ingenio y la laboriosidad propios del individuo más que por el nombre de la institución en su título universitario. Curiosamente, el estudio de Dale y Krueger también encontró una correlación entre el costo promedio de la matrícula en las universidades seleccionadas y el éxito económico posterior de un graduado.[12]

La idea generalizada de que la universidad pública representa un estancamiento está cambiando. Escuchemos a un consejero universitario en ejercicio sobre cómo se perciben actualmente los colegios comunitarios. Casey Gendason, un consejero de orientación profesional en Dallas observa que "[e]n Texas, hemos visto un cambio drástico en la forma en que se percibe a los colegios comunitarios y su propósito. En el pasado, los colegios comunitarios eran vistos como el lugar al que iban "los estudiantes fracasados" porque no habían podido tener éxito en el bachillerato. Pero este ya no es el caso. En muchos estados, los colegios comunitarios son EL conducto hacia fantásticas instituciones estatales de cuatro años".[13] ¿Podría aplicarse esto a las escuelas de preparación para la universidad, así como a los bachilleratos públicos? Podría. Cada año, la escuela St. Mark's de Texas, una escuela de preparación para la universidad altamente competitiva en Dallas, "ve cada año a un puñado de estudiantes dirigirse al colegio comunitario de Austin como una vía de acceso a la Universidad de Texas en Austin".[14] En lugar de ser un plan alternativo, el colegio comunitario podría ser un paso mesurado hacia una educación a un costo razonable.

Sin embargo, conviene hacer una advertencia. Los colegios comunitarios son excelentes si tu objetivo es obtener un título de asociado de dos años o un certificado de un año. Pero desconfía de esta vía si tu objetivo es obtener una licenciatura de cuatro años, porque puedes equivocarte de destino. Datos publicados por el Departamento de Educación de EE. UU. muestran que de los estudiantes que empiezan en una universidad privada sin fines de lucro de cuatro años, el 75% se gradúa con una licenciatura en seis años,[15] mientras que sólo el 15% de los estudiantes que empezaron en una universidad comunitaria obtuvieron su licenciatura en seis años.[16] El punto a considerar es que los estudiantes que emprenden la ruta 2+2 deben centrarse en alcanzar la meta de una licenciatura para evitar un desvío que podría desviar sus planes.

Escápate de Matrix: El colegio comunitario puede ser un paso adelante y una forma de no endeudarse

Elegir la vía 2+2 del colegio comunitario puede ser una alternativa de bajo costo en comparación con la vía de cuatro años. Para muchos graduados de bachillerato, el consejero profesional podría tener razón: la universidad comunitaria se está convirtiendo en la vía preferida para obtener un título universitario de cuatro años y los beneficios económicos compensan la posible percepción de un menor prestigio.

Además, los graduados de los colegios comunitarios pueden aventajar económicamente a los de las universidades de cuatro años si se esfuerzan en sus estudios, aprovechan las oportunidades de educación a la carta y utilizan horarios de clase flexibles minimizando costos. Los colegios comunitarios ofrecen a los estudiantes la oportunidad de poner a prueba su aptitud para los estudios de nivel universitario sin tener que empeñar su casa en una universidad de alto costo.

La Asociación de Colegios Comunitarios ofrece información sobre más de 1,200 colegios comunitarios y universidades de dos años en EE. UU. a través de su página web www.aacc.nche.edu. La Asociación también ofrece un buscador de colegios comunitarios con una función de mapa en www.aacc.nche.edu/college-finder/ para ayudarte a identificar los colegios comunitarios disponibles en tu área local. Esta herramienta es especialmente útil para los estudiantes interesados en reducir sus gastos estudiando cerca de casa.

Es probable que los colegios comunitarios se expandan o se generalicen (o sean gratuitos) en el futuro debido a sus sistemas de impartición flexibles y a su integración con la comunidad local. Por tanto, es probable que aumenten su disponibilidad. Si estos argumentos te atraen, investiga un poco y busca un colegio comunitario cerca de ti. Obtén un título de asociado o una certificación laboral mientras aprovechas los horarios flexibles y el bajo costo de la matrícula para trabajar a tiempo parcial y adquirir experiencia. Adelántate y empieza a ahorrar. Si estás convencido, planifica tu traslado a una universidad de cuatro años dentro de dos años. En el colegio comunitario puedes avanzar hacia un futuro económico más seguro y próspero y evitar las costosas deudas estudiantiles.

CAPÍTULO 5

>००००८ >००००८

Puedo vivir a bajo costo
en el campus

EXAMEN SORPRESA: Por favor guarden sus libros y saquen un lápiz del #2 y una hoja de papel en blanco.

Pregunta: ¿Cuánto pagarás de gastos de vivienda cada mes cuando vayas a la universidad?

¿Alguna idea? ¿No? ¿Ninguna? ¿Nada de nada? Bueno, es una pregunta un poco injusta. ¿Cómo podrías determinar el costo de alojamiento y la manutención sin conocer los detalles de tus arreglos de vivienda en la universidad? Por ejemplo, ¿pagarás la vivienda como parte de tu paquete universitario, pagarás la renta fuera de ese paquete, formarás equipo con varios compañeros de cuarto o vivirás en casa? ¿La universidad está situada en una ciudad grande, en las afueras o en un pueblo pequeño? Sin conocer los detalles, la pregunta no tiene solución. Este capítulo te ayudará a pensar en los costos de alojamiento y comida para que sepas la respuesta del examen sorpresa antes de llegar al campus.

Además de ser difícil de determinar sin conocer todos los arreglos para vivir, el costo de la vivienda en el campus puede ser difícil de calcular porque, a menos que vigiles de cerca los costos de vida, la cantidad total real puede que no te golpee hasta después de que esos cuatro idílicos años se hayan desvanecido en el espejo retrovisor, seis meses después. En ese momento, abres tu primer aviso de deuda universitaria y exclamas: "¿Cómo es posible que esta deuda universi-taria sea tan alta? Yo pensaba que la matrícula sólo costaba US$10,000 dólares. ¿Por qué debo tanto? ¿No estaba incluida la vivienda?".

En el capítulo 3 discutimos la idea de que la matrícula no es el único costo de la universidad. Dado que la vivienda es a menudo el costo universitario más grande fuera de la matrícula, examinaremos a detalle el supuesto de que puedo vivir a bajo costo en la vivienda del campus. Al igual que la noción errónea de que la matrícula es el costo total de la universidad, la suposición de que los estudiantes universitarios pueden vivir a bajo costo en el campus, puede ser una idea equivocada dentro de la Matriz de préstamos estudiantiles. Tu mente quiere creerlo. La suposición tiene sentido cuando analizas los arreglos de vivienda en el campus. Debido a que vives en espacios relativamente estrechos con comodidades relativamente espartanas, los costos de vivienda deberían ser modestos. También sería razonable suponer que la universidad velaría por tus intereses financieros. Por lo tanto, asumes que vivir en el campus sería menos costoso que vivir fuera del campus.

Entonces, ¿qué es lo que hace que esta cueva de bloques de hormigón sea tan cara? Uno pensaría que las universidades querrían que los estudiantes vivieran en el campus para que les sea más fácil asistir a clases, ¿verdad? El ideal jefferso-niano de una "aldea académica"[1] vislumbra estudiantes y profesores esparcidos alrededor de un punto de reunión central como el "césped" de la Universidad de Virginia para promover un entorno de aprendizaje holístico. Cuando pen-samos en la experiencia universitaria, generalmente imaginamos el alojamiento del campus provisto a un costo lo suficientemente bajo como para que sea una experiencia accesible. Pero no lo des por hecho. En este capítulo, abordaremos los costos de vivienda y comida (es decir, alojamiento y manutención) como los costos de vida combinados.

Costos de Vivienda

El costo de vivir dentro del campus se ha incrementado dramáticamente en la última década. Además de los efectos de la inflación, en muchas universida-des, los dormitorios en el campus y los departamentos cercanos están siendo demolidos para dar cabida a viviendas de lujo y de mayor costo que reflejen el aumento del costo de los bienes raíces.

En consecuencia, la experiencia de vivienda es bastante diferente para los que tienen y los que no tienen. Para las familias adineradas, esta puede ser una buena solución a sus preocupaciones por la seguridad en el campus. Las viviendas bien situadas, bien equipadas, bien protegidas y seguras pueden ser ideales para las familias más adineradas, pero para las familias con recursos más modestos, es probable que esta vivienda esté fuera de su alcance. Los estudiantes que podrían haber vivido en los dormitorios ahora demolidos en el campus o en los apartamentos cercanos se ven empujados a vivir en zonas distantes con un desplazamiento más largo. Cuando un consumidor prudente de servicios de alojamiento analiza la cifra de viviendas universitarias privadas, podría plantearse las siguientes preguntas:

1. ¿Qué servicios están incluidos en los costos de alojamiento de mi universidad?

2. ¿Hay algún cargo adicional a los costos de alojamiento indicados?

3. ¿Cuántos estudiantes de nuevo ingreso califican para vivir en el campus?

4. ¿Cuántos estudiantes de clase alta viven en el campus?

5. ¿Cómo se comparan los costos de vivienda entre fraternidades y hermandades?

6. ¿Cómo se comparan los costos dentro del campus con los alquileres fuera del campus?

7. ¿Los alquileres fuera del campus incluyen los servicios, el seguro y el mobiliario?

8.   ¿Debo pagar un alquiler completo de 12 meses si sólo voy a estar ahí 9 meses?

9.   ¿Puedo subarrendar por 3 meses si el alquiler es por 12 meses?

10.   ¿Qué transporte público hay disponible si vivo fuera del campus?

11.   ¿Cómo afecta a estos arreglos el hecho de tener un compañero de cuarto?

12.   ¿Cuáles son mis costos totales de vivienda dentro y fuera del campus?

Veamos un ejemplo para ilustrar cómo analizar los costos de vivienda. Para este ejemplo de análisis veremos una universidad privada de gran reputación. Los datos empíricos de IPEDS indican que el alojamiento y la manutención en Harvard ascienden a US$17,682 en 2019–20 y a US$18,941 en 2021–22.[2] Eso suena alto, pero tenemos que investigar para determinar si realmente lo es.

Una búsqueda rápida en Internet de los costos de los departamentos en Cambridge, Massachusetts, cerca del campus en Harvard en 2021 arrojó un alquiler promedio de US$2,885 por un departamento de 800 pies cuadrados con una habitación. Otra búsqueda encontró que el alquiler promedio de un estudio cuesta US$1,900. La calefacción y el agua se pagan aparte. Recuerda que este estudiante hipotético de Harvard también debe calcular sus costos de traslado para poder comparar a profundidad si es más barato vivir dentro o fuera del campus.

Pongamos en papel algunas cifras. Este estudiante hipotético de Harvard que vive fuera del campus en Cambridge, Massachusetts, podría tener que pagar US$1,500 al mes por vivienda y servicios públicos con un compañero de cuarto. Solos, sus gastos pueden ascender a US$2,000 o más. multiplicado por los nueve meses del año académico, un estudiante fuera del campus que vive con un compañero de cuarto podría pagar más de US$13,500 por año académico.

Según este análisis, los estudiantes de Harvard podrían vivir de forma menos costosa fuera del campus que dentro del mismo. Sin embargo, dependiendo del mercado de alquiler, el costo de US$18,941 en el campus podría ser bajo en comparación con las alternativas locales. Usando este ejemplo, podrías hacer el análisis de tus propias circunstancias de vivienda. La clave es determinar el costo de la vivienda desde el principio para que el precio final no te sorprenda.

A medida que proyectes cuáles serán tus gastos de vivienda en la universidad, considera si pudieses vivir en el campus a lo largo de tu carrera universitaria de cuatro a seis años. Esta es una pregunta fundamental ya que tu estimación de los costos universitarios tendrá que ser ajustada si habías contado con costos de alojamiento más bajos en el campus y luego tuvieses que mudarte fuera del campus.

Otra forma de analizar la cuestión de la vivienda es determinar el número de camas disponibles en el campus. Por ejemplo, supongamos que hay 4,000 estudiantes universitarios en una universidad hipotética, con una clase de 1,000 estudiantes de primer año. ¿Requiere la universidad que sus estudiantes de primer año vivan en el campus? Supongamos que la respuesta es sí. Entonces, ¿cuántas camas de pregrado (en lugar de dormitorios) hay en el campus? Digamos que 1,000. Bajo este escenario, podemos suponer que los estudiantes de último año deben vivir fuera del campus. La política de alojamiento publicada por la universidad también puede dejarlo claro.

Los estudiantes que enfrentan tales circunstancias en las universidades de su elección deben proyectar sus costos de vida fuera del campus por cada año que asistan a la universidad después de su primer año. Este es un ejercicio importante porque muchos estudiantes se ven obligados a dejar la universidad después de su primer año cuando descubren cuánto más costosa resultó la universidad en comparación con sus expectativas. Las dificultades de continuar pagando la universidad frente a los crecientes costos podrían ser un factor que contribuye al motivo por el cual solo el 35% de los estudiantes de universidades públicas completan la universidad en cuatro años.[3]

Para una mirada más profunda de los costos de vida tanto dentro como fuera del campus, recurrimos nuevamente al estudio de Goldrick-Rab y Kendall de 2016 por su notable análisis de datos federales. Presenta investigaciones que pueden ayudarte a hablar con tu asesor de ayuda financiera en la universidad y preparar tu propio plan financiero de vivienda. El estudio señala que los costos estimados y los costos reales de vivir en el campus pueden variar ampliamente dependiendo en cómo los costos de vivir en casa son asignados.

La pregunta crítica es "¿Hasta qué punto los datos oficiales sobre el costo de vida en la universidad reflejan los costos reales que enfrentan los estudiantes?" El gobierno federal exige a las universidades que informen acerca de los "costos de vida" estimados en el precio publicado. "Como era de esperar, existe una gran variación e inconsistencia en las asignaciones por costo de vida entre los colegios y universidades de la misma región", explican Goldrick-Rab y Kendall.[4]

La razón subyacente para la variación de las asignaciones por costo de vida entre las instituciones es la suposición de que los estudiantes que viven en casa no incurren en costos de alojamiento y comida. Dado que los datos muestran que "el 37% de los estudiantes universitarios viven en casa con sus padres mientras están en la universidad", esa suposición puede tener un impacto profundo en la asignación por costo de vida reportada.[5]

La razón que dan casi la mitad de los que deciden vivir en casa es, como era de esperar, ahorrar dinero. Pero aquí está el problema: según el estudio de la fundación Century, "al informar sobre el precio publicado (y el precio neto), las universidades no están obligadas a incluir ningún costo de vida para estos estudiantes [que viven en casa]".[6]

Las universidades pueden asumir que debido a que un estudiante vive en casa, NO tiene que pagar los gastos de alojamiento ni manutención. ¿Cómo se permite a las universidades hacer tal suposición? La guía operativa para los administradores de ayuda financiera en el *Manual de ayuda federal para estudiantes* establece: "Para los estudiantes sin dependientes que viven en casa de sus padres, esto será una asignación que será determinada por ti".[7] Naturalmente, muchos administradores de ayudas financieras deciden fijar esta asignación a cero. Con el 37% de los estudiantes viviendo en casa y las universidades reportando cero costos de vida para esos estudiantes, ¿cómo debes interpretar los datos publicados?

Una buena noticia es que la regla de la asignación cero está cambiando. A partir de FAFSA 2024-25, según lo promulgado por la ley de asignaciones consolidadas de 2021, las universidades ya no podrán reducir a cero el alojamiento ni la manutención de los estudiantes que viven con sus padres.[8] Pero aún falta mucho para que llegue ese momento, así que mientras tanto, hay que estar atento a esta práctica.

Cuando calcules las opciones de costo por vivienda en tu escuela de pregrado, pon atención a la lógica detrás de los costos de vida publicados por la institución a la que quieres asistir. ¿Esta universidad atribuye cero costos a los estudiantes que viven en casa? Si es así, ¿en qué medida los costos de vida estimados publicados por la universidad reflejan los gastos reales de vida en tu bolsillo?

Goldrick-Rab y Kendall informan algunos hechos fascinantes de cuatro universidades representativas que revelan las suposiciones sobre los costos de vida en el hogar:

> [E]n el Miami Dade College de Florida, el precio publicado incluye un gasto estimado de US$8,455 en concepto de gastos de manutención para los estudiantes que viven fuera del campus, pero estima ese gasto en sólo US$2,345 para los estudiantes que viven en casa. En la City University de Nueva York, un estudiante que viva fuera del campus debe hacer frente a los gastos de alojamiento y manutención estimados en US$10,386, mientras que un estudiante que viva en casa sólo tendrá que hacer frente a US$1,918 en nueve meses. La Universidad de California en San Diego presupuesta US$9,650 para alojamiento y manutención si el estudiante vive fuera del campus, pero sólo US$4,643 si vive en casa con sus padres. Más al norte, la Universidad de California-Berkeley presupuesta US$7,184 para alojamiento y comidas por un estudiante que "vive en un departamento", frente a los US$2,616 de un estudiante que "vive con sus familiares," y también supone que este último estudiante ahorra un 47% en sus gastos de alimentación.[9]

Como deja claro el estudio, los costos de la vida universitaria pueden variar significativamente entre vivir en el campus y fuera de él, así como entre universidades relativamente cercanas entre sí. Por lo tanto, no quedarás atrapado en confiar únicamente en un estimado publicado en la página web de una universidad. Los futuros estudiantes más listos investigarán los orígenes de estas estimaciones y harán su tarea para determinar si realmente pueden vivir económicamente en el campus.

Habla con el encargado de la oficina de vivienda de la universidad de tu elección. Pregúntele si tienen estudios empíricos que muestren los costos reales de vivienda para los cuatro años de asistencia a la universidad. En lo que respecta al costo de la vivienda universitaria, estar prevenido es definitivamente precavido.

La disponibilidad de alojamiento universitario es cada vez menor

Además de la dificultad de estimar con precisión los costos reales de la vivienda ya sea dentro o fuera del campus, hay otro problema que podrían enfrentar los nuevos estudiantes universitarios. La oferta de residencias universitarias accesibles en el campus está disminuyendo año con año debido al desgaste natural y a la afluencia de condominios de gran altura y alto costo.

La creciente presencia en los campus de viviendas caras tipo condominio aloja a las familias acomodadas y garantiza la seguridad de sus hijos en los campus universitarios actuales. Pero el costo de la vida en la universidad está fuera del alcance de muchos. En un artículo titulado "Si la matrícula no acaba contigo, el costo del alojamiento lo hará" en Bloomberg Businessweek,[10] Ali Breland ofrece varias ideas aleccionadoras que merecen la pena tener en cuenta a la hora de proyectar el costo de vida durante la universidad. En primer lugar, el costo del alquiler fuera del campus puede superar el costo de la matrícula. La matrícula no solo no es el único costo de la universidad, sino que puede no ser el mayor. "En la Universidad de Austin, la mediana anual por alquiler en los barrios más cercanos al campus supera al costo anual de la matrícula estatal... sin incluir otros gastos como los servicios públicos y la alimentación", afirma Breland.[11]

Además, como el número de estudiantes en el campus supera al número de camas, los estudiantes pueden verse obligados a vivir fuera del campus. Por ejemplo, en la Universidad de Texas en Austin, la mayoría de los estudiantes se trasladan fuera del campus después de su primer año.[12] Esta es una consideración importante a la hora de determinar el costo total de la experiencia universitaria a lo largo de los cuatro a seis años de estar inscrito.

Por último, con la destrucción de las opciones de residencias universitarias antiguas o baratas en los campus dando paso a los nuevos condominios y departamentos de lujo, los estudiantes de bajos ingresos se están viendo obligados a abandonar muchos campus universitarios. Breland advierte que el fenómeno de las viviendas de lujo en los campus está cobrando fuerza, con opciones de viviendas de lujo en aumento y las de bajo costo disminuyendo alrededor de ciudades universitarias como "la Universidad de Michigan en Ann Arbor, la Universidad de Minnesota, Twin Cities y la Universidad Estatal de Colorado en Fort Collins".[13]

Alejarse más del campus afecta tanto a la cantidad de dinero que estos estudiantes deben gastar en su camino diario como al tiempo que tienen disponible para estudiar. Ni el asiento del medio de un autobús lleno de gente ni el asiento delantero de un automóvil bloqueado en un embotellamiento son los lugares de estudio más deseables y, con el tiempo, esto puede perjudicar las perspectivas de un estudiante de formarse y de graduarse.

Como posible estudiante universitario, después de haber investigado los costos de vivienda relacionados con vivir en los dormitorios del campus en comparación con vivir fuera del campus, estás invitado a decidir por ti mismo si los estudiantes pueden vivir económicamente en el campus. Puedes también determinar si las opciones fuera del campus, incluido un desplazamiento diario, son en última instancia más o menos costosas. En cualquier caso, estarás tomando una decisión sobre la vivienda basada en hechos.

Un orientador profesional universitario ha retado la premisa de que la vivienda dentro del campus es más cara que fuera del campus. Casey Gendason, con sede en Dallas, ofrece esta visión contraria: "Creo firmemente que vivir en el campus en una vivienda estándar es factible y accesible. Creo que a los estudiantes les atrae la idea de vivir fuera del campus o en los departamentos más lujosos y las viviendas más nuevas. Entiendo por qué, pero como alguien que ha vivido en las típicas residencias universitarias mientras estudiaba, no creo que sea vital vivir en viviendas más caras".[14] Como consumidor conocedor de las opciones de vivienda dentro del campus, querrás sopesar tus opciones y decidir qué funciona mejor para ti y a qué costo. La clave es investigar esas opciones desde el principio.

Es muy posible que puedas asegurar un dormitorio en el campus para toda tu estadía de cuatro a seis años en la universidad de tu elección a un costo razonable. Pero si no es así, es importante considerar cómo el costo de la vivienda podría aumentar tu deuda al final. De lo contrario, te enfrentas a la perspectiva de quedar atrapado dentro de Matrix y deber un montón de dinero.

Cuando preguntes sobre la vivienda, aclara con precisión qué implica la oferta y cómo se compara esa oferta con vivir en un departamento, condominio, hermandad, fraternidad o casa privada cercana. Como agente libre, puedes determinar qué es lo mejor para ti y tu situación mientras te diriges hacia la graduación sin deudas. Así mismo, después de un año tendrás una idea más clara de cuales opciones de vivienda económica están disponibles.

Costos del plan de comida

Los arreglos de vivienda en el campus a menudo implican servicios de alimentación obligatorios. Al igual que otras áreas de la vida del campus, puede ser difícil determinar los costos detallados específicamente en esta área. La investigación de Goldrick-Rab y Kendall revela varias formas en las que los costos pueden ocultarse dentro de los planes de comidas. El estudio encontró que "el costo de los alimentos en el campus superó los cálculos del precio publicado porque los planes de alimentos a menudo incluyen grandes tarifas administrativas (a menudo más de US$700) que se deducen del poder adquisitivo de los estudiantes, los estudiantes a menudo no podían reclamar todo su dinero invertido en el plan de comidas, y los estudiantes tenían que gastar más de lo esperado para obtener una comida completa".[15]

Puede resultar difícil calcular con exactitud el costo real de una comida en un determinado plan de comidas universitario. Los planes de comidas también pueden especificar horarios de comidas que no coinciden con el horario de trabajo o de clases de un estudiante. Uno de los planes del estudio de Goldrick-Rab y Kendall "establece un número concreto de comidas a la semana que deben consumirse a determinadas horas del día. Los estudiantes deben presentarse para consumir la comida durante el tiempo designado, o pierden los fondos asignados para esa comida. Aquellos que pierden una comida por motivos de trabajo, familia u otras obligaciones, simplemente pierden esos fondos".[16] Los estudiantes más astutos querrán preguntarles a los administradores si siguen esta práctica de *usar o perder*.

Otro tipo de plan muy utilizado ofrece puntos de comida en lugar de comidas reales. El estudio de la fundación Century destacó el problema de este plan: "Aunque los estudiantes pagan US$8.46 por cada punto de comida, los puntos tienen una equivalencia en efectivo diferente según las horas del día. Por ejemplo, en el desayuno, con un punto de comida el estudiante puede comprar sólo US$3.75 de comida, mientras que, en la cena, un estudiante puede comprar US$5.50 de comida".[17] En resumen: 100 puntos de comida no proporcionaban a los estudiantes 100 comidas iguales.

Más problemáticos son los planes de comidas que incluyen tasas administrativas no reveladas. Goldrick-Rab y Kendall explican que "los estudiantes de una universidad no se daban cuenta de que casi una quinta parte del dinero (US$771) que pagaban por su plan de comidas era una tasa administrativa y no les serviría para comprar comida".[18] Una trampa adicional es que algunos planes de alimentación no se basan en tres comidas al día, sino en dos. Esta práctica cambiará en 2023–24.[19] Mientras tanto, pregunta sobre la cobertura del plan de comidas en tu escuela.

Esta sección ha resaltado una serie de características del plan de comidas para alertarte acerca de los gastos de comidas que pueden sumarse al costo total de la universidad. En este momento, es posible que te estes preguntando si un plan de comidas será una buena idea en la universidad, a pesar de los inconvenientes. El comedor del campus ofrece comodidad, fácil reunión social y acceso a comidas balanceadas. Si te estás haciendo esa pregunta, ¡bien hecho! Ya estás en el proceso de analizar la información disponible y equilibrar los costos y beneficios de varios planes de comidas para encontrar una solución que se ajuste a tus circunstancias personales.

Al contemplar el costo de vida dentro del campus, piensa en los costos de tus comidas, así como en los costos de la vivienda. Descubre qué te aportan los planes de comidas que ofrecen y elige la opción más económica. Además, si las finanzas son tu mayor preocupación, considera la posibilidad de comer más económicamente comprando comestibles y viviendo fuera del campus.

Escápate de Matrix:
Examina las alternativas de vivienda en tu universidad

Para escapar de la Matriz de préstamos estudiantiles sin verse sorprendidos por el costo de la vivienda (dentro o fuera del campus), los estudiantes pueden investigar la situación del alojamiento y la manutención en los alrededores y estar preparados para minimizar los costos de residir en la universidad antes de llegar a la universidad de su elección.

Puede que descubras que vivir en el campus es la opción más barata para ti. Si no lo es, intenta balancear los costos de alojamiento fuera del campus y el costo de los planes de comidas requeridos con los costos de transporte para volver al campus. Recuerda el capítulo cuatro, en el que hablamos de cómo vivir en casa mientras asistes al colegio comunitario puede reducir los costos de vida durante dos años. Dale a esta idea la debida consideración.

Las estimaciones publicadas por las universidades sobre los costos de vida dentro y fuera del campus deben tenerse debidamente en cuenta y someterse al análisis de Reagan *confía, pero verifica*. ¿Cuánto alojamiento hay disponible en la universidad de tu elección? ¿Es más o menos caro que las opciones de alquiler fuera del campus? ¿Y qué pasa cuando haces cálculos de tu desplazamiento diario? ¿Son realmente una ganga los planes de comidas de la universidad, u ofrecen menos comida por más dinero que las opciones que podrías encontrar en otros sitios? Y si vivir en la universidad y comprar un plan de comidas es obligatorio en la universidad de tu elección durante al menos un cierto período de tiempo, ¿sería mejor buscar otro lugar para tu formación? Haz el trabajo y esquiva la bala. Prepárate para afrontar todos los gastos de alojamiento y manutención en la universidad, de modo que puedas vivir de la forma más económica que te permitan las circunstancias.

CAPÍTULO 6

Nunca podré calificar para obtener subvenciones o becas

¿**PUEDES IMAGINAR** que miles de millones de becas federales disponibles se quedan sin ser adjudicadas cada año?[1] ¿Te sorprendería saber que un estudiante recién graduado de bachillerato recibió un millón de dólares en becas?[2] Estas dos afirmaciones parecen increíbles, pero son ciertas. Tener la creencia de que nunca podrás calificar para tener subvenciones o becas es desalentador y podría disuadirte de solicitar becas que sí puedes ganar. Este capítulo desarmará esa suposición deprimente y te va a proporcionar las herramientas necesarias para solicitar una buena parte de las subvenciones y becas que te ayudarán a alcanzar el objetivo de graduarte sin deudas.

Analicemos esta suposición con Taylor Roberts, una estudiante de último año del bachillerato. Taylor participa muy poco en su instituto en las actividades extraescolares. Sus notas son Bs y Cs. Taylor está más interesada en *Pokémon Go* y *Fortnite* que en lo académico, se parece mucho a muchos estudiantes de bachillerato. ¿Quizás un poco a ti?

A pesar de su falta de compromiso en la escuela bachillerato, Taylor realmente quiere obtener una licenciatura en ciencias sociales. Pero ha llegado el momento de solicitar becas universitarias para ayudar a pagar la universidad, y

Taylor está deprimida. Ella ha sucumbido a la suposición y está convencida de que nunca podrá calificar para obtener una subvención o beca.

¿Este escenario te suena familiar? Tal vez tú también estés convencido de que, sin calificaciones extraordinarias ni logros extracurriculares en tu currículum académico, nunca podrás calificar para obtener becas y graduarte de la universidad sin deudas sería imposible para ti. Pero este pensamiento podría estar atrapado dentro de la suposición limitante de la Matriz de préstamos estudiantiles. Puedes pensar que no hay dinero disponible para ti porque eres un estudiante promedio en tus clases o en otras áreas de la escuela. Si es así, aquí tienes buenas noticias: con un poco de investigación específica y esfuerzo razonable, puedes obtener subvenciones y becas sustanciales.

A lo largo de este libro, cuestionamos los supuestos dentro de la Matriz de préstamos estudiantiles para ayudar a los estudiantes a escapar de la deuda universitaria antes de que se haga más profunda. Una de las suposiciones más generalizadas es que un estudiante promedio no puede calificar para un paquete de subvenciones o becas que lo ayudarán a graduarse sin una deuda significativa. Cuando se ofrezcan subvenciones y becas, considera lo que cubren y, cuando ganes una, lo que debes enviar cada año para renovar el paquete y asegurarte de que te lleve hasta la graduación. Si se manejan correctamente, las subvenciones y becas pueden ayudarte a pagar la universidad de otra manera que no sea usando tus ahorros, tus ingresos durante la escuela o solicitando préstamos estudiantiles.

Subvenciones, basadas en la necesidad o de otro tipo

Empezaremos por las subvenciones porque funcionan como regalos y equivalen a dinero gratis. La principal vía para obtener subvenciones es a través del gobierno federal. El mismo sitio web gubernamental en el que registras tus necesidades de ayuda económica contiene la Solicitud Gratuita de Ayuda Estudiantil (FAFSA, por sus siglas en inglés).[3] El formulario FAFSA es utilizado por muchas universidades para determinar cómo asignar sus fondos en función de las necesidades, por lo que se trata de un documento fundamental para solicitar subvenciones. Además, algunas universidades utilizan un formulario complementario, el Perfil CSS, para asignar sus propias becas institucionales a los estudiantes. Por lo tanto, para cubrir esas escuelas, se deben llenar ambos formularios. Comienza con la FAFSA. Después de llenar la FAFSA, el Departamento de Educación de EE. UU. procesa el formulario y envía tu información a la lista de universidades que tú proveíste.

En función de tus ingresos y los de tu familia, podrías ser elegible para obtener una subvención. Si no procedes de una familia biparental tradicional, puedes encontrarte con algunas dificultades para adecuar tu situación con el formulario de FAFSA. Pero si tu calificas, el gobierno podría otorgarte una subvención que no necesitarás devolver para pagar los gastos universitarios. Tómala.

Si no reúnes los requisitos para obtener subvenciones a través de la FAFSA, existen otras opciones ya que hay otras organizaciones además del gobierno que conceden subvenciones. Puede que estas opciones no sean tan abundantes como las becas, pero sí existen, y es importante tener en cuenta que algunas subvenciones se *basan en las necesidades*. Esto significa que tú, como estudiante, no tienes acceso adecuado a las finanzas para pagar por tu escuela. En este libro incluimos numerosos recursos de sitios web para que los estudiantes investiguen y soliciten estas subvenciones.

En tu búsqueda de financiamiento para la universidad, también puedes encontrar subvenciones para opciones étnicas, religiosas o profesionales individuales. Puede haber una subvención que se adapte perfectamente a cada solicitante universitario en términos de cualificaciones personales. Hay subvenciones para los que quieren ser empresarios o los que quieren dedicarse a la agricultura, becas para la ciencia, e incluso subvenciones para los interesados en la ciencia cristiana.[4] La cuestión es realizar una búsqueda amplia. No descartes subvenciones que solo se apliquen para un interés o afición que tengas en ese momento.

Ten en cuenta que muchos estudiantes universitarios cambian de carrera, a veces varias veces a lo largo de sus estudios. Tu búsqueda de becas puede introducirte a un prometedor nuevo campo de estudio que nunca habías considerado seriamente. Si tienes un talento o un interés y puedes conseguir financiación para ello, ¿por qué no plantearte emprender un nuevo camino?

Cuando solicites para obtener subvenciones, presta especial atención a las fuentes de financiamiento que tengan más fondos que solicitantes, como las organizaciones religiosas. La asistencia a las iglesias ha disminuido.

Pero existen subvenciones que otorgan las iglesias para estudiantes creyentes. Del mismo modo, organizaciones cívicas de gran tradición, como *Kiwanis*[5] o *Rotary International*[6] cuentan con fondos robustos para becas académicas o ciudadanas. Dedicar tiempo para investigar sobre organizaciones que conceden subvenciones puede resultar muy rentable.

Para que quede claro, no recomendamos sacrificar tus principios para solicitar una subvención si no tienes intención de cumplir los requisitos de esta. Sin embargo, te recomendamos que solicites todas las subvenciones que se ajusten a tus principios y luego proponte cumplir con esos requisitos.

Becas: ¡Investiga y Solicita!

Las becas son la siguiente e igualmente importante vía para financiar tu educación con el dinero de otras personas. A diferencia de las subvenciones, las becas suelen basarse en los méritos más que en las necesidades, aunque esa línea se difumina.

Normalmente, pensamos que las becas se conceden a quienes han demostrado un excelente rendimiento académico en una asignatura concreta en el bachillerato. Sin embargo, también se conceden becas a estudiantes que cumplen otros criterios específicos. Por ejemplo, algunas becas sólo se conceden a estudiantes de color con un excelente rendimiento académico.

En tu búsqueda de becas, no te desanimes porque algunas becas prestigiosas son extremadamente competitivas. Por ejemplo, la Beca nacional al mérito. El beneficiario debe tener un alto rendimiento académico. La competencia para obtener una Beca nacional al mérito es rigurosa, y hay varias fases con niveles de competencia cada vez mayores. Ganar esa competición es muy satisfactorio y les da a ti y a tus padres un gran derecho a presumir. Pero no necesariamente mucho dinero.

Además, dado que muy pocos estudiantes califican por premios tan competitivos, no te desanimes si no consigues ganar uno. Las becas altamente competitivas no son las únicas a las que debes aspirar. Más bien, busca todas las becas que encuentres. Elabora un ensayo de solicitud sólido que se pueda adaptar a una amplia gama de solicitudes y utilízalo sin escatimar esfuerzos. El objetivo es minimizar la carga de la deuda estudiantil maximizando el número y la cantidad de becas concedidas. Sé ambicioso en el número de becas que solicitas y organiza el tiempo necesario para solicitarlas.

Al considerar las becas a las que aspirar, echa un vistazo a las becas al mérito ofrecidas por la universidad a su propio alumnado y por organizaciones externas. Estas becas "se conceden a los estudiantes que tienen un historial de logros académicos (incluidas las calificaciones y los resultados de los exámenes), actividades extracurriculares y liderazgo en su comunidad".[7] Si tienes buenas cualificaciones en estas áreas, las becas al mérito ofrecidas por la universidad podrían ser tu boleto ganador. "A diferencia de la ayuda económica basada en la necesidad, las becas al mérito no tienen en cuenta la necesidad económica del estudiante evaluadas a través de la FAFSA o el perfil CSS. En cambio, estas son determinadas únicamente por los logros académicos del estudiante".[8] Además, pueden renovarse anualmente, lo que podría ayudarte a pasar los cuatro años.

Un orientador universitario aconseja, "la mayor cantidad de dinero que un estudiante recibirá por sus méritos será directamente a través de la universidad. Muchas universidades utilizan las becas por mérito como herramienta de reclutamiento. Si el estudiante está dispuesto a lanzar una red amplia y tiene un perfil académico que está a la par o por encima de lo que la universidad suele admitir, entonces puede recibir una cantidad significativa de dinero por méritos".[9] Para aprovechar las oportunidades de becas por méritos, piensa más en tus finanzas que en el prestigio de la universidad.[10] "La clave es lanzar una red lo suficientemente amplia y mirar más allá de las universidades más selectas. ¡Hay tantas universidades maravillosas por ahí—el desafío es que todos quieren asistir a las mismas 50 universidades! Cuando los estudiantes pueden 'bajar' un escalón o dos en prestigio, entonces las becas por mérito pueden ser abundantes".[11]

Además de las becas basadas en el mérito, algunos colegios y universidades ofrecen subvenciones y becas por habilidades únicas, por haber superado dificultades y por circunstancias específicas de un individuo. Estas becas a menudo son creadas por exalumnos de tu universidad elegida que ahora tienen éxito y quieren darle la oportunidad de ir a la universidad a alguien con una perspectiva o experiencia de vida similar. Si está dispuesto a pasar algún tiempo investigando acerca de las oportunidades de becas, existen grandes posibilidades allá afuera. Muchas son desapercibidas por estudiantes que simplemente no le dedican tiempo a investigar y a llenar solicitudes. Con el ojo puesto en el premio de graduarte sin deudas, ese no serás tú.

Para darte una ventaja en la competencia, hay recursos en el sitio web a lo largo de este capítulo para ayudarte a identificar las becas disponibles. Te alentamos a que consideres todas las subvenciones y becas que sean aplicables a ti y solicita todas las que puedas. Después de matricularte en la universidad, mantén los requisitos de las becas que se te otorguen para que puedas continuar recibiendo la subvención o el dinero de la beca a lo largo de tu educación universitaria.

Volvamos a Taylor, quien todavía está deprimida por sus posibilidades de recibir una beca, y démosle una plática para animarla. "Taylor, ¿sabías que puedes encontrar qué universidades son las mejores para ti en función de los paquetes de ayuda financiera que se ofrecen?" Incluso si el precio de una universidad privada es alto, ese costo puede compensarse con un paquete de ayuda financiera que lo reduce a cero. Luego, señalamos que hay varias bases de datos con becas que muestran universidades con paquetes de ayuda financiera robustos.[12] Muchas universidades privadas tienen importantes donaciones y ofrecen generosos paquetes de ayuda financiera para atraer a estudiantes de todos los niveles económicos.

Taylor está interesada en esto. Ella desconocía estas posibilidades. Pero después de un momento, Taylor mira hacia otro lado. "Gran cosa. Esas lujosas escuelas privadas… ¡no quieren a una estudiante como yo! Nunca me darían un paquete de becas".

"Taylor, alguna escuela lo hará. ¿Sabías que hay muchos estados que ofrecen programas de ayuda de matrícula gratuita a los estudiantes de colegios comunitarios que reúnan los requisitos?"[13] Puedes buscar en Google el Programa Promesa de tu estado para averiguar si reúnes los requisitos.

"Pero ¿y si quiero ir a una universidad de cuatro años, como Mateo?" pregunta Taylor, señalando a un compañero en el patio de la escuela. "Necesito un montón de becas". Prometemos Taylor, "Hay un montón de becas por allá afuera. El último Estudio Nacional de Ayuda a Estudiantes de Enseñanza Post bachillerato dice que hay aproximadamente 1,581,000 becas disponibles para estudiantes cada año.[14] Seguramente una de esas 1,581,000 becas es adecuada para ti. Incluso un par de ellas".

Taylor se lo piensa. "Bueno, quizá podría solicitarlas. Pero, en realidad, ¿de cuánto dinero estamos hablando?". Señalamos la cifra sobre la página. Si se suman todas las ayudas y becas disponibles, hay un montón de dinero a disposición de los estudiantes. Taylor está intrigada. Toda esta información es nueva, pero la mente de Taylor aún no ha salido de la Matriz de Préstamos Estudiantiles. "Oye, ¿has visto mis calificaciones? ¿Cómo podría yo calificar para obtener algo de ese dinero?".

"Bueno, el promedio de dinero concedido a través de becas es de US$3,852 por estudiante.[15] Hay dinero allá afuera para ti, Taylor. Sólo tienes que ir a buscarlo". Taylor está muy interesada ahora. Se da cuenta de que US$3,852 dólares por curso académico le serían muy útiles, especialmente si decide asistir a una universidad pública de cuatro años dentro del estado. "Muy bien, ¿dónde puedo encontrar estas becas?".

Llevas un rato escuchando esta conversación y empiezas a sentirte ansioso. Llegados a este punto, no puedes contenerte más. Entras en la discusión con: "Taylor, acabo de leer el libro de este tipo, *Graduarse sin deudas: Escapa al estilo Matrix del endeudamiento estudiantil*. El libro tiene un montón de enlaces de sitios de becas". Damos las gracias modestamente y nos desviamos de la obvia autorreferencia señalando que otro sitio estupendo para empezar es el sitio web "*Big Future*" del *College Board*, con 6,000 programas que suman un total de US$4,000 millones en becas.[16] Taylor se levanta de la mesa. "¡Cuenten conmigo!".

¿Y tú qué tal? ¿Sigues pensando que no hay nada para ti?

Hay buenas noticias para los estudiantes muy motivados que estén dispuestos a llenar y enviar la documentación necesaria, especialmente la de FAFSA. Realmente, hay dinero disponible para subvenciones. El *New York Times* informó recientemente que "aproximadamente 1.7 millones de graduados de bachillerato no presentaron la Solicitud Gratuita de Ayuda Federal para Estudiantes en 2020-21", lo que "dejó un aproximado de US$3,700 millones en Becas Pell disponibles sin reclamar".[17] Esta información es desalentadora y también un poco triste. El dinero de la subvención federal disponible queda *sin otorgarse* cada año porque los estudiantes elegibles no presentan la FAFSA. Como estudiante motivado, asegúrate de completar la FAFSA, la cual se analizará con más detalle más adelante, y aprovecha los fondos disponibles.

Una estudiante muy empeñosa demostró este punto al obtener más de US$1 millón en becas para financiar su educación universitaria. Shanya Robinson-Owens, una joven de 17 años de la Escuela Bachillerato de Ingeniería y Ciencias George Washington Carver en Filadelfia, Pensilvania, fue aceptada en 18 escuelas y recibió un total de US$1,074,260 en becas.[18]

Ted Domers, director de George Washington Carver, comentó que Shanya es una estudiante muy respetada. Señaló: "Además de ser parte de un movimiento para atraer más acción social a nuestra escuela, ella está involucrada en una serie de actividades extracurriculares que muestran la amplitud de sus habilidades, desde robótica hasta periodismo".[19] Esas son palabras de gran aliento, pero ¿cómo explican ¿US$1 millón en becas? ¿Fueron sus atributos académicos superiores o actividades extracurriculares? No. Shanya tuvo un promedio sólido, pero poco sobresaliente de 3.2. En cuanto a las actividades extracurriculares, participó en el comité del anuario. En resumen, sus actividades eran casi las mismas que las de muchos otros estudiantes de bachillerato.

¿Qué la distingue? En una palabra: motivación. Christine Owens, su tía, describió a Shanya como "una líder y una gran trabajadora".[20] Mandar solicitudes a 18 universidades y para incontables becas ciertamente requirió mucho trabajo duro. Este notable logro es un testimonio de la ética de trabajo que la impulsa, y su logro es un ejemplo a seguir para otros estudiantes. Demuestra que cualquier estudiante con suficiente determinación y compromiso para realizar el arduo trabajo de enviar solicitudes puede tener éxito consiguiendo becas.

Búsqueda de sitios web ricos en datos

Como se señaló anteriormente, un gran lugar para realizar su investigación es el sitio web *"Big Future"* del *College Board* con 6,000 programas con un total de US$4 mil millones en becas en https://bigfuture.collegeboard.org/pay-for-college/scholarship-search. También revisa el sitio *FastWeb.com* at https://fastweb.com/ con una base de datos de 1.5 millones de becas universitarias que han sido investigadas y examinadas por un equipo de expertos. Luego expande los criterios de búsqueda. Algunas becas están diseñadas para personas con habilidades o talentos especiales, otras son más accesibles en general. Varias becas se basan en características únicas de un individuo. Por ejemplo, se puede diseñar una beca para estudiantes universitarios de primera generación de un país en particular que hablen un idioma diferente al inglés.

Para las personas de color, un gran recurso es "*United Negro College Fund*" (UNCF) en https://scholarships.uncf.org/. La UNCF es una cámara de compensación integral para becas y subvenciones creadas para estudiantes de color. También es una excelente fuente de información sobre becas para estudiantes de diferentes orígenes. Para estudiantes hispanos, existe el "Fondo de Becas Hispanas" en https://www.hsf.net/ y la "Fundación de la Herencia Hispana" en https://hispanicheritage.org/. Ambos sitios ofrecen amplias oportunidades para que los estudiantes hispanos encuentren becas disponibles.

El navegador de "Ayuda Federal para Estudiantes" en https://studentaid. gov/understand-aid/types brinda un desglose de los tipos de ayuda financiera que un estudiante puede recibir de fuentes federales, estatales, escolares y privadas para ayudarle a pagar por la universidad o la escuela vocacional. Además de la ayuda financiera, el sitio web ayuda a los estudiantes a ver qué pueden hacer para reducir los costos cuando van a la universidad.

Por último, hay una serie de becas basadas en el estado de residencia del estudiante. Por ejemplo, la Corporación de Asistencia Estudiantil de Vermont en www.vsac.org presenta una amplia gama de ofertas para estudiantes que viven en el estado de Vermont. Si eres residente de Vermont, este sitio podría ser de gran ayuda porque utiliza un enfoque de oficina de información de becas adaptado a una población en particular. Este mismo tipo de oficina de información de becas está disponible en otros estados y está limitada a los residentes de cada estado.

Olvídate de la noción de que un estudiante con tus logros particulares no puede obtener subvenciones o becas para la universidad. El dinero está ahí. La pregunta es si tienes la persistencia y la dedicación para encontrarlo y solicitarlo. Una nota de precaución al hacerlo: ten cuidado con las estafas de becas. Si tienes que pagar dinero para obtener dinero, probablemente sea una estafa. Apégate a los sitios gratuitos. Después de investigar los muchos sitios enumerados en este capítulo, ve a reclamar el dinero de tu beca.

¡Consigue un trabajo!

En un capítulo anterior, describimos las oportunidades de becas universitarias que ofrecen varias de las principales cadenas de franquicias de comida rápida en lo que denominamos el programa de educación a la carta. Muchas franquicias de comida rápida están situadas cerca de campus universitarios, tienen horarios flexibles, otorgan un sueldo sólido, ofrecen oportunidades de ascenso, proporcionan comida gratis e incluyen la posibilidad de una subvención. Hemos llamado a esta opción de financiación educación a la carta porque te ofrece un menú de posibilidades. Piensa en conducir para Uber o Lyft en este mismo sentido, con horarios flexibles y la oportunidad de trabajar cerca del campus.

Otra forma útil de ayuda financiera para pagar la universidad es el trabajo-estudio. El trabajo-estudio un programa financiado con fondos federales que ayuda a los estudiantes universitarios con necesidades económicas a conseguir trabajos de medio tiempo. Lo mencionamos aquí porque el proceso de solicitud de trabajo-estudio también requiere llenar la solicitud FAFSA.

Hay varias razones de peso para participar en programas de trabajo-estudio en la universidad. Aparte del beneficio obvio de reducir la deuda universitaria al ganar dinero mientras estas en la universidad, puedes conservar lo que ganas, tus ganancias no afectarán tu elegibilidad para recibir una ayuda financiera, puedes trabajar en el campus con horarios y lugares convenientes, y puedes adquirir una valiosa experiencia laboral.

Para ver una historia de éxito sobre cómo el trabajo y el estudio podrían resultarte útiles más adelante en tu carrera, revisemos el estudio sobre caligrafía de Steve Jobs en Reed College en Portland, Oregón, mucho antes de que pensara en Apple. A pesar de que tuvo que abandonar la universidad por razones financieras en ese momento, se quedó en el campus y asistía a clases. El quedó fascinado con el estudio de la caligrafía y el arte involucrado en la formación de las letras. "Reed College en ese momento ofrecía quizás la mejor instrucción de caligrafía en el país", Jobs comentó durante un discurso a los graduados de Stanford en 2005.[21] "En todo el campus, cada cartel, cada etiqueta en cada cajón, estaba bellamente caligrafiado a mano. Aprendí sobre los tipos de letra serif y sans serif, sobre variar la cantidad de espacio entre diferentes combinaciones de letras, sobre lo que hace que una gran tipografía sea excelente."[22]

Más tarde, Steve Jobs aplicó ese conocimiento de la caligrafía a la creación de fuentes tipográficas de Apple, como Helvética Neue y Garamond, que superaron a las fuentes de máquina de escribir de IBM, Times New Roman y Courier en 10 y 12 tonos. Aunque Jobs no estaba en un programa de trabajo-estudio, ni recibía una paga por sus estudios universitarios, ni siquiera era un estudiante matriculado en la universidad, en su momento, es una gran historia sobre cómo el trabajo-estudio puede resultar útil más adelante en tu carrera. Y podemos extrapolar esta historia para extraer una lección útil. En circunstancias ligeramente diferentes, podría haber sido contratado a través del programa de trabajo y estudio con un puesto en el taller de rotulación de la universidad.

Evaluemos ahora el valor de un programa de trabajo y estudio a través de los ojos de un posible empleador. Si tu fueras un empleador en busca de talentos, ¿preferirías contratar a un candidato sin ninguna experiencia laboral práctica o a alguien que hubiera destacado en un programa de trabajo-estudio? La respuesta es previsible. Un empleador tiene mucho menos riesgo de cometer un error de contratación si ve que un candidato ya ha adquirido experiencia en un programa de estudio-trabajo. En un artículo titulado "4 Maneras en las que el trabajo-estudio pueden compensarte", Kathryn Flynn señala: "Un trabajo de estudio-trabajo en tu campo académico puede ofrecerte una valiosa experiencia que incluso puede orientar tus futuras elecciones profesionales". Dado que muchas escuelas ofrecen formas cómodas de encontrar trabajos que sean flexibles y se adapten a los horarios de clase, el trabajo-estudio puede ser una forma estupenda para que los estudiantes ganen un dinero extra a la vez que construyen un currículum".[23] Como empleador, busco ese tipo de experiencia.

Cuando hagas tu solicitud para la universidad, consulta en la oficina de ayuda económica si ofrecen un programa de trabajo-estudio. Antes de aceptarlo, compáralo con la oportunidad de trabajar a la carta para asegurarte la mayor flexibilidad y el mejor rendimiento de la inversión de tu tiempo. Incluso si no aceptas una de estas oportunidades, o si el empleador de una franquicia de comida rápida no ofrece algún nivel de financiación o reembolso, puedes ganar algo de dinero durante la universidad para ayudar a pagar tu deuda universitaria. Considera las prácticas de verano remuneradas como un doble beneficio, ya que pueden proporcionar experiencia laboral a tu currículum y podrían conducirte a un empleo después de graduarte. Es probable que la oficina de colocación de tu universidad tenga una lista de empresas interesadas en tu campo.

A este punto, contrariamente a las suposiciones dentro de Matrix, puedes ver que tienes posibilidades razonables de optar por subvenciones, becas, trabajo-estudio y trabajo a tiempo parcial. Pero una vez que te hayas decidido a reclamar esos dólares para tu educación, tienes que profundizar en el proceso FAFSA para entender lo que se necesita para obtener becas y subvenciones y luego retenerlas.

Para ver un buen ejemplo de los pasos necesarios para obtener y conservar becas, centrémonos en la Beca Pell, valorada en hasta US$6,895 dólares anuales para 2022–23. Según Goldrick-Rab y Kendall, "[o]btener la Pell para el primer año de la universidad se requiere que completar la solicitud FAFSA, cumplir los requisitos y matricularse (los estudiantes deben matricularse al menos a medio tiempo para obtener una Beca Pell parcial, y a tiempo completo para recibir una Beca Pell completa). Para conservar la Beca Pell de un año para otro, y especialmente para mantener el importe de la beca, es necesario seguir todos estos pasos, así como tener un "progreso académico satisfactorio", el cual incluye tanto un requisito de promedio de calificaciones como un ritmo específico de progreso."[24] En concreto, se debe mantener una nota media mínima de 2.0 en una escala de 4.0 y avanzar hacia la graduación dentro del 150% del plazo normal. Para una licenciatura de cuatro años, el requisito de graduación del 150% equivale a seis años.

Comprendemos la renuencia a llenar la FAFSA. Es un formulario de varias páginas que requiere completar mucha información. Aunque los gurús de www.studentaid.gov afirman que "a la mayoría de la gente le lleva menos de una hora llenar y enviar una nueva Solicitud Gratuita de Ayuda Federal para Estudiantes (FAFSA)", incluyendo "la recopilación de los documentos o datos necesarios, el llenado y la revisión de la solicitud",[25] en los 12 años en los que he presentado la FAFSA, nunca pude completarla en ese tiempo. Tal vez tú puedas hacerlo más rápido que yo. Pero, independientemente del tiempo que te lleve llenar el formulario, llenar la FAFSA es esencial para tu programa financiero universitario, así que abróchate el cinturón y termínala.

Recuerda este hecho importante. Para mantener la elegibilidad para tu ayuda financiera federal, debes renovar la solicitud FAFSA cada año, independientemente de tus circunstancias. Incluso si nada cambia significativamente, debes volver a presentar la FAFSA. Lamentablemente, muchos estudiantes de primer año a los que se les han concedido Becas Pell no vuelven a presentar la solicitud. Según Goldrick-Rab y Kendall, "a nivel nacional, entre el 15 y el 20% de los beneficiarios de la Beca Pell de primer año con buena situación académica no vuelven a presentar su FAFSA".[26] Este triste hecho contribuye a la alta tasa de deserción después del primer año en muchas universidades. Perdón por insistir en la presentación de la FAFSA. Espero que a estas alturas ya entiendas su importancia.

Muchos estudiantes tampoco son conscientes de la necesidad de mantener una situación académica satisfactoria para conservar su ayuda federal. Un estudio de Wisconsin descubrió que "los porcentajes de estudiantes que desconocían los requisitos de rendimiento académico satisfactorio eran similares en varios grupos demográficos clave, incluidos los estudiantes universitarios de primera generación cuyos padres no tienen una licenciatura, los estudiantes de generación continua con al menos uno de los padres con una licenciatura y los estudiantes de comunidades urbanas y rurales de Wisconsin".[27]

Estos factores también podrían contribuir al gran número de estudiantes que pierden las Becas Pell cada año. Lamentablemente, después de obtener la Beca Pell, "alrededor del 40% de los estudiantes de colegios comunitarios" pierden sus Becas Pell cada año por no cumplir con los "estándares de progreso académico satisfactorio".[28] Si recibes una beca Pell u otra forma de ayuda federal para el colegio comunitario, asegúrate de que esta afirmación no se aplique a ti.[29] Vuelve a solicitar tu ayuda financiera cada año y mantén tu nivel académico.

Escápate de Matrix:
Sal y encuentra el dinero para la universidad

La noción de que las becas existen sólo para aquellos pocos dotados que sobresalen en lo académico es simplemente errónea. Si bien un estudiante promedio puede encontrar dinero para la universidad a través de muchas subvenciones y becas disponibles, no puedes esperar a que simplemente el dinero llegue a ti. Como en otras áreas de la vida, hay que trabajar para encontrarlo. Esto generalmente significa presentar solicitudes para demostrar que cumples con los requisitos.

Para todos los Taylor que asumen que nunca podrán calificar para becas o subvenciones porque son tan sólo estudiantes promedio del último año de bachillerato, hay dinero disponible para perseguir sus sueños universitarios. Hay algo único en tus circunstancias que podría generar una subvención o una beca. Estos podrían incluir los ingresos de tu familia, tus creencias religiosas, tu origen étnico o tu herencia cultural, las cosas que te gusta hacer dentro y fuera del salón de clases, los juegos que te gusta jugar, las comidas que te gusta cocinar, tu creatividad e ingenio. Lo que sea que sea único acerca de ti puede ayudarte a generar dinero de subvenciones o becas para financiar tu educación universitaria.

Gana dinero por tu iniciativa y laboriosidad. Busca y encuentra esas oportunidades de becas. No descuides tu solicitud inicial de FAFSA y tus reenvíos anuales, mantén tu nivel académico y no te olvides del estudio-trabajo que puede brindarte dinero y experiencia laboral. Si decides ir a la universidad, apúntate para obtener tu parte de becas y subvenciones. Toma tu pedazo del pastel. Está ahí libre para el que quiera.

CAPÍTULO 7

✂━━━━✂ ✂━━━━✂

Puedo conseguir una beca deportiva

TÚ HAS SIDO UN ATLETA MUY COMPETITIVO desde el segundo grado. Te encantan todos los deportes en equipo y sobresales en todo lo que implique un palo, una pelota o una raqueta. Estás especialmente dotado para (completa la frase). Tus amigos, tu familia y tus entrenadores han alentado tus aspiraciones deportivas y han alimentado tus esperanzas de conseguir una beca deportiva para pagarte la universidad. A diferencia de Taylor, la estudiante de último curso del capítulo anterior que no creía que podía conseguir una beca académica, tú estás seguro de que tienes lo que se necesita para conseguir una beca deportiva.

Espera un momento. Tus amigos, tus padres y tus entrenadores tienen buenas intenciones, pero las becas deportivas son muy escasas. Confiar sin fundamentos que puedes conseguir una podría ser otra trampa mental dentro de la Matriz de préstamos estudiantiles que podría terminar enviándote a un campo de sueños rotos. Vamos a desglosarlo. Toma el control del juego.

De entre las suposiciones erróneas de la Matriz de préstamos estudiantiles, la suposición de que *puedo obtener una beca deportiva para pagar la universidad* puede ser la más difícil de abordar porque está estrechamente ligada a la autoestima de un atleta. Muchos estudiantes atletas creen que: "Si no practico algún deporte, si no puedo hacer un saque as, lanzar una bola rápida o marcar un gol, ¿para qué sirvo?".

Yo me enfrenté a esa misma pregunta en mi juventud. Bueno, más o menos. En quinto grado, me sacaron del campo en hombros mis compañeros de la liga infantil después de hacer la jugada ganadora en el partido por el campeonato del condado. ¡El futuro estaba lleno de posibilidades! Ya casi podía saborear una beca universitaria. Pero más tarde, en el bachillerato, después de perder mi puesto de segunda base ante James "Beefy" Wilson por dos años seguidos, empecé a preguntarme por mi futuro en el béisbol universitario.

Una aspiración similar de competir en deportes a nivel universitario surge en innumerables atletas de bachillerato que juegan fútbol americano, baloncesto, hockey sobre hierba, béisbol, softball, lacrosse, tenis o atletismo. Como poseen un notable talento, estos atletas piensan naturalmente que obtendrán una beca deportiva. Sin una evaluación sincera de su capacidad atlética, muchos estudiantes de bachillerato piensan que pueden convertir su talento deportivo en una beca universitaria para pagar sus estudios.

Desafortunadamente, esa confianza puede ser un camino hacia una deuda debilitante si la beca no se materializa. Para obtener una valoración objetiva de las perspectivas reales de un atleta de bachillerato, echemos un vistazo a algunas estadísticas atléticas universitarias reales y construyamos una visión realista de la competitividad atlética universitaria basada en datos concretos. El sitio web de la Asociación Nacional Atlética Universitaria (NCAA, por sus siglas en inglés) en https://www.ncaa.org/ es un buen lugar para empezar porque ofrece una visión completa del atletismo universitario e incluye gráficos que identifican el número de estudiantes de bachillerato que practican cada deporte a nivel universitario.[1] El sitio web de la NCAA es un tesoro de datos empíricos que revela varios hechos reveladores.

El deporte que me dejó alucinado en el bachillerato fue el fútbol americano. Naturalmente, uno pensaría que las posibilidades de conseguir una beca deportiva en el fútbol serían excelentes. Es popular, hay muchos jugadores en un equipo y los futbolistas son muy buscados por los equipos universitarios. Según un informe reciente de la NCAA, más de un millón de estudiantes de bachillerato juegan fútbol americano. Pero de ellos, menos de una décima parte continúa jugando fútbol americano en la universidad a cualquier nivel. Y de esos atletas universitarios, aún son menos los que obtienen becas.[2]

La falta de oportunidades de becas deportivas no se limita al fútbol americano. El reciente escándalo de *Varsity Blues*,[3] en el que padres adinerados compraron el acceso de sus hijos a prestigiosas universidades a través de programas deportivos menos populares, reveló algunas características interesantes del proceso de selección de becas universitarias.

Varios de los programas, como vela y waterpolo, que los padres utilizaron para que sus hijos fueran admitidos en la universidad ni siquiera ofrecían becas. Su membresía en un determinado equipo deportivo era simplemente una vía para que el estudiante pudiera ingresar a escuelas altamente competitivas como la Universidad del Sur de California en Los Ángeles.[4] Leyendo entre líneas la cobertura de noticias, uno puede suponer que debido a que esos deportes ofrecen tan pocas becas, el camino es aún más restringido para las personas de recursos modestos que buscan reducir el costo universitario a través de una beca deportiva en deportes menos conocidos.

Muchos estudiantes de bachillerato abrigan la esperanza de que su destreza atlética pueda conducirlos a un viaje gratis en la universidad. Para ser claros, algunos estudiantes dotados pueden y califican para becas deportivas completas, y sus éxitos son celebrados a nivel nacional. Pero la realidad estadística de la situación nos exige examinar a detalle la probabilidad de una beca deportiva universitaria.

El gráfico siguiente muestra los datos de la NCAA para 2019 al 8 de abril de 2020, en cada nivel de división para cada deporte que se ofrece en la universidad. Analizaremos este año en particular por dos razones: contiene los datos publicado más actuales y brinda una base representativa para estimar la probabilidad de que un estudiante actual de bachillerato compita en deportes a nivel universitario. Visto de otra manera, el gráfico muestra el alto riesgo de que un estudiante de último año de bachillerato no califique a nivel universitario y, por lo tanto, *no* se le otorgue una beca.

En la tabla de la NCAA, los estudiantes pueden comparar populares programas para atletas masculinos y femeninos en deportes como baloncesto, lacrosse y natación. En la columna resaltada en el centro, el gráfico muestra la tasa de aceptación del "% general de bachilleres a NCAA" y luego las tasas de los constituyentes en cada una de las tres divisiones. Ten en cuenta que las tasas en este cuadro no muestran la cantidad de *becas* otorgadas en cada deporte, solo la *tasa de aceptación* en los programas deportivos. Abordaremos las tasas de becas reales más adelante para dibujar una imagen objetiva de las perspectivas de un atleta.

Si miramos hacia el baloncesto, el gráfico revela que del aproximadamente medio millón de jóvenes que juegan baloncesto en el bachillerato en los Estados Unidos, únicamente alrededor del 3.5 % continúa jugando baloncesto en la universidad. En comparación, más de 150,000 mujeres menos juegan baloncesto en el bachillerato, por lo que podrías pensar que tus perspectivas son mejores. No es así. Apenas el 4% de ellas continúa jugando baloncesto en la universidad.[6]

¿Qué pasa con los deportes menos populares? Las probabilidades para un jugador de lacrosse que quiere continuar con su deporte en la universidad son ligeramente mejores. Un poco más de 1 de cada 10 seguirá jugando: el 12.8% de los hombres y el 12.5% de las mujeres.

PROBABILIDAD ESTIMADA DE COMPETIR EN DEPORTES UNIVERSITARIOS

	Participantes de bachillerato	Participantes NCAA	% global de bachilleres en NCAA	% bachilleres en 1era división	% bachilleres en 2da división	% bachilleres en 3era división
HOMBRES						
Béisbol	482,720	36,011	7.5%	2.2%	2.3%	2.9%
Baloncesto	540,769	18,816	3.5%	1.0%	1.0%	1.4%
Campo traviesa	269,295	14,303	5.3%	1.8%	1.4%	2.1%
Fútbol americano	1,006,013	73,712	7.3%	2.9%	1.9%	2.5%
Golf	143,200	8,485	5.9%	2.0%	1.6%	2.2%
Hockey sobre hielo	35,283	4,323	12.3%	4.8%	0.6%	6.8%
Lacrosse	113,702	14,603	12.8%	3.1%	2.5%	7.3%
Fútbol soccer	459,077	25,499	5.6%	1.3%	1.5%	2.7%
Natación	136,638	9,799	7.2%	2.8%	1.2%	3.2%
Tenis	159,314	7,785	4.9%	1.6%	1.0%	2.3%

	Participantes de bachillerato	Participantes NCAA	% global de bachilleres en NCAA	% bachilleres en 1era división	% bachilleres en 2da división	% bachilleres en 3era división
Atletismo	605,354	28,914	4.8%	1.9%	1.2%	1.7%
Vóleibol	63,563	2,355	3.7%	0.7%	0.7%	2.3%
Waterpolo	22,475	1,072	4.8%	2.7%	0.8%	1.3%
Lucha	247,441	7,300	3.0%	1.0%	0.8%	1.2%
MUJERES						
Baloncesto	399,067	16,509	4.1%	1.3%	1.2%	1.7%
Campo traviesa	219,345	15,624	7.1%	2.7%	1.7%	2.7%
Fútbol americano	60,824	6,119	10.1%	2.9%	1.4%	5.8%
Golf	79,821	5,436	6.8%	2.8%	1.9%	2.1%
Hockey sobre hielo	9,650	2,531	26.2%	8.9%	1.1%	16.2%
Lacrosse	99,750	12,452	12.5%	3.7%	2.6%	6.2%
Fútbol soccer	394,105	28,310	7.2%	2.4%	1.9%	2.9%
Sóftbol	362,038	20,419	5.6%	1.8%	1.7%	2.2%
Natación	173,088	12,980	7.5%	3.3%	1.2%	3.0%
Tenis	189,436	8,596	4.5%	1.5%	1.0%	2.0%
Atletismo	488,267	30,326	6.2%	2.8%	1.5%	1.9%
Vóleibol	452,808	17,780	3.9%	1.2%	1.1%	1.6%
Waterpolo	21,735	1,217	5.6%	3.3%	1.1%	1.2%

Figura 14

Las probabilidades para las estrellas del atletismo son peores: alrededor del 5% de los hombres continúan su carrera universitaria y alrededor del 6.2% de las mujeres.[7]

Los estudiantes deportistas competitivos pueden consultar esta tabla repleta de datos como una guía para determinar qué deporte les ofrece las mejores posibilidades para entrar a la lista de la universidad. Por ejemplo, si eres mujer, ¡mira el hockey sobre hielo! Se mire como se mire, las probabilidades de entrar en un equipo deportivo universitario son escasas. Y las probabilidades de conseguir una beca deportiva son aún menores.

Un punto clave que hay que tener en cuenta es que son las asociaciones deportivas universitarias, y no las propias universidades, las que fijan el número máximo de becas deportivas que las escuelas asociadas pueden conceder a los estudiantes deportistas para cada deporte. Por lo tanto, los entrenadores universitarios no fijan los límites de las becas. Los entrenadores tienen discreción para conceder menos becas que las establecidas por las asociaciones universitarias, pero se trata de una decisión interna, basada quizá en la disponibilidad de fondos u otros factores. Ellos no tienen poder para aumentar el número de becas.

Acompáñame a profundizar en el tema, porque es un poco complicado. Para efecto de las becas, las asociaciones universitarias han dividido los deportes universitarios en dos grandes categorías: Deportes de recuento y deportes de equivalencia.[8] Un deporte de la categoría de recuento tiene un tope de becas establecido, y el número de atletas que reciben becas no puede superar esa cifra. Para complicar aún más las cosas, en un deporte de recuento, una beca deportiva puede concederse de forma total o parcial, lo que significa que los estudiantes que reciben becas deportivas no pueden estar seguros de recibir una beca completa. Incluso las becas parciales cuentan para el límite del recuento .[9]

Todos los deportes de la NCAA que no están designados como deportes de recuento son considerados como deportes de equivalencia. El término equivalencia se refiere al hecho de que las becas pueden dividirse en becas parciales en cualquier proporción hasta alcanzar el número máximo de becas permitido. Por ejemplo, en un deporte de equivalencia como el softbol en una escuela de la 1.ᵉʳᵃ división de la NCAA con un límite de 12 por equipo, la escuela podría conceder media beca a cada uno de los 24 jugadores de softbol y no superar el límite.[10] Por esta razón, las becas completas son relativamente raras en los deportes de equivalencia en comparación con los deportes de conteo.

Una limitante adicional es que existe un límite máximo en el número de deportistas a los que se puede conceder una beca, aunque sea parcial, en un deporte de equivalencia.[11] Este límite se refiere al número máximo de plazas. Por ejemplo, para todos los equipos de béisbol de la 1.ᵉʳᵃ división de la NCAA, el número máximo de plazas permitido es 27.

Algunos deportes de club, como remo y rugby, no tienen una asociación gubernamental oficial y, por lo tanto, no están sujetos a los límites de becas de la NCAA. Sin embargo, para muchos de estos deportes, los equipos respectivos han acordado seguir las reglas de otras asociaciones deportivas en lo que respecta a becas y otras ayudas. Esta norma se aplica para que un determinado programa universitario no reciba una significativa ventaja sobre un programa de club competidor de otra escuela.

El número de becas disponibles en cada división puede variar significativamente, como se muestra en el siguiente cuadro. A manera de comparación, en atletismo, tanto la 1.^{era} división como la 2.da división de la NCAA reciben 12.5 becas, mientras que la 3.^{era} división no recibe ninguna. Un fenómeno similar puede observarse en las divisiones femeninas.

Ahora veamos los detalles sobre el número de becas disponibles. Los dos gráficos que siguen son de ScholarshipStats.com y se pueden encontrar en https:// scholarshipstats.com/ ncaalimits.[12] Los gráficos muestran los límites de becas por equipo para los deportes masculinos y femeninos durante el año académico 2020-2021. Utilizamos este año académico porque refleja los límites de becas después de tener en cuenta las interrupciones por la pandemia. Además de las becas de la NCAA, el gráfico también incluye el número de becas disponibles para las otras dos asociaciones deportivas universitarias: la Asociación Nacional del Deporte Interuniversitario (NAIA, por sus siglas en inglés) y la Asociación Nacional Juvenil del Deporte Universitario (NJCAA, por sus siglas en inglés). Los gráficos de hombres y mujeres muestran una distribución ligeramente diferente, pero ambos revelan el bajo número de becas disponibles.

LÍMITE DE BECAS DEPORTIVAS: EQUIPOS MASCULINOS 2020-21

Deportes universitarios masculinos Límite de becas por equipo:	1era NCAA	2da NCAA	3era NCAA	NAIA	NJCAA
Béisbol	11.7	9	-	12	24
Baloncesto *	13	10	-	-	15
Baloncesto—NAIA 1era div	-	-	-	11	-

continúa

Deportes universitarios masculinos Límite de becas por equipo:	1era NCAA	2da NCAA	3era NCAA	NAIA	NJCAA
Baloncesto—NAIA 2da div	-	-	-	7	-
Boliche	-	-	-	5	12
Campo Traviesa—Límites NCAA incluye T y F	12.6	12.6	-	5	10
Esgrima	4.5	4.5	-	-	-
Fútbol americano—NCAA I FBS	85	-	-	-	-
Fútbol americano—NCAA I FCS	63	-	-	-	-
Fútbol americano—otras divisiones	-	36	-	24	85
Golf	4.5	3.6	-	5	8
Gimnasia	6.3	5.4	-	-	-
Hockey sobre hielo	18	13.5	-	-	16
Lacrosse	12.6	10.8	-	12	20
Rifle—incluye equipos mixtos	3.6	3.6	-	-	-
Esquí	6.3	6.3	-	-	-
Fútbol soccer	9.9	9	-	12	24
Natación y clavados	9.9	8.1	-	8	15
Tenis	4.5	4.5	-	5	9
Atletismo—Límites de la NCAA incluyen X-C	12.6	12.6	-	12	20
Vóleibol	4.5	4.5	-	-	-
Waterpolo	4.5	4.5	-	-	-
Lucha	9.9	9	-	10	20
Beca promedio en atletismo	US$18,013	US$6,588	-	US$8,093	US$2,376

Figura 15

Tomemos el fútbol americano como ejemplo. El gráfico anterior muestra que, en el fútbol americano, los equipos de la 1.[era] división de la NCAA tienen un límite de 85 becas al año, que se reparten de alguna manera entre las cuatro clases. La NCAA exige que todos los equipos de fútbol americano tengan un mínimo de 63 jugadores, y todos los equipos pueden tener hasta 125 jugadores activos, incluidos entre 35 y 60 jugadores sin experiencia. La plantilla media de fútbol americano de la NCAA es de 105 jugadores.[14]

Conviene hacer una observación sobre las normas que afectan a las dos subdivisiones de la 1.[era] división. Sólo para *el fútbol americano* universitario, las escuelas de la 1.[era] división de la NCAA se dividen en subdivisiones FBS y FCS con límites diferentes, como se muestra en el gráfico. La subdivisión *Football Bowl* (FBS) de la NCAA, anteriormente conocida como 1.[era] división A, es el máximo nivel del fútbol americano universitario en Estados Unidos. El nombre *Football Bowl Subdivision* hace referencia a una serie de partidos de postemporada, en los que el campeón nacional se determina mediante varias encuestas que clasifican a los equipos una vez finalizados los partidos.[15]

A diferencia de la competencia *"bowl"* en la FBS, la subdivisión *Football Championship* (FCS), anteriormente conocida como 1.era división AA, celebra un torneo de *playoffs* con grupos de varios equipos para determinar a su campeón nacional. Los equipos de la FBS tienen un máximo de 85 jugadores becados, mientras que los de la FCS tienen un máximo de 63 becados, con una lista total de 125 jugadores. Los equipos de la 2.da división de la NCAA tienen un límite de 36 becas, mientras que la 3.[era] división no tiene ninguna.[16]

Pasemos ahora al programa de atletismo femenino para identificar las becas disponibles para cada deporte universitario.

Observa que, tanto en el caso de los deportes masculinos como en el de los femeninos, los límites de becas deportivas disponibles hacen que dichas becas sean extremadamente competitivas y escasas. Nota también que incluso si un atleta gana una de estas becas altamente competitivas, la cantidad real concedida puede ser relativamente modesta, como US$6,588 para los atletas de la 2.da división masculina.[18]

LÍMITE DE BECAS DEPORTIVAS: EQUIPOS FEMENINOS 2020-21

Deportes universitarios femeninos Límite de becas por equipo:	1era NCAA	2da NCAA	3era NCAA	NAIA	NJCAA
Baloncesto	15	10	-	-	15
Baloncesto—NAIA 1era div	-	-	-	11	-
Baloncesto—NAIA 2da div	-	-	-	7	-
Vóleibol de playa	6	5	-	-	10
Boliche	5	5	-	5	12
Campo traviesa—Límites NCAA incluye T y F	18	12.6	-	5	10
Hípica	15	15	-	-	-
Esgrima	5	4.5	-	-	-
Hockey sobre pasto	12	6.3	-	-	-
Golf	6	5.4	-	5	8
Gimnasia	12	6	-	-	-
Hockey sobre hielo	18	18	-	-	-
Lacrosse	12	9.9	-	12	20
Rifle—incluye equipos mixtos	3.6	3.6	-	-	-
Remo	20	20	-	-	-
Rugby	12	12	-	-	-
Esquí	7	6.3	-	-	-
Fútbol americano	14	9.9	-	12	24
Sóftbol	12	7.2	-	10	24
Natación y clavados	14	8.1	-	8	15
Tenis	8	6	-	5	9
Atletismo-NCAA— límites incluye X-C	18	12.6	-	12	20
Triatlón	6.5	5	-	-	-
Vóleibol	12	8	-	8	14
Waterpolo	8	8	-	-	-
Beca promedio de atletismo	US$18,722	US$8,054		US$7,870	US$3,259

Figura 16

Combinando los índices de aceptación con los índices de becas

Resumiendo, los datos de 2019 para el fútbol americano en el bachillerato, vemos que unos 1,006,013 estudiantes jugaron al fútbol, y de ese número, solo el 7.3% o 73,712 llegaron a un equipo de la NCAA en cualquiera de las tres divisiones. De esos 73,712 estudiantes, solo 29,174 jugaron fútbol americano en la 1.ᵉʳᵃ división de la NCAA.[19]

Los equipos de fútbol americano de la 1.ᵉʳᵃ división de la NCAA se han dividido entonces y ahora en las subdivisiones FBS y FCS discutidas anteriormente con 130 equipos en FBS y 127 equipos en FCS. Para complicar un poco más las cosas, la división FBS se rige por las reglas de conteo, mientras que la división FCS se rige por la regla de equivalencia. Lo que necesitas saber es que a los equipos de FBS se les permiten 85 becas cada año, lo que significa que solo 85 personas obtienen una beca por año. En consecuencia, un atleta universitario aspirante querría preguntarle al entrenador de reclutamiento en la universidad elegida cuántos puestos están disponibles para dividir entre qué número de atletas para determinar la probabilidad que tiene un atleta obtener una beca.

Curiosamente, aunque los equipos de la división FCS reciben 63 becas cada año, se rigen por la regla de equivalencia, lo que significa que más de 63 personas pueden recibir una beca en esas escuelas. También significa que se otorgan muy pocas becas completas. ¿Qué significa esto para ti como aspirante a deportista universitario? La respuesta corta es que obtener un lugar en una lista universitaria es raro y obtener una beca deportiva en esa lista es aún más raro. Piénsalo de esta manera: si eres el mejor jugador en tu posición, en tu deporte, en tu estado, tienes una oportunidad de obtener una beca deportiva. No es imposible, pero es raro.

¿Cuáles son las probabilidades de conseguir una beca de fútbol?

Bien, ¿cuáles son las probabilidades reales? Hagamos los cálculos. Los números revelan un hecho innegable sobre tus posibilidades de obtener una beca. Lo mencionaremos cuando lleguemos a ese punto.

Hay 130 equipos de FBS cada uno con 85 becas para fútbol americano para un total de 11,050 oportunidades. Hay 127 equipos de FCS cada uno con 63 becas para un total de 8,001 oportunidades. Esto significa que el número total de oportunidades de becas de fútbol disponibles en todo el fútbol en la 1.era división de la NCAA es 19,051. Esas 19,051 plazas deben cubrir todos los grupos de cuatro años (desde el primer año hasta el último año), y puesto que las otras tres clases ya habrían recibido becas, podemos suponer que queda aproximadamente una cuarta parte para la clase entrante. Si es así, los estudiantes de primer año compiten por unas 4.700 plazas. No se trata de un cálculo exacto y depende en gran medida de la universidad a la que te dirijas, pero puede darte una idea bastante cercana.

Aplicando los mismos cálculos para la 2.da división de la NCAA, encontramos que los equipos de la 2.da división suman 100 con 36 becas disponibles para un total de 3,600, divididas entre cuatro clases, arroja un total de 900 becas disponibles para estudiantes de primer año.

Si seguimos haciendo cuentas, esto significa que de todos los 1,006,013 jugadores de fútbol americano de bachillerato, sólo unos 4,700 atletas de la 1.era división y 900 de la 2.da división pueden obtener una beca de fútbol americano.[20] Dado que los equipos de la 3.era división no conceden becas, el número total de becas de primer año disponibles para todas las escuelas de las 1.era, 2.da y 3.era división de la NCAA es de 5,600. Eso supone un poco más de la mitad del 1% (0.56%) de los estudiantes de primer año de la NCAA. Este es el hecho remarcable al que nos referimos anteriormente. Tus posibilidades son de 1 entre 200. Dadas las altas expectativas de muchos atletas de bachillerato, esa cifra es notablemente baja. ¿Eres el mejor en tu posición en tu deporte en tu estado en tu último año de escuela?

Las cifras son similares para el baloncesto masculino. Hay 540,769 jugadores de baloncesto en los bachilleratos. De ellos, 18,816 llegan a un equipo de la NCAA, alrededor de la mitad a un equipo de 1.era división y la otra mitad a un equipo de 2.da división. El baloncesto de 1.era división de la NCAA es un deporte de recuento.

Los gráficos revelan que los equipos de baloncesto de la 1.era división pueden conceder becas a 13 estudiantes; los equipos de la 2.da división sólo pueden conceder becas a 10 estudiantes. Hay 357 equipos de 1.ᵉʳᵃ división y 308 de 2.ᵈᵃ división. Haciendo cálculos, nos damos cuenta de que hay unas 7,721 becas disponibles cada año en el baloncesto masculino de la NCAA.

Una vez más, los estudiantes de primer año compiten por alrededor de una cuarta parte de ellas, lo que significa que en realidad habría un total de 1,930 becas disponibles. Esto equivale a alrededor de un tercio del 1% (0,35%) de los jugadores de baloncesto masculinos de bachillerato o aproximadamente 1 de cada 300. Esta cifra tiene que repetirse: los jugadores de baloncesto tienen una probabilidad de 1 entre 300.

Las probabilidades no son las mismas en todos los deportes, por lo que los estudiantes deportistas deben ser cautelosos a la hora de elegir los programas deportivos que ofrezca su escuela. Por ejemplo, si participas en deportes menos populares (por ejemplo, lacrosse) hay más probabilidades de obtener becas, así que podrías considerar buscar activamente una beca. Pero lánzate en la aventura con los ojos bien abiertos.

Incluso para el pequeño porcentaje de atletas de bachillerato que consiguen una beca deportiva, la recompensa económica no suele ser una beca completa. Confiar en esa eventualidad es exponerse a un fracaso. Ten en cuenta que, según los gráficos, la beca promedio para hombres asciende a sólo US$18,013 en la 1.ᵉʳᵃ división de la NCAA y a US$6,588 en la 2.ᵈᵃ división, mientras que la beca promedio para mujeres es ligeramente superior: US$18,722 dólares en la 1.ᵉʳᵃ división y US$8,054 dólares en la 2.ᵈᵃ división.[21] Aunque se trata de sumas considerables para gastos universitarios, puede que no sean suficientes para compensar el costo de una universidad privada con un precio anual de entre US$70,000 y US$80,000.

Si se compara con la posibilidad de ganar la lotería (1 entre 25,000,000), la posibilidad de que consigas una beca deportiva de 1 entre 200 o 1 entre 300 no parece tan mala. Pero puede que esas probabilidades no sean lo suficientemente buenas como para que apuestes tu futuro universitario en ellas.

También es interesante tener en cuenta que pocos atletas universitarios llegan a ser profesionales. Aquí tenemos una tabla de la NCAA que muestra la probabilidad estimada de alcanzar ese nivel.

PROBABILIDAD ESTIMADA DE COMPETIR COMO ATLETA PROFESIONAL

	Participantes NCAA	# aproximado eligibles para Draft	# Selecciones para el Draft	# NCAA en el Draft	# NCAA a Mayores Pro	% NCAA a Totalmente Pro
Béisbol	36,011	8,002	1,217	791	9.9%	-
Baloncesto H	18,816	4,181	60	52	1.2%	21%
Baloncesto M	16,509	3,669	36	31	0.8%	6.9%
Fútbol americano	73,712	16,380	254	254	1.6%	-
Hockey sobre hielo H	4,323	961	217	71	7.4%	-

Figura 17

Espera, ¿qué? ¿Estoy leyendo correctamente? Si. Hasta el 8 de abril, 2022, de los 1,006,013 atletas de fútbol americano en bachillerato, unos 73,712 participaron en el fútbol americano universitario de la NCAA. Pero de ellos, sólo 16,380 eran elegibles para el draft, y sólo 254 atletas universitarios llegaron a la liga nacional de fútbol americano.[23] Esto equivale al 0.025%. Es duro ser portador de noticias tan desalentadoras. Pero parafraseando a Muhammad Ali, si esperas llegar al fútbol americano profesional, "tienes dos oportunidades, poca y ninguna. Y poca se fue de la ciudad."[24] Ese 0.025% te hace sentir mucho más respeto por los que están en el campo de fútbol americano cada domingo, ¿verdad?

Ya que tocamos el tema de becas deportivas, hablemos también de la reciente regla que permite "pagar" a los deportistas universitarios por su trabajo en las instituciones de enseñanza superior. Desde el punto de vista de la equidad, deberían ser remunerados, dada la cantidad de tiempo que se les exige para competir en equipos clasificados a nivel nacional y el valor que tiene el entretenimiento que proporcionan. Investigaciones informales revelan que los equipos competitivos de la 1.[era] división dedican hasta 30 horas semanales en entrenamientos, reuniones de equipo, revisión de videos, viajes y preparación del día del partido.[25] Ese compromiso de 30 horas es muy similar a una semana de trabajo.

Recientemente, el Tribunal Supremo de EE.UU. abordó la cuestión de la remuneración de los estudiantes-deportistas. En una sentencia del 21 de junio de 2021, el Tribunal dictaminó por unanimidad que "las normas de la NCAA que restringen ciertos beneficios relacionados con la educación para los estudiantes-atletas violan las leyes federales antimonopolio."[26] En lo que respecta a cómo afectará esto a las becas deportivas para estudiantes, el punto más importante es que el Tribunal "se negó a alterar las normas de la NCAA que limitan las becas deportivas para estudiantes universitarios y otras compensaciones relacionadas con el rendimiento deportivo" y simplemente anuló "las normas de la NCAA que limitan los beneficios relacionados con la educación que las escuelas pueden poner a disposición de los estudiantes-atletas", como las normas que prohíben a las escuelas ofrecer becas de posgrado o de formación profesional.[27] El resultado es que las normas de la NCAA que prohíben la remuneración de los deportistas universitarios siguen en vigor, pero la posibilidad de que los estudiantes deportistas se beneficien de sus esfuerzos deportivos a través de los patrocinios de Nombre, Imagen y Semejanza (NIL, por sus siglas en inglés) está ahora totalmente abierta.

Un año después del inicio del programa, las universidades con programas NIL sofisticados pueden resultar atractivas para los estudiantes-atletas altamente cualificados. Por ejemplo, la Universidad de Nebraska ha sido pionera en un programa NIL diseñado para enseñar al estudiante-atleta a crear un negocio a su alrededor para que pueda ganar dinero con él a lo largo de varios años.[28] El programa parece estar dando sus frutos para algunos estudiantes-atletas. "Nebraska ha estado a la vanguardia del NIL desde su introducción en julio de 2021" trabajando con entidades de terceros conocidas como colectivos "para ampliar el NIL y organizar ofertas para los estudiantes atletas ya que las a las universidades se les prohibió involucrarse en las actividades del NIL.[29]

Pero tengamos en cuenta que, en primer lugar, sólo los estudiantes-deportistas más calificados pueden entrar a un equipo, en segundo lugar, son lo suficientemente competitivos como para conseguir becas y, en tercer lugar, son lo suficientemente afortunados como para conseguir apoyos NIL. Así pues, las escasas (o nulas) posibilidades de que la inmensa mayoría de los estudiantes consigan becas o apoyos NIL para pagarse la universidad siguen siendo prácticamente las mismas.

El costo del deporte estudiantil

Tristemente, a pesar de las enormes cantidades de dinero, tiempo y esfuerzo invertidos en el deporte universitario, y a pesar de la cobertura televisiva, los patrocinios corporativos y los ingresos por publicidad, la mayoría de los programas deportivos universitarios ni siquiera alcanzan a cubrir sus costos. Irónicamente, los atletas que ingresan a los programas atléticos universitarios pueden incluso terminar pagando una parte del programa para apoyar a sus equipos a través de las cuotas de actividades de los estudiantes.

En un artículo revelador titulado "La loca marcha es una máquina de hacer dinero: la mayoría de las escuelas aún funcionan en rojo", Jo Craven McGinty informa que "[e]n 2019, los departamentos deportivos de las tres divisiones de la NCAA generaron US$10.6 mil millones en total de ingresos de todos los deportes", pero "gastaron más de US$18.9 mil millones."[30] Eso significa que los programas atléticos en general estaban operando en números rojos por unos US$8,300 millones. Dada la cobertura televisiva y el apoyo de los fanáticos, uno pensaría que el atletismo universitario generaría fondos para sus escuelas. Pero en lugar de generar fondos para compensar otros costos universitarios y reducir el costo de asistir a la universidad, en general, los departamentos deportivos perdieron dinero. "Los dos costos mayores fueron la ayuda financiera para los atletas (US$3,600 millones) y la compensación de los entrenadores (US$3,700 millones)."[31] Sorprendentemente, los entrenadores universitarios ganan más que los presidentes universitarios. Pero eso ya lo sabías, así que no nos desviemos.

Esta es la jugada: para compensar ese déficit de US$8,300 millones en 2019, las universidades de las tres divisiones de la NCAA complementaron sus ingresos por matrícula "con apoyo institucional y gubernamental y tarifas de actividades estudiantiles".[32] En otras palabras, muchos estudiantes de bachillerato que tenían planeado asistir a la universidad con una beca deportiva era poco probable que formaran parte del equipo u obtuvieran una beca deportiva, pero era muy probable que pagaran cuotas de actividades universitarias para apoyar al equipo.

Escápate de Matrix: Ten en cuenta que no muchos estudiantes pueden competir como atletas universitarios

El punto más importante que debemos recordar es que, dado que todos los estudiantes, incluidos los deportistas, pueden acceder a subvenciones, becas académicas y ayudas económicas, los deportistas de bachillerato deben evitar que sus sueños universitarios dependan por completo de una beca deportiva. Si un estudiante deportista es lo suficientemente competitivo como para conseguir una beca en su deporte, lo más probable es que tenga que seguir buscando financiamiento adicional porque es poco probable que consiga una beca completa.

El lado positivo es que, aun cuando el dinero para el deporte no está tan disponible como a los estudiantes les gustaría pensar, existen becas deportivas disponibles. Lo más sensato es cubrir tanto las becas académicas como las deportivas. Además, como las lesiones pueden producirse en cualquier momento de tu carrera deportiva universitaria, hay que estar preparado con un plan de respaldo.

Los beneficios de obtener un título profesional duran toda la vida y continuarán después de terminada la carrera deportiva de un estudiante universitario, así como la de un atleta profesional promedio. Muchos adultos siguen disfrutando del deporte como hobby incluso después de que se desvanecen sus sueños profesionales. No hay nada que impida que alguien lleve un estilo de vida atlético. Pero recalibrar las expectativas basándose en la visión desde fuera de los supuestos de la Matriz de préstamos estudiantiles puede hacer que un estudiante encuentre su verdadera vocación mucho más temprano.

CAPÍTULO 8

⋊⋉⋊⋉⋊⋉⋊⋉

Necesito establecer contactos en la universidad para tener éxito en la carrera

UNA DE LAS SUPOSISIONES MAS SUTILES que forman la Matriz de préstamos estudiantiles es que la universidad es importante, no por la educación en sí, sino por las oportunidades de establecer contactos que ofrece. La gente asiste a la universidad no sólo con la esperanza de graduarse con un título prestigioso o comercializable, sino también porque ofrece una introducción a una poderosa organización llamada fraternidad/hermandad, una oportunidad de conectarse con un futuro Bill Gates, o la entrada en una red de exalumnos que abrirá las puertas a un futuro más próspero.

¿Eres un estudiante interesado en una de estas conexiones? ¿Buscas establecer vínculos con otros asistentes a la universidad de tu elección? ¿Alguien que pudiese ser el medio para guiarte hacia una carrera exitosa en los negocios, en Wall Street o en la política? Los graduados en universidades de élite que ocupan puestos de contratación de personal conocen el rigor de sus propias experiencias académicas en su *alma máter*. En consecuencia, es posible que se inclinen por candidatos que hayan compartido esa experiencia. Si por casualidad tienes contactos entre estudiantes de una institución prestigiosa, es muy posible que te espere una gran carrera basada en esas relaciones. Ese vínculo con la universidad

es realmente notable si consigues entrar en el grupo de élite de la mitad del 1%
(0.5%) de los estudiantes que asisten a las universidades de la *Ivy League*, de un
total de 17 millones de estudiantes universitarios en el país.[1] Pero si eres uno
de esos estudiantes que busca una experiencia universitaria en gran medida por
la oportunidad de establecer relaciones, sería útil reevaluar si las necesitas para
tener éxito y, en caso de que realmente necesites las relaciones para tener éxito,
si necesitas la universidad para obtenerlas. Esto es especialmente cierto después
de que los estudiantes universitarios de la era COVID experimentaron el aprendizaje en línea obligatorio que limitaba gravemente la interacción social incluso
en las instituciones más prestigiosas.

Para ser imparciales, las universidades ofrecen servicios formales para la
creación de redes a sus exalumnos a través de plataformas virtuales universitarias y de organizaciones como *Handshake Network*, que ofrece información
sobre el paso de la universidad a la vida profesional a través de una red de estudiantes, universidades y reclutadores.[2] Por otra parte, un exalumno podría estar
predispuesto a ver con mejores ojos la solicitud de alguien que ha estudiado en
su *alma máter* en comparación con la de alguien con quien tiene menos cosas
en común. Pero hay que tener en cuenta que sólo 1 de cada 200 que solicita un
empleo procede de su *alma máter*, por lo que, aunque se trate de un efecto real,
es muy poco frecuente.

También es posible que un estudiante desaproveche completamente esta
oportunidad a pesar de su intención inicial de hacer uso de la red de contactos
disponible en la universidad de su elección. Si vas a la universidad específicamente
para tener oportunidades de establecer contactos, pero no aprovechas esas oportunidades para relacionarte, habrás malgastado el tiempo y el dinero que dedicaste a
ese fin. Además, como muchos estudiantes han descubierto, las redes de contactos
que se centran en escalar socialmente acaban perdiendo fuerza cuando la gente se
da cuenta. La red de contactos más valiosa surge de la capacidad de trabajar con
la gente y dar lo mejor de uno mismo. Se trata de hacer un trabajo constante de
alta calidad en tu campo. Y tú puedes hacer esto sin una red de contactos de la
universidad e incluso sin un título universitario.

¿Cómo surge la expectativa de que se necesita una educación universitaria
para generar relaciones con fines de establecer contactos? Aunque para un estudiante universitario de primer año puede ser tentador esperar que la universidad

le proporcione una red de contactos ya hecha, debe tener cuidado de no meterse en un lío financiero en una institución de élite de alto costo sólo para establecer contactos. Dado que todas las universidades de la *Ivy League*, el MIT y Stanford ofrecen políticas de ayuda financiera "sin préstamos" para los estudiantes de bajos recursos que son aceptados, es probable que la experiencia universitaria de élite sea tan accesible como una universidad pública del estado, de cuatro años. Pero si eres un estudiante de pago completo, estas universidades de élite son más caras. Si tu objetivo es una institución de élite y te aceptan, la oportunidad de establecer contactos es una ventaja adicional que debes aprovechar al máximo. Si no te aceptan en una universidad de élite, sería una mejor idea (y menos arriesgada a largo plazo) tomar el camino más difícil de formar esas conexiones por ti mismo. Los que creen que necesitan la experiencia de establecer contactos en la universidad para lograr el éxito profesional pueden esperar que yendo a la universidad pueden crear una red a largo plazo que generará el éxito financiero en el futuro. La idea de crear una red de contactos para tener éxito profesional tiene un mérito innegable. Pero analicemos detenidamente este supuesto en lo que respecta a la universidad.

Redes universitarias: Qué ofrecen las universidades

El argumento a favor de las redes universitarias tiene algunas características válidas. Una faceta muy favorable del *networking* que ofrecen muchas universidades son las organizaciones de antiguos alumnos y las bolsas de trabajo que permiten a los antiguos alumnos contratar a otros antiguos alumnos. Esto da a sus estudiantes una ventaja en el área o estado donde la universidad cuenta con la presencia de exalumnos.

Se trata de una red de contactos potencialmente valiosa para los universitarios. Muchas universidades organizan ferias de empleo o cumbres sobre carreras disponibles en determinados campos. Este tipo de oportunidades para establecer contactos puede ser útil tanto para quien busca trabajo como para quien contrata. La empleada de un negocio señaló que, cuando buscaba empleo, en el pasado consultaba las bolsas de trabajo de exalumnos en busca de pistas y tuvo éxito solicitando empleo en empresas dirigidas por exalumnos de su *alma máter*. También señaló que, más adelante en su carrera como reclutadora, descubrió que participar en seminarios en universidades y publicar ofertas de empleo en bolsas de trabajo universitarias era una forma estupenda de atraer a nuevos talentos.

Asistir a una escuela especializada conocida por un campo determinado y graduarse con un título de gran prestigio también puede ser un atajo para establecer contactos. Por ejemplo, una licenciatura en diseño de la Escuela de Diseño de Rhode Island o una licenciatura en negocios del *Babson College* te colocaría en una posición ventajosa para ser contratado en uno de esos campos debido a las amplias redes existentes para los graduados.

Sin embargo, puede ser fácil para el individuo promedio pasar por alto las oportunidades disponibles para establecer contactos con estudiantes universitarios. A modo de comparación, ¿cuántas veces has pasado frente a la oficina de tu orientador escolar y has hecho notas mentales de que vas a parar la semana que viene para hablar sobre la elección de universidad y luego no lo haces? Entre las organizaciones estudiantiles, los eventos sociales, los deberes y un trabajo de medio tiempo, muchos estudiantes universitarios pueden olvidarse del centro de orientación profesional de su institución de la misma manera. Y las universidades no te obligan a establecer contactos. El valor que ofrece la universidad para establecer una red de contactos depende de tu voluntad para hacer buen uso de ella.

Si la creación de redes es una de las principales razones por las que vas a ir a la universidad y no aprovechas las oportunidades de establecer dichos contactos, en realidad estás pagando decenas de miles de dólares por un servicio que no utilizas. ¿Te permite tu situación financiera personal hacer este gasto universitario, o sería mejor que encontraras una ruta alternativa que no te lleve a endeudarte profundamente?

LOS LÍMITES DE ESTABLECER CONTACTOS EN LA UNIVERSIDAD

Más allá de los servicios formales para la creación de redes que ofrecen las universidades, debe examinarse el valor de las redes informales como garantía del éxito profesional. Muchos estudiantes creen que conocerán a personas como Bill Gates en la universidad que más adelante les serán útiles en sus carreras y posiblemente mejorarán sus ingresos. Si bien esto puede ser cierto para algunas personas, no es una base confiable para contraer deudas universitarias porque es demasiado especulativo. Con la excepción de las empresas de recaudación de fondos, donde una red de donantes puede ser extremadamente valiosa para un recaudador de fondos individual, la creación de una red de contactos universitarios para el éxito profesional personal tiene un valor insignificante. Apoyando esta premisa, investigaciones recientes indican que la creación de redes no conduce en promedio a un ingreso significativamente mayor.[3]

En mi experiencia, el éxito empresarial sube o baja de acuerdo con el valor del trabajo producido y el arduo trabajo realizado por las personas que desarrollan su talento durante largos días y noches. Si bien establecer contactos puede ser útil para que se presente una oportunidad, el éxito a largo plazo surge a partir de cómo una persona aprovecha esa oportunidad. Bien puede ser cierto que, al asistir a clases y actividades extracurriculares en la universidad, tendrás la oportunidad de interactuar con otros estudiantes y que la interacción puede potencialmente crear relaciones que durarán toda la vida. También podemos reconocer que algunas de estas relaciones te llevarán más lejos que tus calificaciones o lo que aprendes en clase.

Ese es el beneficio general de la creación de una red de contactos en la universidad. El problema es que el resultado esperado es completamente especulativo. ¿Cómo puedes medir el valor de la red de contactos universitarios o ponerle un valor al intentar sopesarlo en la escala de la deuda universitaria? ¿Y cómo puedes saber que establecer contactos en la universidad fue la fuente de tu éxito en lugar de tu propia laboriosidad?

Específicamente, ¿cómo puedes medir el impacto de establecer contactos excepto anecdóticamente? Dada la naturaleza incierta de las conexiones que harás en la universidad y cómo esas conexiones te afectarán 10, 15 o 20 años después, vale la pena cuestionar la noción de la universidad como una incubadora de conexiones. Por ejemplo, en mi reunión número 25 de exalumnos de la universidad, me volví a encontrar con un compañero de clase que había sido brillante en matemáticas en la universidad y se había convertido en un exitoso contador después de graduarse. Habría sido una gran conexión en el campo de la contabilidad después de la universidad debido al éxito esperado de su carrera. Pero a la mitad de su carrera, perdió una batalla con el alcohol, cruzó algunas líneas éticas y terminó en una prisión federal.

Durante los años que pasó en prisión, no hubiese sido un buen referente para tener como contacto, en una carrera de contabilidad. Más tarde, recuperó su vida y se convirtió en defensor de Alcohólicos Anónimos. En ese momento se convirtió en un gran colaborador del programa de los 12 pasos en AA. ¿Habría yo sabido algo de esto en la universidad cuando esperaba relacionarme con él profesionalmente? No, hubieran sido puras especulaciones.

Puede que alguien que conozcas sea bueno para tu carrera más adelante, puede que no. Sin datos concluyentes, ¿es la creación de redes de contactos en la universidad una razón de peso para pagar el costo económico de participar en ellas? La experiencia universitaria en el campus presenta valores similares que merecen la pena, como la oportunidad de interactuar con expertos en tu campo elegido. Pero el vínculo con una contratación real es tenue, a menos que los profesores te guíen hacia un resultado concreto. Tal vez algunos datos reales en este ámbito demuestren que mi hipótesis es incorrecta. Pero lo que veo en general se refiere al valor de la creación de redes como una habilidad, como la capacidad para conocer gente, más que al valor de relaciones formadas entre compañeros o profesores en la universidad.

Un artículo provocador titulado "The Importance of Networking" (La importancia de establecer contactos) en el sitio web *The Haven at College* da varias razones por las que vale la pena establecer contactos en la universidad. Se trata de una referencia excelente para analizar las distintas razones punto por punto y determinar si estas apoyan la creación de redes en tu experiencia personal. En primer lugar, el artículo explica que "establecer contactos es una excelente manera de obtener información sobre tu campo. Trabajar en red con líderes y compañeros de tu campo te ayuda a escuchar consejos y obtener asesoramiento de otras personas que tienen éxito".[4] Aunque esto es bastante cierto, este tipo de trabajo en red no se limita a los campus universitarios y se puede llevar a cabo fuera del aprendizaje institucional una vez que determinas tu campo profesional. Puede estar disponible para estudiantes universitarios que asisten a conferencias o platicas especiales y similares, pero con mayor frecuencia está disponible para graduados que ya están profundamente involucrados en el lugar de trabajo.

El artículo después explica cómo la creación de redes te permite practicar tu "juego social", preparándote para "entrevistarse y comunicarse con compañeros de trabajo y líderes de una empresa".[5] Mejorar tus habilidades sociales, especialmente según sea necesario para el lugar de trabajo, es sin duda una habilidad valiosa como se menciona en el capítulo dos. Como explica el artículo, "establecer contactos es una excelente manera de practicar tus habilidades sociales, hacer cambios según sea necesario y practicar más".[6] Sin embargo, ten en cuenta que esta práctica también puede ocurrir dentro o fuera de la universidad. Si estabas considerando asistir a la universidad únicamente para practicar tus habilidades para establecer contactos, podría considerar alternativas menos costosas.

El tercer beneficio de establecer contactos en la universidad es que te ayuda a encontrar mejores oportunidades, poniéndote frente a "personas que saben cuándo se están creando trabajos o están disponibles". El redactor de *The Haven at College* aconseja que "establezcan buenas relaciones con personas adecuadas" para que "puedan darte consejos sobre futuras oportunidades de empleo antes de que se anuncien públicamente".[7]

Este es un consejo útil. Los estudiantes universitarios pueden forjar este tipo de relaciones en organizaciones estudiantiles o relacionándose con profesores que también trabajan en su campo. Pero estas relaciones también las pueden forjar en el mundo laboral los profesionales que participan en clubes sociales o asisten a conferencias de su campo. ¿Qué prefieres? ¿Unos pocos cientos de dólares gastados en la afiliación a un club y la asistencia a una convención profesional, o decenas de miles de dólares para pagar una deuda estudiantil?

The Haven at College también aconseja la creación de redes en la universidad con el fin de conseguir varios mentores, de modo que puedas "adaptar tus necesidades al mentor que creas que puede ayudarte más".[8] Este es un gran consejo. Una de las ventajas de la red de contactos en la universidad es que te abre las puertas. Es más probable que un profesor en la universidad hable con un estudiante de su clase que con un desconocido, sobre todo si se trata de un estudiante que solicita orientación profesional o que quiere trabajar para el profesor. Además, es mucho más probable que un profesor universitario disponga de una amplia red de colaboradores en su campo que podría resultarte beneficioso conocer durante tu carrera.

Muchos estudiantes parecen pensar que la mejor red de contactos es con sus compañeros de clase, en lugar de con la facultad, y se reúsan a llamar a la puerta del profesor durante las horas de oficina. Esta tendencia pasa por alto el verdadero valor de la propuesta de crear contactos en la universidad: conocer a los profesores. Toma en serio este consejo y concéntrate en la red de profesores, en lugar de la red de estudiantes. Luego toma este consejo más allá de la experiencia universitaria y aplícalo a tu carrera. Encuentra una manera de relacionarte con el cuerpo docente dentro del entorno universitario y con los líderes más veteranos en el entorno empresarial; en clubes; en iglesias, mezquitas o templos; y en asociaciones profesionales dentro de tu campo de trabajo. Tómalo de un viejo, estamos buscando jóvenes talentosos para dar un paso adelante.

El artículo de *Haven* también alienta a los estudiantes a encontrar mentores en más de un área, como un mentor académico y un mentor financiero, lo cual también es un excelente consejo. El articulo reconoce la necesidad del desarrollo personal en muchas áreas en una etapa temprana de la carrera. Este consejo de buscar múltiples mentores también se puede aplicar más allá de tu experiencia universitaria y podrás aplicarlo en tu carrera después de que consigas un trabajo en tu campo.

The Haven at College cita una quinta razón por la que las redes universitarias son beneficiosas: te ayudan a sobresalir favorablemente, de manera que puedas hacer "cosas positivas que ayuden a otros a recordarte".[9] Considerando este excelente método de sobresalir de manera favorable, nuevamente, podrías preguntarte si la estrategia se limita a la experiencia universitaria. Ciertamente es un buen consejo, pero ¿se aplica únicamente en la universidad?

En resumen, con respecto a la creación de redes de contactos como base para asistir a la universidad, considera si vale la pena sacarle jugo. Si bien el artículo de *The Haven at College* destaca varios puntos excelentes sobre la importancia de la creación de redes contactos, particularmente dentro de un entorno empresarial, las razones para la creación de redes de contactos no explican por qué dicha red se logra mejor durante la experiencia universitaria, excepto en el caso de la facultad. Para aquellos que creen que necesitan la formalidad y los recursos dedicados de las instituciones universitarias para darles un impulso en la creación de redes al comienzo de su carrera, consideren si pudiesen ser mejor atendidos financieramente haciendo una presentación en una convención dentro de su campo de trabajo. Por otro lado, si decides asistir a la universidad, aprovecha al máximo la oportunidad de relacionarte con miembros de la facultad de tu mismo campo de trabajo. Son oro macizo y muchos estudiantes pasan por alto el valor de tales conexiones.

Si eres introvertido por naturaleza, piensa en preguntarle a tus amigos de la universidad en los dormitorios o a través de Zoom cómo encuentran formas de interactuar socialmente y establecer contactos con otras personas. Tal vez ellos te recomienden asistir a organizaciones como la Sociedad Nacional de Ingenieros Profesionales, que ofrece membresías gratuitas o a precio reducido para estudiantes[10] para adquirir experiencia social y establecer contactos. Podrían hablar de la interacción con la iglesia en entornos rurales y de las interacciones con clubes socialmente distanciados en entornos urbanos. Quizá tú también puedas hacerlo.

En esta era de la tecnología y el trabajo a distancia, para bien o para mal, muchas de tus conexiones podrían ser virtuales durante algún tiempo. Las oficinas fuera de casa serán cada vez menos obligatorias. Según Peggy Noonan en el *Wall Street Journal,* La Sociedad por la Ciudad de Nueva York (Partnership for New York City) informó que, durante la última fase de la pandemia, "menos del 15% de los trabajadores de oficina estaban de regreso en el lugar de trabajo que habían dejado un año antes".[11] Noonan continuó señalando que "el colapso del modelo de traslado al trabajo" en la ciudad de Nueva York dejó "las torres de oficinas de Midtown vacías".[12] Las cosas han mejorado desde entonces, pero el modelo de trabajo a distancia parece que ha llegado para quedarse de una forma u otra. Un abogado que conozco lleva dos años trabajando para un bufete de la zona de San Francisco y todavía no ha tenido ninguna reunión en persona. Date un minuto para asimilarlo y piensa cómo esto afectará a la idea que se tiene de crear contactos en la universidad.

La creación de contactos y la interacción social que parecían ser una parte esencial de la experiencia universitaria eran simplemente inalcanzables para muchos durante COVID. Incluso en los tiempos anteriores a COVID, establecer contactos era un trabajo duro y el entorno virtual lo hacía más difícil. No sucede de forma accidental, y de alguna manera tienes que equilibrar tu deseo de impresionar a la gente con la humildad al darte cuenta de que apenas estás empezando. Aprender a navegar por este nuevo reordenamiento social será un elemento clave en tu educación. De alguna manera, dentro o fuera de la universidad, tendrás que navegar por el cambio social ocasionado por COVID.

Las habilidades sociales que te ayudarán a sobrevivir en la nueva era deben cultivarse internamente y sin un manual. Y deben desarrollarse tanto si asistes o no a clase en el campus.

Este escenario se está desarrollando en tiempo real ante nuestros ojos, a medida que las facultades y universidades pasan de las clases presenciales a las clases en línea y viceversa, a medida que aparece y desaparece cada variante de COVID. En el proceso, los estudiantes pueden sentir que de la noche a la mañana se les está privando de las interacciones en red que constituían la razón de ser para interactuar con otros estudiantes en las universidades de élite.

Toda la respuesta de COVID en los campus universitarios plantea la pregunta: ¿Qué importancia tuvieron esas redes de interacción para una experiencia de educación universitaria, en primer lugar? Si pudieran ser retiradas de la experiencia universitaria sin consecuencias y sin una reducción en la matrícula, ¿qué importancia tendrían?

En una demanda que exigía reembolsos por la experiencia universitaria perdida, los estudiantes de la Universidad de Miami y de la Universidad de Drexel catalogaron la promesa del trabajo en red incumplida. Roy Willey, abogado del bufete de abogados Anastopoulo en Carolina del Sur, el bufete que presentó los casos contra la Universidad de Miami y la Universidad de Drexel, sostiene que las universidades no brindaban a los estudiantes la experiencia social que se les prometió. Un artículo titulado "Los estudiantes universitarios exigen reembolsos por el coronavirus" señala que "[a]demás de lo académico, la matrícula y las tarifas cubren la interacción cara a cara con profesores, mentores y compañeros; el acceso a instalaciones como laboratorios de computación y bibliotecas; y actividades extracurriculares y oportunidades para establecer contactos, alegan las demandas."[13]

Para probar este punto, las demandas citan citas directas del sitio web de cada universidad que promueven sus experiencias residenciales. Por ejemplo, el sitio web de la Universidad de Miami promociona: "Vivir en el campus abre un mundo de interacción con otros estudiantes, profesores y miembros del personal en muchas actividades sociales, académicas y de desarrollo".[14] La demanda destacó las diferencias entre la experiencia del aprendizaje viviendo dentro del campus y la experiencia del aprendizaje en línea. Al momento de escribir este artículo, hay unas 70 demandas por reembolsos de universidades luego del cierre de los campus por COVID. Las posibilidades de que los estudiantes ganen estas demandas se ven empañadas por la dificultad de determinar la obligación contractual de las universidades de brindar instrucción presencial versus en línea, el argumento legal de la imposibilidad de desempeño durante COVID y la dificultad de probar el alcance de la pérdida intangible de los estudiantes.[15]

Para nuestra discusión sobre la necesidad relativa de la experiencia de la creación de redes en la universidad, estos casos legales enmarcan claramente el problema. Los estudiantes denunciantes argumentan que la interacción social con los estudiantes, el cuerpo docente y el personal es beneficiosa para su desarrollo y que se perdieron un beneficio cuando no lo recibieron. Las universidades, por su parte, argumentan que no prometieron interacción en persona y, por lo tanto, no tienen ninguna obligación de proporcionar redes de contactos. Uno pensaría que las universidades defenderían el valor de la creación de contactos como un elemento único de sus acciones en el mercado. Su falta de voluntad para hacerlo desestima la premisa de que la interacción social a través de la creación de una red de contactos es esencial para obtener una educación universitaria.

Claramente, cierto grado de interacción social y establecer redes de contactos son útiles y necesarios en la universidad, pero pregúntate si son indispensables para obtener una buena educación, tal como lo definimos previamente, y si son esenciales para que tú obtengas un título universitario. No debería ser esencial ya que las universidades continuaron produciendo graduados durante el COVID cuando no había redes de contactos disponibles para la interacción social. Es ciertamente inusual que las universidades primero resalten el valor de las interacciones sociales con el profesorado y los estudiantes en su campo, luego eliminen esas interacciones durante el cierre, y posteriormente afirmen que la matrícula y las cuotas no deben ser reembolsadas por la oportunidad perdida de experimentar interacciones sociales. En un artículo reciente titulado *"Para combatir el coronavirus, las universidades enviaron a los estudiantes a casa". ¿Ahora van a reembolsar la matrícula?"* Melissa Korn y Douglas Belkin señalan la incongruencia de esta postura. "Mientras los colegios y universidades de todo el país cerraban dormitorios y comedores, cancelaban eventos deportivos y ceremonias de graduación, y cambiaban a la enseñanza a distancia en medio de la creciente amenaza del nuevo coronavirus, muchas familias tenían una pregunta apremiante: ¿Habrá un reembolso?"[16]

No hay una respuesta definitiva. Depende de la escuela y su situación financiera. Por ejemplo, durante COVID, la Universidad de Stanford trasladó todas las clases en línea y "eliminó los cargos de alojamiento y comedor para el trimestre de primavera, que comenzó el 30 de marzo, para los estudiantes que habían abandonado el campus", informan Belkin y Korn.[17] Pero Stanford no redujo la matrícula universitaria. A lo cual, Jessica de la Paz, estudiante de último año de 22 años, observó: "No me parece justo pagar una educación que no estoy recibiendo".[18] Como muchos estudiantes, Jessica sintió que aprendía más de los grupos de estudio y horas de oficina de los profesores que de las clases. Sin grupos de estudio y horas de oficina, que son difíciles de recrear de forma remota, el costo total de la matrícula era problemático para ella.[19]

Del mismo modo, en el *Georgetown College*, un centro privado cristiano de Kentucky, las clases se impartieron en línea y no se reembolsó a los estudiantes los gastos de alojamiento ni manutención porque el centro no estaba en condiciones económicas de hacerlo.[20] Para Jacob Locke, un estudiante de tercer año de Alabama que prevé que su deuda universitaria rondará los US$50,000, "la idea de que parte de esa cantidad se destinará a servicios que no podrá utilizar fue difícil de aceptar".[21]

Estos artículos sobre la experiencia COVID en el campus ponen de manifiesto la falsedad de la suposición de que la creación de redes en la universidad es esencial para tener éxito en la carrera. Aunque la preocupación por el COVID está desapareciendo en 2023, siguen apareciendo nuevas cepas, y podría surgir una cepa más virulenta que requiriera de nuevo el cierre de los campus, por lo que sigue siendo un problema. Las respuestas de los campus a las preocupaciones sobre el COVID ponen en tela de juicio la premisa misma de que un estudiante necesita la universidad para establecer contactos y que éstos son esenciales para obtener una educación o tener éxito en una carrera. También ponen de manifiesto el deseo de los estudiantes de disfrutar de las interacciones sociales normales que puede ofrecer la universidad. Aunque está claro el valor que tienen las interacciones sociales para desarrollar grupos de colegas profesionales y personales con los que se comparten negocios e interacciones sociales, la universidad no es el único lugar para desarrollar tales relaciones.

Escápate de Matrix: Tu red de contactos empieza contigo, no en el campus universitario

Contrariamente a la idea de que para establecer una red de contactos tienes que adular para escalar hasta la cima, la verdadera red de contactos implica entablar buenas relaciones con expertos y mentores en tu campo. Implica demostrar a las personas clave en puestos de autoridad que eres un gran trabajador y que rindes al máximo. Implica convertirse en un gran trabajador a través de la dedicación y el compromiso con tu oficio y, a continuación, mostrar abiertamente tu interés y capacidad para avanzar cuando surja la oportunidad.

Zig Ziglar, el famoso vendedor y orador motivacional, era conocido por su frase: "El éxito se alcanza cuando las oportunidades se encuentran con la preparación" "Si te has preparado trabajando duro, los lideres con altos cargos de tu sector profesional estarán dispuestos a darte consejos, no porque los hayas adulado, sino porque has demostrado tu ética laboral y conocen tu valor. Ese tipo de trabajo en red genera vínculos más profundos y valores más duraderos tanto para los puestos superiores como para los novatos. Busca directivos que estén dispuestos a interesarse en tu desarrollo profesional.

Según mi experiencia profesional, a los empresarios les importa más la experiencia concreta y demostrar el desempeño que el historial de contactos de una persona en la universidad o incluso el nombre de la escuela que aparece en su título. Por eso, el trabajo en red es más importante en el mundo laboral después de la universidad. Como empleador, no le doy mucha importancia al lugar en el que un empleado obtuvo su título o a qué vínculos universitarios que puedan tener. Pero si me entero por un profesor que un estudiante sobresaliente se acerca a mí, le presto mucha atención. Mi opinión es que a otros empresarios también les importa más la experiencia de un empleado, su visión para los negocios, sus habilidades interpersonales y lo que puede hacer para beneficiar a la empresa más que sus vínculos con la universidad.

La experiencia de COVID en campus cerrados y clases en línea nos ha enseñado que, aunque la interacción social es deseable para prepararse para los retos de la vida, no es un ingrediente esencial del plan de estudios universitarios. Si la creación de redes de contactos fuera esencial para la experiencia universitaria, los estudiantes harían bien en cursar asignaturas sobre el tema.

Es cierto que la interacción con estudiantes, profesores y personal de las universidades puede ayudar a una persona a prepararse para una carrera profesional. Dicho esto, si decides que quieres esas oportunidades de establecer contactos en la universidad, sé un consumidor exigente del producto educativo y asegúrate de aprovechar las oportunidades que se te presenten, como relacionarte con los profesores, iniciar interacciones sociales con los estudiantes, hacer un seguimiento de los anuncios en las bolsas de trabajo y aprovechar las oportunidades de contratación de exalumnos que ofrece tu universidad.

El punto clave es que las oportunidades de establecer contactos en la universidad no son gratuitas. Las oportunidades de establecer contactos pueden surgir de casualidad o por el trabajo duro realizado para darse a conocer entre los actores clave, pero en ningún caso las oportunidades de establecer contactos son garantía de empleo o de una carrera profesional exitosa. Mientras te preparas para la experiencia universitaria, pregúntate cuánta interacción social necesitas en la universidad y si pudieses encontrar esas interacciones en algún otro entorno social. Entonces, cuando llegues al campus, tu objetivo estará frente a ti.

CAPÍTULO 9

>OOOOOC >OOOOOC

Ir a la universidad es un esfuerzo libre de riesgos

NO HAY MANERA de evitar la falacia de suponer que ir a la universidad no conlleva riesgos. La realidad es que ir a la universidad después del bachillerato conlleva tantos riesgos como cualquier otro esfuerzo humano y, en muchos casos, incluso más debido a la deuda estudiantil que puede surgir. Como es más divertido contemplar una experiencia envuelta en visiones de hermosos campus y el desarrollo de relaciones compartidas, la idea de que uno se está embarcando en un curso riesgoso simplemente se aleja de la mente.

Muchos aspectos del éxito en la vida dependen de cómo se analice el riesgo. Por ejemplo, ¿cuánto tienes que estudiar para no reprobar álgebra? ¿Cuál es el riesgo de que te rechace esa persona que te resulta especialmente atractiva en biología? Estos procesos de pensamiento requieren distintos niveles de evaluación de riesgos. Estos ejemplos son más fáciles de analizar que el riesgo asociado a la universidad, el cual es complejo. A los 17 años, es muy probable que aún no hayas desarrollado las habilidades necesarias para desenvolverte en un terreno tan complejo. Este capítulo presenta algunas herramientas básicas para que las utilices cuando analices los riesgos de asistir a la universidad.

Empecemos con una definición práctica de riesgo. Yo lo defino como "incertidumbre sobre los resultados positivos y negativos de un plan". En mi opinión, el riesgo es una forma de describir la posibilidad de un resultado adverso. Evaluar el riesgo es una forma de juzgar el impacto que ese posible resultado adverso puede tener en tu vida. Hay algunos riesgos que puedes conocer y tratar de mitigar. Sin embargo, hay otros riesgos que tal vez desconozcas y, por lo tanto, no puedes mitigar.

Por ejemplo, puedes mirar a ambos lados antes de cruzar una calle y evitar distracciones en el camino para reducir el riesgo de ser atropellado. Puedes asegurarte de que estás en una zona segura con socorristas para evitar el riesgo de ahogarte. También puedes tomar precauciones para evitar que te alcance un rayo en un campo de golf. Pero cualquier actividad conlleva un cierto riesgo. No hay forma de eliminar el riesgo por completo, pero se puede minimizar hasta un punto en el que, con toda probabilidad, lo evitemos.

En el sector de la construcción, cuando contiendo por un proyecto competitivo, reconozco algunos riesgos y hago todo lo posible por mitigarlos para mantenerme en el negocio. Existe el riesgo de que un subcontratista quiebre. Lo mitigo exigiéndole al subcontratista que obtenga una fianza de cumplimiento por su trabajo en el contrato. Mitigo los riesgos de retrasos debidos a las condiciones meteorológicas con cláusulas contractuales que permiten a nuestra empresa ampliar el plazo del contrato en caso de alteraciones meteorológicas. Hay riesgos en retrasos en el transporte, inflación de precios y retrasos en los plazos de entrega que pueden minimizarse o aliviarse tomando medidas específicas para garantizar un trabajo rentable.

Pero, como he señalado, hay algunos riesgos que son más difíciles de mitigar. Por ejemplo, existe el riesgo de que surjan circunstancias imprevistas (como chocar con una roca subterránea al excavar los cimientos) que hagan que el proyecto sea más costoso de lo previsto. En la construcción, puedes mitigar el riesgo desconocido estableciendo un fondo para imprevistos en tu propuesta sobre el proyecto. Pero no hay garantía de que un fondo para imprevistos cubrirá una circunstancia real. Es el riesgo de hacer negocios.

Un estudiante de bachillerato que planifica sus estudios universitarios realiza un tipo de análisis de riesgos diferente al que yo hago para una empresa de construcción. Es complicado porque las decisiones sobre la universidad tienen un elemento emocional. A pesar de que un breve análisis revelaría que ir a la universidad plantea riesgos, puede ser muy tentador descartarlos sin el debido análisis, ceder al pensamiento de la Matriz de préstamos estudiantiles. Pero tú únicamente tienes una carrera universitaria, y puede que no tengas un plan de respaldo si las cosas van mal. Puede que pienses: "Mis padres me ayudarán con la cuenta", o puede que simplemente asumas: "Mucha gente ha hecho esto; ¿Qué tan difícil puede ser?" Sin embargo, al asistir a la universidad, estás asumiendo un importante compromiso financiero, y sin considerar los riesgos de ese compromiso, podrías quedarte en la ignorancia debido a las posibles consecuencias. Así que evita la tentación de simplemente descartar el análisis de riesgos.

Analicemos los riesgos conocidos en el momento de que elijes una universidad. Hay dos riesgos principales: que tu título no genere un salario suficiente para cubrir el pago de la deuda y que no consigas un trabajo en tu campo. En este capítulo abordamos ambos.

El riesgo de que tu título no cubra la deuda

El mayor riesgo es que no consigas un trabajo después de graduarte que genere un salario suficiente para pagar tu deuda en un tiempo razonable. Ese riesgo tiene que ver con tu capacidad personal para el trabajo de nivel universitario, tu determinación para completar el trabajo, el campo profesional que persigues y el mercado para tus habilidades cuando te gradúes. Este riesgo puede verse agravado por la elección de la carrera universitaria. Para comprender la naturaleza de este riesgo, analizaremos qué carreras universitarias tienen las mejores perspectivas de empleo tras la graduación. Un riesgo relacionado es no graduarse y no encontrar trabajo en el campo deseado. Conocer tus perspectivas de encontrar un trabajo en tu campo puede ayudarte a mitigar el riesgo de graduarte sin encontrar trabajo.

Para mitigar el riesgo de no encontrar un trabajo con un salario suficiente para pagar su deuda, los estudiantes pueden acceder a herramientas disponibles para predecir los salarios en su campo. Como advertencia general, es problemático predecir dónde estará el mercado laboral dentro de cuatro años, especialmente para las carreras más especializadas. Pero un buen punto de partida para investigar el mercado laboral es el *Occupational Outlook Handbook* (Manual de Perspectivas Ocupacionales) de la Oficina de Estadística Laboral en https://www.bls.gov/ooh/.[1] Otros recursos útiles incluyen herramientas en el sitio web payscale.com para comparar salarios, obtener encuestas salariales y buscar salarios en https://payscale.com. También puedes encontrar herramientas relacionadas en el sitio web salary.com para determinar tu valor como empleado con una calculadora salarial, comparación de salarios y datos de compensación en https://salary.com. Por último, puedes consultar la encuesta salarial anual de la Asociación Nacional de Universidades y Empleadores (NACE, por sus siglas en inglés) para obtener proyecciones de empleo detalladas por especialidad académica en https://careers.unc.edu/wp-content/uploads/2022/02/NACE-SalarySurvey_Winter2022.pdf. Con estas herramientas estarás bien equipado para predecir hacia donde se dirige el mercado laboral cuando intentes entrar después de graduarte.

En un artículo titulado "Alrededor del 43% de los universitarios graduados están subempleados en su primer trabajo", Melissa Korn detalla las perspectivas laborales de distintas carreras universitarias. Cita una investigación de Matt Sigelman, director ejecutivo de la empresa de análisis laboral *Burning Glass* y coautor de un informe reciente que "analizó ofertas de empleo en tiempo real y más de cuatro millones de currículos de personas que se graduaron de la universidad entre 2000 y 2017".[2]

Korn explica que "[l]os graduados universitarios que estudiaron seguridad nacional y cumplimiento de la ley tenían una probabilidad del 65% de estar subempleados en su primer trabajo al salir de la universidad. . . Los licenciados en psicología y biología tenían un 54% y un 51%, respectivamente, de probabilidades de trabajar en empleos que no requieren titulación universitaria", mientras que "los ingenieros sólo tenían un 29% de probabilidades de estar subempleados, el mejor resultado de todas las carreras".[3] El artículo continúa afirmando que "el 43% de los graduados universitarios están subempleados en su primer trabajo. De ellos, aproximadamente dos tercios permanecen en empleos que no requieren titulación universitaria cinco años después".[4] Estas no son estadísticas alentadoras, pero es útil conocerlas si estás apostando por un trabajo lucrativo después de graduarte.

El estudio ofrece una amplia visión del panorama laboral después de la universidad e informa que "los licenciados en áreas de humanidades como filosofía, lenguas extranjeras, estudios étnicos y de género, historia e inglés tienen más posibilidades de encontrar un trabajo que se ajuste a su nivel educativo".[5] El informe señala que las carreras de humanidades "pueden no estar bien pagadas, siendo la enseñanza y los servicios sociales los destinos más populares, pero los licenciados pueden esperar que les vaya mejor a la hora de encontrar un trabajo apropiado para su carrera que los licenciados en transporte, servicios culinarios, agricultura y administración pública".[6]

Desafortunadamente, las interrupciones del COVID en el mercado laboral dejaron a muchos graduados en los dos últimos años con la perspectiva del desempleo a largo plazo. En un artículo titulado "*La crisis de los graduados universitarios desempleados*", los autores Jeffrey Selingo y Matt Sigelman sostienen que las universidades deberían ayudar a preparar a los futuros graduados a desenvolverse en un mercado laboral deficiente porque, desde el comienzo de la pandemia, la contratación en puestos de nivel inicial para graduados universitarios había caído un 45%.[7] Escrito durante la pandemia, estas circunstancias quizás ya no apliquen para los graduados actualmente ya que los índices de desempleo se normalizaron en el 2022 y bajaron en 2023. Sin embargo, el mercado laboral en cualquier campo dado puede ser alterado por el COVID, o que puede tener un efecto dominó en los niveles de contratación posteriores a medida que evoluciona el mercado laboral.

Las nuevas cepas de COVID pueden causar agitación en los puestos de entrada en algunos campos y, a medida que el COVID se convierte en una amenaza menor, pueden mejorar las oportunidades en otros campos. Los estudiantes que siguen estas tendencias a través de salary.com, payscale.com y otras herramientas afines pueden estar atentos a las nuevas oportunidades laborales. Por ejemplo, Selingo y Sigelman señalan que las vacantes de nivel inicial en el rango de los US$50,000 "para graduados universitarios como analistas de logística, gerentes de distribución y agentes de préstamos [habían] aumentado casi un 30% desde 2019".[8] Asimismo, las oportunidades de nivel inicial estaban aumentando para "analistas financieros y empresariales, y desarrolladores de software y de páginas web, en ambos casos el [pago] está por encima de los US$50,000".[9] Por consiguiente, un estudiante previsor podría revisar previamente los niveles salariales de los puestos de entrada en varios campos para afinar sus opciones profesionales.

Cuando consideres tus posibles carreras y los riesgos de desempleo que pueden conllevar, investiga las perspectivas laborales disponibles antes de decidirte. Si decides estudiar una carrera con un potencial salarial limitado, ten en cuenta quizás tengas que especializarte en otro campo o buscar un empleo remunerado fuera de tu especialidad cuando te gradúes. Este es un buen ejemplo de estrategia de mitigación de riesgos.

El riesgo de que, en primer lugar, no te gradúes

Otro riesgo importante en la universidad es, en primer lugar, no graduarse y, por lo tanto, no poder conseguir un trabajo para pagar la deuda contraída. Es posible que te haya sorprendido saber en los primeros capítulos de este libro que tus posibilidades de graduarte en la universidad eran un poco escasas. El Departamento de Educación de EE.UU. publica anualmente las tasas de graduación en un estudio del Centro Nacional de Estadísticas Educativas conocido como NCES 2020-144. Analizando las tasas globales de graduación de instituciones de enseñanza superior públicas y privadas, la tasa de graduación fue del 63%. Específicamente, las estadísticas recientes muestran que "[e]n 2019, por primera vez, la tasa de graduación general de seis años para estudiantes de pregrado de tiempo completo que comenzaron a buscar una licenciatura en instituciones de cuatro años que otorgan títulos de grado in el otoño 2013, fue del 63%.Es decir, en 2019, alrededor del 63% de los estudiantes habían completado una licenciatura en la misma institución en la que empezaron en 2013".[10] Eso deja a alrededor del 37% que no se graduó en el plazo de seis años.

Puede que estés pensando: "¡No voy a pagar la matrícula por seis años de universidad! Pienso graduarme en cuatro años, como máximo". Bien, hagamos cuentas y veamos cuántas horas lectivas necesitas entonces para graduarte. Si cursas y apruebas 15 créditos por semestre, te graduarás en cuatro años. Pero si cursas y apruebas sólo 12 créditos por semestre, el mínimo para ser considerado como estudiante de tiempo completo para efectos de la ayuda financiera, te graduarías en cinco años. Cursar menos créditos por semestre significa graduarse más tarde y, al cabo de un tiempo, quizá no graduarse. También hay otros indicadores de tus posibilidades de graduarte y de la deuda que conlleva.

Un indicador objetivo de las posibilidades individuales de graduarse en una universidad concreta es el porcentaje de becas Pell concedidas. En "Fallándole a nuestros niños", un artículo del *Dallas Morning News*, las autoras Tamara Hiler, Lanae Erickson Hatalsky y Megan John identifican la frecuencia de las becas Pell como un indicador de los resultados de graduación de los estudiantes de universidades concretas. Las autoras señalaron que en 2013-2014, aproximadamente 1.7 millones de estudiantes de tiempo completo solicitaron préstamos estudiantiles para financiar su educación universitaria. Ese año, EE. UU. concedió más de 1.1 millones de becas Pell a estudiantes que asistían a 1,100 instituciones.[11] La correlación entre las becas Pell y la graduación con deuda de préstamos estudiantiles es lo suficientemente fuerte como para que el número de becas Pell pueda servir como indicador confiable de los resultados de graduación.[12] El artículo del *Dallas Morning News* es algo antiguo, pero su premisa se ha mantenido a lo largo del tiempo y su enfoque analítico sigue siendo digno de debate.

El artículo reportó que, en 2014, los datos de la puntuación universitaria *College Scorecard* del Departamento de Educación de EE. UU. indicaron que "casi la mitad de los estudiantes no se gradúan, muchos estudiantes no obtienen ingresos suficientes incluso años después de matricularse y demasiados son incapaces de devolver sus préstamos".[13] Los autores identificaron el principal fallo institucional como "la esencia misma de que las universidades gastan miles de millones de dólares en lo que pretenden hacer: proporcionar una educación digna del tiempo y el costo asociado con ella".[14]

Ellas a continuación, analizaron las razones de este fracaso:

1. **Las tasas de terminación son crónicamente bajas.** "Una típica universidad privada sin fines de lucro de cuatro años gradúa únicamente al 55% de los estudiantes de tiempo completo de primer año, en los seis años siguientes a su matriculación, y en Texas, la tasa promedio de finalización es del 47%".[15] Quizás más problemático es que, "en 761 de estas escuelas, menos de dos tercios de todos los estudiantes de tiempo completo obtienen un título en seis años después de haberse matriculado como estudiantes de primer año".[16] No existe ningún mecanismo académico o público que identifique estas universidades como "fábricas de deserciones" o señalarlas para ser notificadas o intervenidas. De hecho, "en el caso de las universidades

privadas sin fines de lucro, no existe ningún tipo de barrera que oca-
sione algún tipo de intervención o escrutinio por parte del gobierno
federal".[17] En consecuencia, los estudiantes confiados pueden encontrarse desempeñando un papel secundario en un drama con un
reparto de miles de personas en el que el desenlace es ya conocido.

2. **Las distribuciones salariales son bajas para muchos estudiantes.**
   Cuando se escribió el artículo, "un adulto con un diploma de bachillerato podía esperar tener un sueldo de unos US$25,000 al año. En
   promedio en las escuelas privadas sin fines de lucro de cuatro años,
   sólo el 63% de los estudiantes que empezaron sus estudios con préstamos ganaban más de US$25,000 seis años después... sin contar a
   los graduados que estaban en la escuela de posgrado como estudiantes
   de tiempo completo".[18] La dinámica entre los salarios de los graduados de bachillerato y los de los graduados universitarios sigue estando
   vigente, sin embargo, la cantidad ha crecido con la inflación.

3. **La matrícula y las distribuciones salariales no están relacionados.**
   Los autores no encontraron "absolutamente ninguna correlación
   entre el precio de la escuela y la calidad del resultado para el estudiante". De hecho, "los estudiantes que asisten a escuelas con
   resultados de movilidad más bajos (como tasas de terminación,
   ingresos y tasas de reembolso) en realidad están pagando más por
   sus estudios que sus compañeros que asisten a escuelas de mayor
   calidad".[19]

4. **Las becas Pell son un indicador indirecto de las escuelas de bajo
   rendimiento.** Muchas escuelas de alto rendimiento matriculan a un
   pequeño número de estudiantes con bajos ingresos. Dado que el 94%
   de los beneficiarios de las becas Pell proceden de familias con ingresos
   brutos ajustados inferiores a US$60,000, el número de becas Pell
   concedidas puede ser "un buen indicador para los estudiantes que
   necesitan que su universidad sea una máquina de movilidad". explican Hiler, Hatalsky y John.[20] Se trata de estudiantes que necesitan

que la universidad mejore su suerte en la vida. La ironía es que los estudiantes que más necesitan ese impulso son a menudo los más perjudicados por el proceso. En las escuelas privadas de cuatro años, sin fines de lucro, la tasa promedio de estudiantes Pell en el alumnado es del 35%, mientras que, en las universidades más selectivas, el porcentaje de becas Pell suele ser la mitad de eso.[21] Sin embargo, en las "fábricas de deserción escolar, la mitad [el 50%] de los estudiantes reciben becas Pell, mientras que las fábricas de no deserción escolar tienen un 22% de estudiantes Pell".[22] Basándose en esta información, el solicitante universitario prudente querrá saber acerca del porcentaje del alumnado que recibe becas Pell, determinando así si su futura universidad podría ser riesgosa para él. Sin duda, tiene sentido plantear la pregunta antes de matricularse.

Este artículo resalta el riesgo de no graduarse. La conclusión es que esos malos resultados de graduación "contribuyen muy poco en aumentar la movilidad económica".[23] Por esta razón, los estudiantes experimentan involuntariamente exactamente lo contrario de la movilidad económica ascendente. Utilizar la métrica de la Beca Pell podría ayudarte a evitar las fábricas de deserción y el desagradable resultado de una deuda contraída sin un título en la mano para cubrirla.

Cuando estés considerando posibles universidades, fíjate en el porcentaje de estudiantes con becas Pell en la escuela como indicador del riesgo de no graduarse. Si estás considerando una universidad con fines de lucro, estate atento a las estadísticas de esa escuela relacionadas con la obtención de títulos universitarios para mitigar tus riesgos. Si quieres profundizar más para investigar las posibilidades empíricas de graduarse de la universidad para tu edad, sexo, raza y especialidad elegida, esta información está disponible a través de los recursos discutidos en el libro. La investigación es un esfuerzo que vale la pena para evitar tener deudas sin un título que pague por ellas.

Predictores de éxito en la universidad

Las puntuaciones de los exámenes SAT y ACT son métricos utilizados habitualmente por las universidades para determinar si los estudiantes que solicitaron su ingreso pueden hacer frente al rigor del plan de estudios. Sin embargo, cuando se trata de la probabilidad de que un estudiante universitario complete su carrera, y sobre todo que lo haga en un tiempo razonable, estos métricos no son los mejores predictores de éxito.

El promedio de calificaciones (GPA) de un estudiante que refleja su expediente académico es un mejor predictor del éxito universitario que las puntuaciones en los exámenes SAT, ACT y AP. El GPA refleja lo duro que estás dispuesto a trabajar más que lo inteligente que eres. Pero la probabilidad de que te gradúes con éxito de la universidad se refleja mejor a través de otro factor que no está relacionado ni con tu expediente académico ni con las puntuaciones de tus exámenes.

Sorprendentemente, tiene menos que ver contigo como individuo que con tu familia. El mejor predictor del éxito en la universidad es simplemente el *estatus socioeconómico de tus padres*, según un estudio de referencia titulado "Educación y estatus socioeconómico" de la Asociación Americana de Psicología.[24] Otros factores clave que apuntan al éxito son tu GPA, el nivel de matemáticas que hayas cursado en el bachillerato, si ganaste US$25,000 o más en becas privadas y tus expectativas educativas para obtener un grado de maestría después de licenciatura.[25]

No es de extrañar que, si tus padres tienen recursos suficientes para ofrecerte una ventaja en tus estudios y en los gastos de la universidad, tengas más probabilidades de terminar. No se trata de desanimar a quienes proceden de entornos económicamente desfavorecidos. Si ese es tu caso, toma esta información como un incentivo para superar las dificultades, demuestra que las estadísticas están equivocadas y obtén tu título. Se trata de ofrecerte datos para que puedas embarcarte en tu trayecto educativo con los ojos bien abiertos ante los obstáculos que tendrás que superar.

El análisis del costo-beneficio

Quizás pienses que tienes que ir a la universidad para conseguir un trabajo mejor y obtener mayores ingresos. Pero puede que esa suposición ya no sea cierta. ¿Merece la pena endeudarse por un título? Después de trabajar en un empleo desde el 2015, algunos graduados dudan de si en realidad vale la pena todo ese esfuerzo.

En su artículo titulado *"Los recién graduados dudan del valor de la universidad"*, Douglas Belkin observó: "Los recién graduados universitarios son significativamente menos propensos a creer que su educación valió la pena en comparación con los antiguos exalumnos".[26] El citó el segundo índice anual Gallup-Purdue, que encuestó a más de 30,000 graduados universitarios durante los primeros seis meses de 2015. A partir de los datos, concluye, "Una de las razones principales es la deuda estudiantil, que está retrasando a los *millennials* a la hora de comprar una casa e iniciar una familia y una empresa".[27]

Las estadísticas eran desalentadoras entonces y siguen siendo motivo de preocupación. En 2015, alrededor del 68.9% de los estudiantes universitarios se graduaron con deudas, y el promedio de la carga de la deuda al graduarse de una licenciatura era de US$29,669.[28] "Según el Índice", dice Belkin, "sólo el 33% de los alumnos que se graduaron entre 2006 y 2015 con esa cantidad de deuda estaban totalmente de acuerdo con que el costo de su educación universitaria valió la pena".[29] No, el esfuerzo no valió la pena.

En el artículo se cita a Brand Busteed, director ejecutivo de Gallup para la educación y el desarrollo de la mano de obra, quien se sorprendió por el "pronunciado descenso en la percepción de si un título vale lo que cuesta" y predijo el fenómeno que estamos presenciando hoy: la disminución de la demanda de la educación superior. "Cuando vemos a los recién graduados con préstamos estudiantiles, la cosa se pone muy fea, muy rápido", dijo. "Si los exalumnos no sienten que su dinero vale, corremos el riesgo de un desplome en la ola de la demanda de la educación superior".[30]

Una deuda estudiantil considerable también presagia otras dificultades para la vida después de la universidad. "Los graduados muy endeudados tenían 17 puntos porcentuales más de probabilidad de retrasar la compra de un coche y 16 puntos porcentuales más de posponer la compra de una casa", informa Belkin. "También tenían más probabilidades de retrasar el matrimonio, comenzar un negocio, tener hijos o mudarse de casa de sus padres".[31] En otras palabras, todas las etapas importantes hacia la edad adulta se ven afectados en la vida de los estudiantes que están muy endeudados. [32]

A medida que aumenta el número de estudiantes que toman conciencia de los riesgos y llegan a la conclusión de que el fin no justifica los medios, la educación superior tendrá que cambiar sus políticas o enfrentarse al colapso. En concreto, la empresa completa tendrá que democratizarse y consolidarse para sobrevivir a las incursiones de las escuelas técnicas y en línea.

Escápate de Matrix:
¿Vale la pena el riesgo de ir a la universidad?

En un artículo de opinión, Preston Cooper ofreció una mirada incisiva a la pregunta: ¿vale la pena el riesgo de ir a la universidad? Realizó un análisis basado en datos de un gran número de carreras universitarias para llegar a algunos hechos aleccionadores. El análisis implicó calcular el retorno de la inversión de casi 30,000 programas de licenciatura diferentes. Luego "estimó la mediana de los ingresos de por vida de los graduados de cada programa y restó los costos de la matrícula de los salarios perdidos mientras estaban matriculados."[33]

Para establecer un modelo sólido, el "comparó ese número con un escenario en el que esos estudiantes no asistieron a la universidad, utilizando los ingresos de los graduados del bachillerato como referencia y luego hizo ajustes por grupo demográfico, la capacidad cognitiva y los antecedentes familiares".[34] A través de este análisis, pudo "comparar el aumento neto en las ganancias de por vida que los estudiantes obtendrían por cada título universitario".[35] Los resultados mostraron que "28% de los títulos de licenciatura, ponderados por matrícula, no tienen un rendimiento neto positivo".[36]

El Sr. Cooper señala la falacia en el pensamiento de muchos estudiantes con respecto a la universidad a la que asisten en lugar de la carrera que persiguen: "Los estudiantes a menudo se obsesionan con el lugar al que ingresan, [pero] sus carreras tienen más influencia sobre sus ganancias futuras".[37] Algunas carreras en particular tienen claras ventajas financieras. "Los programas de ingeniería, ciencias de la computación, economía o enfermería generan un alto rendimiento, a menudo aumentando las ganancias netas de por vida de sus estudiantes en US$500,000 o más", dice Cooper.[38] Por el contrario, "la mayoría de los programas en arte, música, filosofía, y psicología dejan a sus estudiantes promedio en una peor situación financiera".[39]

Esto nos lleva a la pregunta: ¿cuál es el riesgo de que la carrera universitaria que quieres estudiar no sea rentable? Más concretamente, ¿cómo puedes saber de antemano si una especialización en particular pagará el costo de tu deuda universitaria? Un perspicaz artículo de Jon Marcus del Washington Post titulado "¿Valdrá la pena ese título universitario?"[40] narra la gran cantidad de datos que están disponibles recientemente para responder a esa pregunta. Se produjo un cambio radical cuando el Departamento de Educación de EE. UU. comenzó a publicar datos que relacionaban la deuda estudiantil con las carreras reales en las universidades reales. Por primera vez, en 2019, los datos estuvieron disponibles "sobre la deuda contraída para programas específicos, en lugar del promedio entre todos los estudiantes de una institución", reporta el artículo del *Washington Post*.[41]

Al acceder a los datos del Departamento de Educación de EE. UU., los estudiantes ahora pueden encontrar una respuesta precisa a la pregunta del millón de dólares sobre el valor económico real de un título en particular para quien posea ese título. Específicamente, un estudiante puede investigar los datos publicados en la puntuación universitaria *College Scorecard* del Departamento de Educación de EE. UU. en https://collegescorecard.ed.gov.[42] Al ingresar sus preferencias, puede identificar varias universidades adaptadas a sus requisitos exactos y luego ajustar las preferencias para explorar otras opciones. Los datos de la puntuación universitaria se han agregado a partir de los datos presentados sobre el 77% de los estudiantes universitarios que recibieron becas o préstamos federales, por lo que están razonablemente completos.[43]

Los datos de puntuación de la universidad presentan un tesoro de información específica que un posible estudiante puede aplicar para realizar un análisis de costo- beneficio de la carrera que desea cursar en las universidades que elija. Aquí hay un ejemplo usando la herramienta. Un estudiante que cursaba una licenciatura en Literatura Inglesa en *Oberlin College* en 2022 tenía un 87 % de posibilidades de graduarse y podría esperar ganar un salario medio anual de US$44,000 después de haber pagado un costo neto de cuatro años (después de las subvenciones federales) de US$140,000. En este ejemplo, la información se basó en datos recopilados de personas que comenzaron en *Oberlin College* hace 10 años, independientemente de su estatus de terminación. Esta información notablemente dura puede responder definitivamente la pregunta fundamental de si el salario generado por un título en tu campo de estudio cubrirá la deuda por haber obtenido ese título en una universidad determinada.

Debido a que estos datos excepcionalmente útiles están disponibles públicamente, los estudiantes de bachillerato pueden realizar una consulta para analizar su riesgo y abordar sus principales preocupaciones antes de dar un paso en el campus. Esta indagación puede orientarlos en dirección de una carrera en particular en una universidad en particular, o en dirección de otras alternativas como la educación a la carta. El sitio web de *College Scorecard* incluso presenta caminos alternativos a una carrera, tales como aprendizajes y programas de capacitación para empleadores. Esta breve discusión sobre el *College Scorecard* del Departamento de Educación de EE. UU. es lo que se conoce en algunas escuelas como un "pisoteo de pies". Está en el examen. Vuelve a leerlo. Medita sobre ello. Luego usa la herramienta *College Scorecard* para minimizar el riesgo de obtener un título que no pagará el costo.

En resumen, la universidad no está libre de riesgos. Pero al analizar el riesgo con herramientas como *College Scorecard*, puedes tomar una decisión informada para mitigar el riesgo. Considera cómo te afectan personalmente los riesgos de la universidad, luego actúa para minimizarlos.

CAPÍTULO 10

⊃◯◯◯◯⊂ ⊃◯◯◯◯⊂

Conseguiré un trabajo en mi área que cubrirá mi deuda

HEMOS ESTADO HABLANDO acerca de trabajos que no cubren los costos de la deuda estudiantil, entonces ¿por qué necesitamos todo un capítulo para cubrir este mismo supuesto? Este capítulo es necesario para explicar una sencilla regla general que te ayudará a clarificar tu enfoque de los préstamos estudiantiles. La regla es que el total de tu deuda por préstamos estudiantiles al graduarte no debe superar tu salario inicial anual.[1] Dado que el salario inicial promedio de un graduado universitario es de US$58,862 dólares, para seguir la regla general no debes tener más de US$58,862 dólares de deuda estudiantil al graduarte.

Esta poderosa regla general te permite trabajar hacia atrás a partir del salario inicial esperado en tu campo de trabajo para determinar una carga de deuda tolerable para asumir en la universidad. Esta es una información muy útil. Piensa en tus opciones de carreras universitarias, no sólo desde una perspectiva subjetiva de tus intereses personales, sino también desde una perspectiva objetiva acerca de tus futuros potenciales ingresos en un campo de trabajo que pueda cubrir tu deuda. Para ello es fundamental saber qué trabajo quieres, en qué campo laboral y con qué salario en el primer año.

La razón por la cual muchas personas deciden ir a la universidad no es por amor al aprendizaje, mejores oportunidades de establecer contactos o incluso el deseo de recibir una buena educación. La razón es más práctica. Creen que una educación superior los llevara a obtener mayores ingresos a lo largo de su vida por conseguir un buen trabajo, tal vez como lo predice el proyecto Hamilton, así como estudios afines comentados anteriormente. Naturalmente, los estudiantes suponen que un título adecuado les dará oportunidades profesionales suficientes para cubrir el costo de los préstamos estudiantiles que pidieron para obtenerlo. Pero esta suposición en particular puede ser una trampa para los incautos. La mejor forma de enfrentarlo es que determines tu salario previsto a partir de los datos disponibles y asegurarte de que tu deuda no supere esa cantidad.

Muchas fuentes confiables, incluida la NACE, citan US$58,862 dólares como el salario promedio inicial de los titulados universitarios, por lo que esa cifra sería un buen tope para tu deuda universitaria. En tiempos de inflación, como en 2022-23, esa cifra de salario aumentará a medida que subía la inflación. Por lo tanto, cuando elijas tu carrera, adapta el análisis de tus ingresos potenciales teniendo en cuenta la inflación para asegurarte de que tu salario previsto pueda soportar la carga de tu deuda prevista. La aplicación de la regla debe hacerse de forma prospectiva para los trabajos de pregrado. Es difícil aplicarla a una deuda de estudios de posgrado, ya que ésta puede aumentar mucho más allá de los niveles de los estudios de pregrado.

Lisa Bannon y Andrea Fuller analizaron los costos de los estudios de posgrado en la Universidad del Sur de California, una universidad privada de Los Ángeles, en un artículo del *Wall Street Journal* titulado "USC impulsó un posgrado en línea de US$115,000. Los graduados obtuvieron salarios bajos, deudas enormes".[2] El estudio reveló que los graduados de la maestría en sociología de la USC solían estar muy endeudados y mal pagados. Su análisis reveló que "[l]os graduados recientemente en trabajo social de la USC que solicitaron préstamos federales pidieron prestados una mediana de US$112,000 dólares. La mitad de ellos ganaban US$52,000 dólares anuales o menos dos años después".[3]

¿Estaban ellos siguiendo la regla general? Más o menos. El trabajo social es una excepción a la regla general debido a la condonación de préstamos por servicio público (PSLF, por sus siglas en inglés). Este programa perdona la deuda restante después de 10 años (120 pagos) en un plan de pago definido por los ingresos. Asimismo, un prestatario tendrá alguna condonación en PSLF bajo el pago basado en ingresos (IBR, por sus siglas en inglés) si la deuda total excede al ingreso anual. La disponibilidad del préstamo *Grad PLUS* junto con PSLF puede conducir a la explotación por parte de algunas universidades. Debido a que las universidades saben que la deuda será perdonada, alientan a sus estudiantes a pedir prestado a través del programa de préstamos *Grad PLUS* por el costo inflado de la maestría en trabajo social en su escuela.[4] ¡Ten cuidado!

El artículo de Bannon y Fuller identificó a varios estudiantes representativos que se habían graduado del programa de maestría en sociología de la USC con salarios bajos y grandes deudas. Susan Fowler, una madre de dos, de 37 años, debe alrededor de US$200,000 del programa de maestría y gana US$48,000 al año como terapeuta comunitaria de salud mental en Mount Pleasant, Iowa. De manera similar, Mauri Jackson, de 29 años, debe US$167,000 por el tiempo que pasó en la USC y gana alrededor de US$59,000 al año como trabajadora social. Del mismo modo, Patrice Dorsey-Ross debe alrededor de US$138,000 por su programa de maestría en sociología de la USC y gana US$16,95 por hora en una organización sin fines de lucro, lo que se traduce en aproximadamente US$34,000 al año.[5] Más allá de su deuda de pregrado, estos estudiantes acumularon deudas de posgrado sin el salario adicional que pensaban que les reportaría su nueva cualificación.

Claramente, los salarios iniciales no han seguido el ritmo de los crecientes costos de pregrado o posgrado.[6] Pero comparar el salario del primer año con los crecientes costos de la universidad es más un problema de accesibilidad universitaria que una cuestión de deuda estudiantil. Recuerda, la regla general compara la deuda estudiantil con los ingresos del primer año, no los costos universitarios con los ingresos. Cuando comparamos la deuda con los ingresos, vemos que la deuda al graduarse ha estado creciendo más rápido que el precio neto de la universidad. Anteriormente señalamos que la deuda como porcentaje de los ingresos creció del 33% a más del 50% en los últimos 30 años.

¿Cómo puedes estar preparado para pagar tu deuda prevista con tu salario inicial previsto? La clave está en la carrera universitaria que elijas. La carrera universitaria determinará tu salario del primer año y tu capacidad para pagar la deuda estudiantil. Desmenucemos un poco esta idea. La Guía de Carreras Profesionales de *Indeed* presenta datos que muestran el salario promedio de los graduados según su carrera universitaria en un revelador artículo apropiadamente titulado "Salario promedio de los graduados universitarios", elaborado por el equipo editorial de *Indeed*.[7]

El artículo de 2021 comienza con una observación general: "Aunque existen algunos valores atípicos, el salario promedio general de los titulados universitarios es de unos US$58,000, según una reciente encuesta salarial de la Asociación Nacional de Colegios y Empleadores (NACE, por sus siglas en inglés). Aquellos que se especializaron en informática, ingeniería, matemáticas, ciencias de la salud y administración fueron los que ganaron más, con salarios que oscilaron entre los US$52,000 y los US$71,000 dólares".[8] Dado que los niveles de remuneración en general se ven afectados por la inflación y por la oferta y la demanda, consulta la actual Guía de Carreras *Indeed* para obtener información actualizada.

Estos datos reflejan la noción del Proyecto Hamilton del salario medio situado en el punto medio de una gama de salarios. El informe 2021 presenta estadísticas extremadamente útiles, las cuales muestran los salarios promedio generados por las carreras universitarias en ese momento, en orden descendente:[9]

Ingeniería:	US$69,188
Informática:	US$ 67,539
Matemáticas y ciencias:	US$62,177
Administración:	US$57,657
Ciencias sociales:	US$57,310
Humanidades:	US$56,651
Agricultura:	US$55,750
Comunicación:	US$52,056

El informe continúa con las carreras universitarias que generan salarios más bajos:

Bellas Artes: US$48,871

Neurociencia: US$48,190

Música: US$48,686

Arte y educación musical: US$45,613

Arte dramático y teatral: US$44,538

Artes visuales e interpretativas: US$42,465

Artes de estudio: US$41,762

Educación preescolar: US$39,097.[10]

Estos datos duros muestran la gama de salarios disponibles en ambos lados de la mediana. Para quienes deseen profundizar e investigar los datos salariales actuales, este recurso también brinda un desglose detallado de los salarios de los graduados recientemente por industria principal, que incluye administración, mercadotecnia, salud, finanzas y tecnología.

Dos artículos de Andrew Van Dam, que publica bajo el título de "Departamento de datos" del *Washington Post*, nos da claridad sobre las consecuencias de la selección de una carrera universitaria. El primero, titulado "Las carreras universitarias que tienen más estudiantes arrepentidos (y pagos más bajos)", la edición del 2 de septiembre de 2022 cita la encuesta de la Reserva Federal y señala que "casi la mitad de las carreras de humanidades y artes tienen estudiantes con remordimientos en 2021. . . Las carreras de ingeniería son las que tienen menos estudiantes arrepentidos; solo el 24% desearía haber elegido algo diferente".[11] El artículo rastrea la selección de carreras en los últimos 35 años para revelar las tendencias de las carreras universitarias.

El segundo artículo de Andrew Van Dam aborda "las carreras universitarias con las tasas de desempleo más altas" en la edición del Washington Post del 16 de septiembre de 2022. Aquí, Van Dam analiza los datos de la Oficina del Censo para presentar las tasas de desempleo por carrera universitaria para personas mayores de 25 años. Las carreras de bellas artes ocupan los primeros lugares con un 3.6% de desempleo, las carreras de medio ambiente y recursos naturales están en el medio con un 2.6% y las carreras de educación son las que tienen menos desempleo con un 1.6%, lo que según Van Dam puede atribuirse a "factores estacionales".[12] Estos dos artículos de Van Dam proporcionan datos útiles que los estudiantes de bachillerato pueden tener en cuenta a la hora de trazar la ruta para elegir su especialidad.

Como ilustra la Guía de Carreras de *Indeed*, las diferentes licenciaturas generan diferentes salarios al graduarse. Incluso los profesionales mejor pagados deben cuidar sus centavos si se ven obligados a pagar una enorme deuda estudiantil. Sus altos salarios no necesariamente tienen espacio adicional para pagos onerosos de préstamos mensuales. la guía de carreras de *Indeed* brinda herramientas útiles para proyectar los salarios de varias carreras universitarias después de la graduación. La aplicación de la regla general a los salarios proyectados ayuda a los futuros estudiantes universitarios a determinar su límite de endeudamiento.

La aplicación de este análisis a la economía de la escuela de posgrado revela una realidad aún más aleccionadora para los estudiantes que buscan títulos de posgrados. En un artículo del *Wall Street Journal* titulado "Algunos títulos profesionales dejan a los estudiantes con una gran deuda pero sin salarios altos", las autoras Rebecca Smith y Andrea Fuller analizan datos publicados recientemente por el Departamento de Educación de EE. UU.[13] A partir de los datos concluyen que "los títulos de posgrado como la odontología y la medicina veterinaria están dejando a muchos estudiantes con una inmensa deuda universitaria, amenazando las perspectivas para los campos que brindan servicios públicos esenciales".[14] Lo mismo ocurre en posgrados de medicina quiropráctica, fisioterapia y optometría, que generan una combinación de deudas elevadas y salarios modestos.[15]

El artículo señalaba que una estudiante, Sara Jastrebski, terminó sus estudios de veterinaria en la Universidad de Pensilvania en 2021 con una deuda estudiantil de unos US$370,000, lo que supone unas cuatro veces su salario inicial de unos US$100,000 como veterinaria asociada. Del mismo modo, los datos federales muestran que los estudiantes de odontología de la Universidad de Nueva York (NYU) que se graduaron en 2015 y 2016 acumularon una deuda media de US$349,000 con unos ingresos medios en alrededor de los US$82,000. Del mismo modo, los estudiantes de la Universidad del Sur de California (USC) tenían una deuda media de aproximadamente US$398,000 con unos ingresos medios de alrededor de US$91,000 para cubrir el costo de la deuda.[16]

En todos los casos, la deuda de los posgrados superaba la regla general, de la deuda salarial máxima de un año y equivalía aproximadamente a cuatro veces los ingresos de un solo año. Debido a que esta elevada deuda sigue generando intereses, algunos licenciados están preocupados por no poder saldarla nunca. La Dra. Jastrebski, graduada en veterinaria por la Universidad de Pensilvania, determinó que "haría más de US$200,000 en pagos durante 20 años en [su] plan y aún tendría un saldo de unos US$700,000 debido a los intereses acumulados".[17]

Antes de que te decidas a estudiar un título de posgrado, piensa en los costes tanto a corto como a largo plazo. Como se ha visto anteriormente, los estudiantes universitarios no son necesariamente los que soportan las peores cargas de deuda. Esta distinción corresponde a los de posgrado.

Tanto los estudiantes universitarios como los de posgrado se plantean cuestiones similares. ¿Cómo encontrar un equilibrio entre la elección de una carrera y el salario resultante? ¿Qué elementos de la balanza deben pesar más en la decisión? Cuando el costo de la universidad va en aumento y la comerciabilidad relativa de un título va en descenso, ¿dónde habrá que situarse? Una buena manera de abordar estas cuestiones es calculando la tasa de rendimiento.

La tasa de rendimiento

Los estudiantes y los padres a menudo pasan por alto la tasa de rendimiento en la universidad. Sin embargo, la razón para ir a la universidad es con frecuencia generar un mayor potencial de ingresos, en cuyo caso la tasa de rendimiento de la inversión debe ser lo más importante. Los estudiantes bien informados deben preguntarse qué carrera seguir, en qué universidad, y a qué costo para asegurarse de conseguir una taza de rendimiento favorable en su inversión universitaria.

Un artículo informativo de los autores Richard Vedder y Justin Strehle aboga por pensar en la experiencia universitaria como una inversión que debería generar una tasa de rendimiento favorable. "Los costos crecientes y los beneficios decrecientes significan que la tasa de rendimiento de una inversión universitaria está comenzando a caer para muchos estadounidenses", afirman Vedder y Strehle.[18] Luego se preguntan "si no sería mejor para más estudiantes renunciar a la universidad en favor de capacitaciones post bachillerato menos costosas en oficios como soldadura y plomería."[19]

Nos ocupamos de este fenómeno anteriormente y notamos que las recompensas financieras de una carrera en los oficios podrían superar las de algunos profesionales con educación universitaria además de evitar la carga de la deuda. ¿Existen datos al respecto? Sí, efectivamente. Vedder y Strehle citan las estadísticas del Banco de la Reserva Federal de Nueva York para señalar que "con algo de formación profesional barata, [futuros licenciados universitarios] podrían conseguir fácilmente trabajos mucho mejor pagados".[20]

Pero ¿cómo puede un futuro estudiante calcular la tasa de rendimiento de su educación universitaria? Cómo pueden saber si su elección de carrera puede cubrir el costo de su educación, particularmente cuando "la recompensa de una educación universitaria varía considerablemente según la escuela y la carrera".[21] Buenas noticias, existe un informe sobre el rendimiento de la inversión para las universidades en https://www.payscale. com/college-roi. Incluso hay un desglose para carreras universitarias en https://www. payscale.com/college-roi/ major. ¡Busca y encontrarás!

La fuente de esta información extremadamente útil es el *big data* manejado por el Departamento de Educación de los EE. UU., y es notablemente confiable, como se señaló anteriormente. Por ejemplo, puede determinar la tasa de rendimiento de un ingeniero eléctrico en una escuela privada frente a una escuela pública. También puede determinar que los ingenieros eléctricos pueden ganar el doble que los estudiantes de psicología. Saber que este tipo de información está disponible públicamente te permitirá determinar la tasa de rendimiento de tu carrera elegida en tu institución elegida.[22]

¿Qué te parece usar tu raza, etnia y género para afinar tu determinación de la tasa de rendimiento de tu inversión en la universidad y ver cómo estos elementos podrían ayudarte en el proceso? Esta información puede ayudarte a adaptar tu determinación de ROI. Vedder y Strehle mencionan que "la magnitud en la ventaja de los ingresos universitarios también varía según la raza y el género. En los últimos años, el poder adquisitivo de los hombres graduados de la universidad ha disminuido significativamente, tal como para los blancos y asiáticos. No tanto para las mujeres, los hispanos y los afroamericanos, para quienes la recompensa financiera de una educación universitaria ha seguido aumentando".[23] Por lo tanto, puedes adaptar la consulta a tu perfil demográfico personal.

Una posible explicación del fenómeno de que los graduados universitarios a menudo ganan más que los graduados de bachillerato podría ser que sus títulos "actúan como dispositivos de señalización en el mercado laboral".[24] Ante los ojos de un posible empleador, un candidato "con un título universitario siempre ha parecido más brillante y más disciplinad, ambicioso y confiable que alguien con solo un diploma del bachillerato".[25] Pero esa vieja perspectiva está cambiando, advierten Vedder y Strehle: "A medida que la proporción de adultos estadounidenses con títulos universitarios crece en más de un tercio, ser un graduado universitario ya no necesariamente denota una promesa vocacional excepcional."[26] En resumen, "un título universitario no es el dispositivo de señalización confiable que alguna vez fue."[27]

Este artículo de Vedder y Strehle generó una carta al editor que respalda la idea de considerar la universidad como una inversión y a juzgarla por su tasa de rendimiento. Chuck McGee, el autor de la carta, ve a las universidades como cualquier otro negocio con un producto a la venta: "Ese producto es un 'futuro exitoso'".[28] El Sr. McGee teoriza que el futuro exitoso producido por un título universitario debe estar sujeto al mismo análisis de valor que cualquier otro producto. "Cuando los jóvenes se gradúan con un título universitario de cuatro años y están trabajando en McDonald's, tal vez sea el momento de hacer un análisis de valor de lo que realmente vale ese título".[29] En tales circunstancias, el retorno de la inversión no justifica el costo de la inversión.

El mercado ahora está produciendo datos imparciales en tiempo real sobre el valor económico de los títulos universitarios en cada carrera y en la mayoría de las instituciones de educación superior. Como se señaló anteriormente, el

Departamento de Educación de EE. UU. está produciendo esos datos y ahora están disponibles para uso individual. Accede a esta gran cantidad de información en el sitio web del DOE en https://collegecore-card.ed.gov/ o a través del Centro de Transparencia y Asequibilidad Universitaria en https://collegecost.ed.gov/. Utiliza estas herramientas extraordinariamente precisas para encontrar la tasa de rendimiento esperada para tu posible carrera en una universidad específica. A continuación, aplica la regla general de limitar tu deuda al graduarte, a una cantidad menor a tu salario del primer año.

El fenómeno conocido como subempleo surge cuando la suposición de que un graduado universitario obtendrá un trabajo en su campo profesional choca con la realidad de la escasez de trabajos en ese campo. Un estudiante puede tener un título de una buena escuela, pero quizás no encuentre empleo en su campo de trabajo. O quizás no encuentre empleo en absoluto. Esto fue especialmente grave para los graduados durante las restricciones de COVID.

En un artículo citado anteriormente en el capítulo 9, titulado "Alrededor del 43% de los graduados universitarios están subempleados en su primer trabajo", la autora Melissa Korn relaciona el subempleo de los graduados universitarios con el rendimiento de la inversión en las distintas carreras.[30] "Los estudiantes que sopesan sus opciones universitarias se centran cada vez más en el rendimiento de esa fuerte inversión, siguiendo disciplinas que creen que podrían conducir a una carrera estable y lucrativa", afirma Korn.[31] Es aconsejable considerar el rendimiento de la inversión antes de asistir a la universidad. Aproximadamente el 28% de los graduados universitarios están subempleados en trabajos que ni siquiera requieren un título universitario, cinco años después de graduarse, mientras continúan pagando su deuda universitaria.[32]

No caigas en la trampa de seleccionar una licenciatura sin entender las ramificaciones. Investiga un poco antes de seleccionar tu carrera en la universidad. Encuentra una que disfrutes, que genere una buena tasa de rendimiento y que no te deje subempleado o incapaz de pagar la deuda que acumulaste. Date el tiempo necesario para tomar esta decisión tan importante de manera correcta.

Escápate de Matrix: Encuentra una carrera que te agrade y que cubra tu deuda

No te dejes atrapar en la suposición de la Matriz de préstamos estudiantiles de que tu título universitario será de manera automática tu pasaporte para adquirir un trabajo bien remunerado en tu campo de trabajo. No apuestes a que vas a poder pagar tu deuda. En su lugar, piensa de manera proactiva. Ten un plan realista. Encuentra un trabajo en tu campo que cubra tu deuda.

No necesariamente necesitas ser un mercenario y elegir una carrera simplemente en función del salario que esperas después de la graduación. Más bien, inicia el proceso de decidir sobre una carrera universitaria con los ojos bien abiertos sobre las posibles consecuencias salariales. Luego, modera tu elección de carreras con miras a maximizar la experiencia educativa de la universidad y minimizar la deuda estudiantil. Mira el mundo que te rodea en la universidad. Investiga el campo profesional que deseas seguir, tus posibilidades laborales en ese campo después de graduarte y cuánto pagarán esos trabajos para pagar la deuda que acumulaste para obtener tu título.

La clave es identificar el campo de trabajo deseado, proyectar el salario inicial y buscar la carrera que te lleve en esa dirección, todo esto antes de caer en una deuda onerosa. Luego trabaja para limitar tu deuda al monto de tu salario proyectado para el primer año. Seguir la regla general te ayudará a encontrar un trabajo en tu campo laboral que cubra tu deuda.

CAPÍTULO 11

><≻<><><><< ><><><><><

Puedo conseguir un préstamo sin garantía

HASTA ESTE PUNTO, hemos examinado una variedad de suposiciones que han llevado a muchos estudiantes al valle de la deuda estudiantil. Iniciamos este trayecto para advertir a los estudiantes de bachillerato y a sus padres que reconozcan las trampas del valle de la deuda dentro de la Matriz de préstamos estudiantiles para evitar caer en una de ellas. Ahora, abordamos una suposición particularmente peligrosa: puedo obtener un préstamo sin garantía.

La garantía es lo que otras personas tienen sobre tu persona para asegurarse de que devuelvas el dinero que te prestaron. Como una simple ilustración, si le presaste a un amigo US$100 para reparar su bicicleta, ¿cómo podrías estar seguro de que te va a pagar? No puedes quedarte con la bicicleta porque está en reparación. Pero podrías quedarte con su guitarra acústica Martin D-28 como garantía. De esa manera, si por alguna razón se olvidara de devolverte los US$100, tendrías una manera de arreglar las cosas vendiendo la guitarra. O, ahora que lo pienso, tal vez solo quieras quedarte con la guitarra Martin.

Si tu quisieras una garantía para algo tan pequeño como un préstamo de US$100 para tu amigo, ¿por qué un prestamista no querría una garantía para un préstamo universitario de US$100,000? ¿Sería razonable que un prestamista te preste ese dinero sin garantía? Si el prestamista no requiere una garantía para amparar su préstamo estudiantil, ¿cómo podría continuar operando como una institución bancaria? Toda la idea no tiene sentido. Sin embargo, en el mercado actual de préstamos para estudiantes, muchos estudiantes de bachillerato y sus familias asumen que pueden obtener un préstamo federal sin garantía. ¿Pero cómo es posible esto?

Esto se debe a que cuando alguien va a solicitar un préstamo federal para estudiantes, en realidad lo obtiene sin garantía. En general, cuando alguien va con un prestamista, simplemente firma unos papeles y sale con el préstamo estudiantil que quería. En esa transacción, aparentemente no se exigió ninguna garantía. Ni una guitarra, ni la factura de un coche, ni nada. Espera un momento, algo no cuadra en esta imagen. ¿Podría ser que la garantía que acordaron para ese préstamo federal fuera otra cosa diferente al título de un coche o una cuenta bancaria?

Pensemos críticamente sobre la suposición de que no se requiere ninguna garantía para los préstamos estudiantiles. Los bancos, como tales, ya no conceden préstamos federales a estudiantes, y más del 92% de los préstamos a estudiantes proceden ahora del gobierno federal, que no exige garantías. El 8% restante proviene de préstamos privados de cooperativas de crédito y otras instituciones financieras. Estos préstamos no sólo están sujetos a una evaluación crediticia, sino que a menudo requieren un aval solvente. En efecto, cuando un estudiante obtiene un préstamo privado, sus padres son su aval.

De hecho, incluso los préstamos estudiantiles federales requieren una forma de garantía; es difícil de ver. Para encontrarlo, debes mirar detenidamente los documentos que firmaste en la oficina del prestamista. Si lees muy detenidamente, verás que la garantía que estás prometiendo cuando solicitas préstamos estudiantiles es similar a una forma virtual de servidumbre por contrato. Si no puedes pagar el préstamo, en esencia, estás aceptando que tu pago sea embargado para "liquidar tu deuda". Lo más probable es que los documentos que firmaste para obtener el préstamo estudiantil incluyeran un lenguaje que te informaba que tu deuda estudiantil no podría cancelarse por bancarrota (discutido en el capítulo 12) y que, si no lo haces, el gobierno federal puede embargar tu salario para pagar la deuda estudiantil.

Ahí está la garantía. Es difícil de ver, y es un poco complicada, pero ahí está. Eso es lo que el prestamista tiene sobre tu persona para asegurarse de recuperar su dinero. Debido a que esta característica de la experiencia de los préstamos estudiantiles es particularmente peligrosa, en este capítulo nos tomaremos el tiempo para examinar su génesis.

¿Cómo sucedió esto?

La situación actual no surgió de la noche a la mañana. Los intereses entrelazados de los colegios, prestamistas y el Congreso, que se han ido filtrando a lo largo del tiempo, han hecho posible este inusual brebaje financiero. Para abreviar, nos referiremos a estos intereses entrelazados como el "complejo educativo-industrial,"[1] que es análogo al "complejo militar-industrial" propuesto por primera vez por el presidente Eisenhower.

En su discurso de despedida del 17 de enero de 1961, el presidente Eisenhower acuñó el término "complejo militar-industrial" para describir una alianza informal entre el ejército, la industria de defensa y los políticos en la que las tres entidades se beneficiaban, en última instancia a expensas de los contribuyentes. Las fuerzas armadas obtenían las armas necesarias, la industria de defensa se benefició con los pagos recibidos por suministrar esas armas y el Congreso se benefició de las contribuciones de cabildeo de la industria de defensa hacia los fondos de reelección. El discurso de Eisenhower advirtió contra este "triángulo de hierro" que podría tener efectos perjudiciales de "influencia indebida".

Ahora vemos surgir en Estados Unidos un "complejo educativo-industrial" con características comparables al fenómeno descrito por el presidente Eisenhower. En este nuevo triángulo de hierro, las fuerzas armadas han sido reemplazadas por la academia, y la industria de defensa ha sido reemplazada por la industria crediticia, y el Congreso ha sido reemplazado por, bueno, el Congreso. Así como el complejo militar-industrial trajo una influencia indebida a manos de la industria de la defensa, también el complejo educativo-industrial le ha dado a la academia una influencia indebida sobre los estudiantes que esperan mejorar sus vidas a través de una educación universitaria.

Usamos el mismo término "complejo educativo-industrial" para resaltar la influencia que las instituciones educativas han ejercido sobre las políticas gubernamentales y destacar la relación entre los prestamistas y las universidades que operan de la mano para promover los préstamos estudiantiles a expensas de los estudiantes y de sus familias. Debido a que el Congreso se ha asegurado de que los préstamos estudiantiles no puedan cancelarse en casos de bancarrota, los prestamistas están dispuestos a ofrecer dinero a los estudiantes para pagar la universidad, incluso cuando los bancos saben o deberían saber que los estudiantes carecen de los medios para pagar esa deuda.

El complejo educativo-industrial en el trabajo

Descubramos el funcionamiento de este complejo educativo-industrial. Un excelente punto de partida es un documental de 2021 titulado *Futuro prestado: Cómo los préstamos estudiantiles están acabando con el sueño americano*, escrito y dirigido por David DiCicco, producido por Dave Ramsey,[2] y presentado por Anthony Oneal, autor del libro *Título sin deudas*.[3]

Este documental es tan impactante que debería ser visto de manera obligatoria por todos los aspirantes a estudiantes universitarios.

La película incluye comentarios de Dave Ramsey, el experto en finanzas, y utiliza entrevistas con varios graduados universitarios con importantes deudas estudiantiles para rastrear sus trayectorias profesionales. A continuación, el documental vuelve a rastrear la misma trayectoria profesional hasta el principio y plantea preguntas a un grupo de estudiantes de bachillerato que planean endeudarse para pagar sus estudios universitarios. A continuación, analizaremos el documental con detalle.

Al principio de la película, Seth Frotman, director ejecutivo del Student Borrower Protection Center (Centro de Protección del Prestatario Estudiantil), identifica una causa insidiosa del endeudamiento estudiantil como la "desafortunada idea de que no tenemos que preocuparnos por la deuda estudiantil porque es una 'buena deuda'".[4] Señala que el simple hecho de poner la palabra estudiante detrás de la palabra deuda nos hace pensar que es diferente de una mala deuda. Esa sutil distinción se ha colado en nuestra forma de pensar y está causando un grave daño en forma de endeudamiento masivo, como se detalla en el informe del *College Board* del 2019, Tendencias en la ayuda estudiantil.[5]

Al profundizar en la perspectiva mental que subyace a esta tendencia de endeudamiento, Dave Ramsey identifica un tema clave como la disociación entre lo que pensamos y lo que sentimos acerca de la deuda estudiantil. "El problema es que no te das cuenta emocionalmente de que es dinero" cuando sacas un préstamo para estudiantes, explica Ramsey.[6] Él contrasta esta falta de conexión emocional cuando sacas un préstamo para estudiantes con la experiencia emocional que tienes cuando pides un préstamo para comprar un automóvil de US$20,000. En el caso de la compra del automóvil, respondes emocionalmente a la deuda porque sabes que el automóvil mismo es una garantía. Si no realizas los pagos, el automóvil será embargado. Pero en el caso de la deuda estudiantil, no surge tal respuesta emocional, tal vez porque la garantía es invisible, a pesar de que la garantía es mucho más sustancial y las consecuencias de no pagar la deuda estudiantil son mucho más graves.

¿Cómo nos volvimos ciegos ante el hecho de que no podemos adquirir una deuda estudiantil sin algún tipo de garantía? El documental *Futuro prestado* responde a esta pregunta rastreando una serie de respuestas bien intencionadas del Congreso a la creciente demanda de educación superior en las décadas de 1960 y 1970. (*Spoiler*: sí, son los *baby boomers*).

La Ley de Educación para la Defensa Nacional de 1958[7] que originó el programa de préstamos estudiantiles se creó poco después del lanzamiento del Sputnik como una forma de contrarrestar el sistema educativo soviético aparentemente superior. Originalmente, bajo la ley de 1958, el programa de préstamos estaba limitado a préstamos estudiantiles de US$1,000 por año, y el dinero procedía directamente del Tesoro de los Estados Unidos. Los estudiantes podían pedir prestada una cantidad relativamente modesta del dinero de los contribuyentes para la escuela con la expectativa de que cuando completaran su educación superior, recuperarían la inversión contribuyendo con sus conocimientos y habilidades a la sociedad. Hasta ahora, todo bien.

Entonces las cosas empezaron a evolucionar. La demanda de educación se disparó en la década de 1940 hasta la de 1970, cuando los niños nacidos entre 1946 y 1964 alcanzaron la mayoría de edad. Luego, a medida que cada grupo demográfico maduró después de estos *baby boomers*, la demanda de educación volvió a aumentar. Los datos compilados por el Departamento de Comercio y la Oficina del Censo muestran que entre 1940 y 1990, la demanda de educación superior se disparó. Por ejemplo, entre los afroamericanos aumentó casi nueve veces, del 1.3% al 11.3%, mientras que entre los estadounidenses blancos aumentó casi cinco veces, del 4.9% al 23.1%. Asimismo, el porcentaje de hispanoamericanos que obtuvieron títulos universitarios aumentó a 9.2% en 1990.[8]

El documental *Futuro prestado* observa que a medida que creció la demanda de la educación superior y la oferta no pudo mantener el ritmo, los costos de matrícula aumentaron. Por lo tanto, la necesidad de financiar esos costos creció proporcionalmente. Se hizo necesario que el gobierno federal incorporara bancos para satisfacer la creciente demanda para financiar los costos de educación universitaria. A pesar de que el gobierno ya no estaba obligado a pagar la factura de la educación que se le debía al Tesoro de los EE. UU., el gobierno todavía garantizaba los préstamos hechos por los bancos. Esto significaba que se pagaría a los bancos independientemente de que el estudiante hiciera los pagos o no. Como parte de este nuevo acuerdo, los bancos tenían derecho a cobrar intereses sobre los préstamos.

Cuando la demanda de asistencia a la universidad aumentó aún más en 1972, los bancos ya no pudieron seguir el ritmo de la demanda. En este punto, el Congreso ideó otra solución conocida como Asociación de Comercialización de Prestamos Estudiantiles, o *"Sallie Mae"*. El nombre suena como un personaje de una tira cómica de Li'l Abner. No hay nada que ver aquí, amigos, es solo una asociación de marketing.

Inicialmente, *Sallie Mae* era "una empresa patrocinada por el gobierno diseñada para canalizar dinero hacia el programa de préstamos estudiantiles".[9] Lo hizo comprando préstamos estudiantiles a los bancos. Esto, a su vez, permitió a los bancos crear más flujo de caja. Aquí vemos a personas bien intencionadas haciendo cosas razonables para abordar el complejo problema de satisfacer una gran demanda de financiación universitaria con una escasa oferta de fondos. Pero en las décadas siguientes, *Sallie Mae* creció más allá de sus humildes comienzos hasta convertirse en un actor dominante en el sector de los préstamos estudiantiles.

En 2004, *Sallie Mae* se convirtió en una entidad totalmente independiente del gobierno federal. Cuando *Sallie Mae* se independizó, adquirió naturalmente un fin de lucro, como cualquier otra empresa. Curiosamente, aunque la organización pasó de ser una entidad gubernamental a una organización independiente con fines de lucro, su pintoresco nombre no cambió. Su misión, sin embargo, evolucionó hasta convertirse en un mercado secundario para prestamistas como

Fargo, Citizens Bank, Discover y Wells Fargo. Los bancos que vendían préstamos a *Sallie Mae*, como Fifth Third Bank, eran totalmente independientes, aunque a menudo tenían acuerdos de compra a largo plazo que suponían en la práctica el préstamo de un producto de *Sallie Mae*.[10]

En 2005, aproximadamente un año después de que *Sallie Mae* se convirtiera en una entidad independiente, el Congreso modificó el Código de Bancarrota, lo que tuvo como consecuencia que los préstamos estudiantiles privilegiados fueran más difíciles de liquidar en caso de quiebra, tal y como se explica con más detalle en el capítulo 12. En términos generales, la Ley de Prevención del Abuso de Bancarrota y Protección al Consumidor de 2005 (BAPCPA, por sus siglas en inglés) proporcionó más protección a los acreedores al ampliar el número de excepciones a lo que podía ser considerado en bancarrota.[11] En concreto, BAPCPA modificó la sección 523(a)(8) del Código de Bancarrota para aumentar los tipos de préstamos educativos que no podían ser considerados en bancarrota. En virtud de la ley, a falta de prueba de "dificultades excepcionalmente gravosas", los préstamos de entidades "con fines de lucro" o "no gubernamentales" no podrían ser condonados en caso de bancarrota.[12]

Los cambios técnicos en la naturaleza de los préstamos sujetos a exención no provocaron por sí solos un gran aumento de la deuda por préstamos estudiantiles. Pero el hecho de que la regla de la dificultad indebida se aplicara ahora a casi todas las formas de deuda estudiantil y el hecho de que los prestamistas pudieran ahora confiar en el código federal de bancarrota para garantizar el reembolso de los préstamos comenzó a abrir las compuertas de la deuda estudiantil. En cierto sentido, la imposibilidad de cancelar los préstamos estudiantiles en caso de bancarrota se convirtió en la garantía de los préstamos estudiantiles.

Como revela el documental *Futuro Prestado*, la actual crisis de la deuda estudiantil surgió de una cascada de respuestas bien intencionadas al problema de la gran demanda de financiamiento universitario. Durante varias décadas, banqueros, abogados y educadores bien intencionados tomaron medidas aparentemente razonables en respuesta a una demanda persistente de financiamiento universitario causada por la creciente ola de *baby boomers*. Aunque bien intencionados en su origen, los intereses financieros de las universidades y los prestamistas que surgieron de esa respuesta ahora pueden ir en contra de los intereses de los estudiantes. Armados con este conocimiento, los estudiantes y sus padres pueden estar alerta de los peligros en el mercado de préstamos.

Dado que la mayoría de los préstamos para estudiantes en la actualidad (aproximadamente el 92%) son federales, ¿cómo puedes saber si tienes un préstamo privado o federal? Para determinar si tu préstamo estudiantil es federal o privado, simplemente ingresa a www.studentaid.gov, que contiene toda la información de préstamos federales. Si tu préstamo aparece allí, es federal; si no, es un préstamo estudiantil privado.

Revisemos. La academia depende de la matrícula de los estudiantes para financiar sus programas, por lo que los estudiantes solicitan préstamos cuando no pueden pagar los costos universitarios por adelantado. Debido a que el gobierno origina o respalda los préstamos estudiantiles, dichos préstamos pueden emitirse sin garantía tangible. Los prestamistas pueden aceptar el respaldo del gobierno en lugar de la garantía habitual (como la factura de un automóvil) y, por lo tanto, los prestamistas pueden otorgar préstamos para estudiantes. Hay una serie de prestamistas en el campo con carteras de préstamos que han migrado. Para rastrearlos, casi necesitas una tarjeta de puntuación. En resumen, los préstamos federales que anteriormente administraba *Sallie Mae* luego se transfirieron a Navient, quien luego los transfirió a Aidvantage, que era una división de Maximus.[13] ¿Entendido?

Desde el 1 de julio de 2010, todos los nuevos préstamos educativos federales se han hecho a través del Programa de Préstamo Directo. Los bancos ya no otorgan préstamos del Programa Federal de Préstamos para la Educación Familiar (FFEL, por sus siglas en inglés), aunque es posible que todavía tengan algunos préstamos FFEL en sus carteras. El programa FFEL se encuentra ahora en una situación de liquidación, con el volumen restante disminuyendo cada año. Los bancos ya no otorgan préstamos en el Programa de Préstamo Directo del Departamento de Educación de EE. UU.[14]

El resultado general de esta evolución es que las universidades aceptan préstamos estudiantiles sin garantía porque están respaldados por el gobierno. Nada de esto es nefasto. Pero eso no significa que los intereses de los estudiantes estén bien atendidos en el proceso o protegidos por las escuelas. De hecho, los préstamos pueden ir en contra de los intereses del estudiante y de sus padres. La disponibilidad de préstamos estudiantiles proporcionados por algunos prestamistas a través de préstamos estudiantiles privados y por el Departamento de Educación de EE. UU. a través del Programa de Préstamo Directo puede permitir que los estudiantes y sus familias se excedan sin darse cuenta, y que las universidades continúen aumentando su matrícula.

Para ver el complejo educativo-industrial en funcionamiento, ten en cuenta quién paga en última instancia cuando los estudiantes incumplen los pagos de sus préstamos. ¿Sería el Congreso? No. ¿Los prestamistas que prestaron el dinero? No. ¿Las universidades que crearon las condiciones para los préstamos y se beneficiaron de su emisión? No. Después de que fracasan los intentos por embargar el salario del deudor, o el deudor fallece, el costo del incumplimiento recae sobre los contribuyentes. Además, según las pautas actuales de préstamos para estudiantes, algunos saldos de préstamos que no se pagan en 20 a 25 años se transfieren a los contribuyentes a través de la condonación de préstamos federales. Ese es el complejo educativo-industrial operando dentro de la Matriz de préstamos estudiantiles. Esta política actual de transferir la deuda a los contribuyentes a través de la condonación es distinta al anuncio del presidente del 24 de agosto de 2022 sobre la condonación de la deuda que se discutió anteriormente, pero el responsable es el mismo.

Este tema pone de relieve los incentivos de pago contrapuestos que existen entre las universidades y sus estudiantes. Un perspicaz artículo de Alex Mitchell, titulado *"College Is Broken: Reflections and Predictions"* (La universidad está quebrada: Reflexiones y predicciones)[15] explica la marcada diferencia entre las motivaciones de las universidades y las de los estudiantes. Señala que "[l]as universidades ya han cobrado del gobierno o de la compañía de préstamos estudiantiles y sencillamente no hay penalización por la falta de rendimiento en la educación de los estudiantes y la colocación profesional (salvo algunas penalizaciones muy limitadas de las universidades financiadas con fondos públicos)".[16]

Dado que las universidades ya han cobrado, tienen pocos incentivos para promover realmente el objetivo profesional del estudiante. El gobierno tampoco tiene ningún incentivo "para proporcionar educación en las áreas con mayor demanda de empleo".[17] No es probable que estos incentivos contrapuestos entre las universidades y sus estudiantes se resuelva pronto, porque el Congreso se ha mostrado reacio a actuar. Un artículo de Rebecca Ballhaus y Andrea Fuller muestra por qué se ha estancado la legislación propuesta. La legislación propuesta está diseñada para resolver el problema "limitando lo que los prestatarios pueden sacar" o "endureciendo los requisitos de elegibilidad para garantizar que los prestatarios puedan pagar".[18]

¿Qué pueden hacer los padres y los estudiantes?

Dado que actualmente no hay ayuda del Congreso, los estudiantes y sus padres deben hacer sus propios planes para sobrevivir a la deuda universitaria, lo que incluye calcular sus propios límites que pueden manejar en los préstamos *PLUS*. Considera la difícil situación de Rhiannon y Michael Funke, ambos de 43 años, quienes "deben una deuda combinada de US$778,000 en préstamos estudiantiles federales para múltiples programas de pregrado y posgrado."[19] Este es un ejemplo de lo que puede suceder bajo un régimen de préstamos ilimitados. La sabiduría dicta precaución, particularmente para los padres que quieren lo mejor para sus hijos. Conocer el problema desde un principio, te permite limitar tu deuda.

A diferencia de la deuda de pregrado, para la cual el gobierno impone un límite en los préstamos, "los programas *Parent PLUS* y *Grad PLUS* permiten a las personas pedir prestado el costo total de la asistencia universitaria (alojamiento y comida, libros y gastos personales además de matrícula) por tantos años como sea necesario para obtener el título", explican Ballhaus y Fuller.[20] Muchos se inscriben y se arrepienten, tal vez porque creían incorrectamente que el gobierno no les permitiría pedir prestado más de lo que razonablemente podían pagar.

"Los legisladores y los funcionarios de la administración de ambos partidos reconocen que los programas [*PLUS*] han dejado a muchos prestatarios con saldos que tendrán dificultades para pagar. Sin embargo, el Congreso se ha empeñado repetidamente en cambiar los programas", informa el artículo.[21] Las razones incluyen "la resistencia a restringir el acceso de los estudiantes desfavorecidos a los fondos, el temor de enojar a las escuelas y el hecho de que los programas, en papel, históricamente han hecho dinero para el gobierno."[22]

Las dos últimas razones son particularmente preocupantes. Los autores citan a Jason Delisle, miembro veterano de políticas del grupo de expertos Urban Institute, quien estima que eliminar el programa *Parent PLUS* "le costaría al gobierno entre US$1,000 millones y US$3,600 millones al año".[23] Así que esto es imposible. Además de los intereses económicos del gobierno, las organizaciones que más se resisten a limitar o restringir los programas *PLUS* "son las universidades, especialmente las costosas universidades privadas, las cuales instan a los estudiantes y a los padres a obtener préstamos *PLUS* para cubrir los déficits en sus matrículas y cuotas".[24] Estoy buscando una palabra para describir este comportamiento institucional. Quizás tengas una en mente.

En ocasiones separadas, cuando tanto el presidente Obama como el presidente Trump intentaron controlar el programa, los colegios y las universidades se opusieron enérgicamente. En consecuencia, los programas permanecen intactos, con el resultado de que la deuda por préstamos estudiantiles en Estados Unidos supera los US$1.7 billones y sólo es superada por la deuda hipotecaria sobre viviendas.[25]

Los incentivos económicos de estas instituciones son la cuestión subyacente que impulsa este fenómeno. En el complejo educativo-industrial, cada uno de los tres actores clave tiene una razón económica para cargar a los estudiantes con deudas universitarias. Cada uno de ellos se beneficia de ello. Los aspectos económicos del acuerdo revelan que los prestamistas no tienen ningún incentivo, las universidades no tienen ningún incentivo, y el gobierno no tiene ningún incentivo (tres de los tres) para alterar el flujo de fondos de los estudiantes a través de los prestamistas a las escuelas.

Del mismo modo, ninguno de los tres tiene ningún incentivo particular para promover los objetivos profesionales del estudiante, proporcionar educación en las disciplinas con mayor demanda o reducir la carga de la deuda estudiantil, todo lo cual podría ayudar al estudiante que tiene la deuda. "El único incentivo real que tienen estas universidades es uno demasiado lejano para muchos", explican Ballhaus y Fuller, que es "la capacidad de seguir reclutando nuevos estudiantes que paguen las cuotas de matrícula cada vez más altas".[26] Esta falta de congruencia entre los intereses de las universidades y los intereses del estudiante contribuye al aumento del índice de deuda estudiantil sin pagar.

El Departamento de Educación de EE. UU. informa de que, al 30 de septiembre de 2022, la moratoria de los préstamos, definida como 270 días sin pago, ascendía a unos US$105.2 mil millones en el Programa de Préstamos Directos más US$63.7 mil millones en el programa FFEL. Eso supone un total de US$168.9 mil millones de los US$1.6345 billones en préstamos estudiantiles federales pendientes, o alrededor del 10% de la cartera de deuda.[27] Se mire como se mire, la deuda estudiantil presenta un enigma que los estudiantes de bachillerato y sus padres deben abordar con un plan bien meditado antes de la universidad.

¿Cómo ha sucedido esto?

Las tendencias identificadas anteriormente en este libro muestran algunos hechos alarmantes. En primer lugar, la matrícula ha aumentado exponencialmente, junto con otros costos universitarios como la vivienda. En segundo lugar, los graduados tienen dificultades para encontrar trabajo después de graduarse, y los precarios empleos que encuentran a menudo no pagan lo suficiente para cubrir los préstamos estudiantiles. En tercer lugar, debido al aumento de los costes universitarios y el pobre panorama laboral, el incumplimiento de los préstamos estudiantiles está en su punto más alto, por lo que muchos de estos préstamos no se están pagando.

A pesar de estas tendencias, cada año que pasa los graduados de bachillerato siguen matriculándose en institutos y universidades con matrículas muy por encima de su capacidad de pago y proceden a pedir préstamos respaldados por el gobierno sin colateral aparente. Un estudio de 2020 de NerdWallet señaló que el 62% de la generación de 2019 se graduó con una deuda estudiantil que promediaba los US$28,950.[28] El mensaje de una deuda asfixiante es cada vez más claro.

Préstamos estudiantiles y familias

En un artículo de Hechinger titulado "Atrapado en esto hasta que me muera", la autora Meredith Kolodner señala que los préstamos *Parent PLUS* se han disparado, causando un desastre financiero para las familias de ingresos bajos y medios. La Sra. Kolodner cita a una familia que pidió prestado US$40,000 para mantener a su estudiante universitario y acabó debiendo US$100,000 dólares en préstamos *Parent PLUS* con el tiempo debido al interés compuesto.[29] La familia intentaba hacer pagos de US$1,300 dólares al mes con el salario de un trabajador de mantenimiento de US$13 la hora y simplemente no podía hacerlo. Cuando el complejo educativo industrial aprieta, no sólo aprieta a los estudiantes, sino también a los padres.

De hecho, los mayores de 50 años son una de las categorías de prestatarios de préstamos estudiantiles con mayor crecimiento. En "Las caras de la deuda estudiantil", publicado en el *Washington Post*, aflora la cruda realidad. Los autores, Danielle Douglas-Gabriel y John D. Harden, citan datos de la Reserva Federal para descubrir el sorprendente hecho: "Entre 2010 y 2015, el número de préstamos pendientes de los prestatarios de 50 años o más creció un 80%, más de 32 puntos porcentuales por encima del crecimiento de los prestatarios menores de 50 años, según datos de la Reserva Federal".[30]

¿Qué explicaría un aumento del 80% en los préstamos pendientes entre los prestatarios de más de 50 años? En un artículo del *Wall Street Journal*, Tawnell D. Hobbs y Andrea Fuller identifican un factor clave en este crecimiento de los prestatarios de más edad: No hay un límite de lo que pueden pedir prestado los padres" a través del programa de préstamos *Parent PLUS*, "independientemente de sus ingresos".[31] "Muchos padres harían cualquier cosa por darles un futuro mejor a sus hijos, incluso asumir una deuda que supera con creces su capacidad de reembolso. Y como los préstamos *Parent PLUS* tienen un tipo de interés elevado, pagarlos puede ser especialmente difícil.[32] En lo que respecta a los préstamos *Parent PLUS*, a pesar de su nombre optimista, los padres deben ser especialmente cautelosos.

A muchas familias les resulta imposible pagar. Una imagen detallada de las tasas de reembolso de los préstamos *Parent PLUS* salió a la luz recientemente cuando el gobierno publicó datos sobre el tema. En la Universidad de Baylor, solo el 28% de los "padres habían comenzado a pagar los préstamos *Parent PLUS* después de dos años de ser requeridos".[33] Ellos pidieron un préstamo medio de US$59,000 dólares para pagar la matrícula y cuotas de sus hijos, que asciende a unos US$50,000 dólares anuales, "sin incluir alojamiento y comida."[34]

Como consecuencia de la creciente población de personas de la tercera edad que tienen deudas estudiantiles por 20 años o más, la morosidad entre nuestra generación de mayores está en aumento, según un informe reciente de la GAO.[35] Pocas personas de la tercera edad imaginaron que sus años dorados se

verían oscurecidos por tal turbulencia financiera. Ellos pensaron que estaban
haciendo lo correcto al apoyar el deseo de sus hijos de asistir a la universidad de
su elección. No se dieron cuenta de que hacerlo podría ser su ruina financiera.

Un artículo de Hua Hsu en el *New Yorker*, titulado "La deuda estudiantil
está transformando a la familia estadounidense",[36] describe conmovedoramente
la difícil situación de las familias en situaciones similares. El artículo rastrea las
circunstancias en las que Kimberly, "una estudiante intrépida y comprometida"
de la Universidad de Nueva York, se encontró en apuros económicos. "[Su]
familia había hecho sacrificios para ayudarla a financiar su educación, y ella
había pedido préstamos considerables", explica Hsu. Kimberly "esperaba darle
un buen uso a su título y al mismo tiempo reducir la deuda ocasionada por él."[37]
Pero el salario del trabajo que le ofrecieron no cubría la deuda.

El artículo de Hua Hsu hace referencia a Caitlin Zaloom, antropóloga de la
Universidad de Nueva York, quien ha estudiado el papel de la deuda estudiantil en la vida familiar estadounidense contemporánea. "Desde 2012, Zaloom ha
pasado mucho tiempo con familias como la de Kimberly", informa Hsu. "Todas
pertenecen a la clase media estadounidense, una categoría amorfa, definida más
por la sensibilidad o la identidad aspiracional que por una estricta entrada de
ingresos. (Los hogares con un ingreso anual de entre US$40,000 y un cuarto
de millón de dólares se ven a sí mismos como clase media)".[38]

El artículo del *New Yorker* de Hsu cita el libro de Zaloom, *Endeudados:
cómo las familias hacen que la universidad funcione a cualquier costo* (incluido
en la sección de recursos al final de este libro), y concluye que "el desafío de
pagar la universidad se ha convertido en una de las fuerzas organizadoras de
la vida familiar de clase media."[39] Para investigar el libro, Zaloom y su equipo
"realizaron entrevistas con 160 familias en todo el país, todos ellos ganan demasiado dinero para calificar para las Becas Pell (reservadas para hogares que ganan
menos de $50,000) pero muy poco para pagar la matrícula por completo".[40]

Zaloom observó que los padres entrevistados habían "hecho todas las cosas
que se supone debían hacer, como invertir y ahorrar y no acumular demasiadas
deudas."[41] Pero eso no ha resuelto el problema. "Lo que realmente los une,
desde una familia militar en Florida hasta un hogar con dos doctorados en
Michigan, es que los niños son parte de una generación en la que la deuda, la

financiera y el estado psicológico de estar endeudado— los seguirá durante gran parte de su vida adulta."[42]

En resumen, la carga de la deuda estudiantil causada por la suposición errónea de que se puede obtener un préstamo estudiantil sin garantía recae sobre toda la familia. Para los adultos jóvenes, la deuda estudiantil puede poner la vida en suspenso, retrasando la compra de una vivienda, el matrimonio, los hijos y el logro de una base financiera estable. Para sus padres, puede significar una caída en la pobreza en sus últimos años a medida que gastan lo que estaba destinado a ser su fondo de jubilación para pagar los préstamos estudiantiles de sus hijos adultos.

¿Cómo hemos llegado al punto en el que la deuda estudiantil ha evolucionado de ser un medio para animar a los aspirantes a estudiantes, a ser un medio para encerrarlos a ellos y a sus padres en un callejón sin salida?

Escápate de Matrix: Infórmate quién pagará los préstamos si tú no los pagas

Como advirtió Benjamín Franklin, "viene el recaudador de impuestos". En algún momento u otro, la factura vencerá para los préstamos estudiantiles tomados para financiar una educación. Mediante el embargo de salario o la carga fiscal federal, se garantiza a los prestamistas un retorno del dinero que invirtieron en ti, más los intereses.

El objetivo de esta discusión no es despotricar contra el complejo educativo-industrial. Más bien, el punto aquí es revelar su funcionamiento para que los posibles estudiantes universitarios tengan suficiente advertencia para mantenerse alejados y evitar los peligros de esta suposición en la Matriz de préstamos estudiantiles. Para ayudar en este esfuerzo, aquí hay algunas referencias útiles para hacer un mapa del terreno que les espera a los estudiantes y a sus padres.

El sitio web www.studentloanhero.com se enfoca en ayudar a los estudiantes con préstamos a obtener respuestas a preguntas críticas sobre el tema y brinda una amplia gama de investigaciones relevantes en un formato accesible. Ten en cuenta que si te conviertes en un cliente de cualquiera de los prestamistas que aparecen en su sitio, el sitio *Student Loan Hero* recibe una tarifa de referencia.

Utiliza www.creditkarma.com/calculators/debtrepayment para descubrir estrategias eficientes para pagar los préstamos después de haberlos obtenido. La calculadora de pago de deudas te mostrará cuánto tiempo te tomará pagar tus deudas y te permitirá elegir entre hacer el pago mínimo o una cantidad fija de tu elección, o te permitirá seleccionar un momento en el que preferirías estar libre de deudas.

Para tener una mirada amplia de las estrategias de vida, *Realworld Playbook*, ubicado en www. realworld.co, es una plataforma personalizada que ofrece a los miembros acceso a más de 90 manuales sobre salud, finanzas, trabajo, gobierno y vida. Con respecto a la deuda estudiantil, aborda preguntas como "¿Cómo empiezo a pagar mis préstamos estudiantiles?" y "¿Cómo puedo abrir una cuenta de cheques?" con una guía, paso a paso. Todas estas son herramientas que te ayudan a navegar por el terreno rocoso creado por la suposición de que puede obtener un préstamo sin garantía.

El problema de la deuda estudiantil es sistémico. Los intereses bancarios e institucionales creados operan en contra de los intereses económicos a largo plazo de los estudiantes y de sus familias. Los préstamos estudiantiles son emitidos por prestamistas sin garantía porque están respaldados por el gobierno. Debido a este arreglo, el monto del préstamo se desvinculó de la capacidad de pago del estudiante. En consecuencia, las universidades pueden cobrar matrículas y cuotas cada vez mayores a los estudiantes y a sus padres. En última instancia, si el estudiante no cumple, los contribuyentes se quedan con la cuenta. ¿Qué podemos hacer al respecto? Tenemos que resolverlo individualmente.

Lo ideal es graduarse sin deudas a través de la identificación de programas universitarios accesibles, obtener alguna combinación de subvenciones y becas, y emprender trabajo externo o estudio-trabajo para terminar la universidad con un mínimo de préstamos estudiantiles. Sin embargo, si un estudiante realiza una evaluación de riesgos exhaustiva y aun así determina que desea obtener un préstamo, debe conocer los recursos para obtener información sobre los préstamos y las estrategias de pago adecuadas.

Sin una comprensión clara de los préstamos y sus estrategias de pago, el efecto neto de las reglas del complejo educativo-industrial (otorgar préstamos estudiantiles sin garantía y sin una verdadera determinación de la capacidad de pago) resultará en estudiantes desprevenidos y sus bien intencionados y solidarios padres quienes continúan soportando la peor parte de la debacle de la deuda resultante. Los menos preparados para asumir esta carga serán los más afectados por ella.

A medida que los estudiantes consideran el hecho de que no quieren pagar los préstamos estudiantiles a través de sus impuestos, o ver la deuda embargada de sus salarios, o poner la carga sobre sus padres, o ver reducidos sus cheques de seguridad social ganados con tanto esfuerzo en la jubilación, necesitan considerar cómo estar al tanto de los préstamos que obtienen. Dado que los préstamos generalmente no se pueden cancelar en caso de declararse en bancarrota, los estudiantes tendrán que *pagarme ahora o pagarme más tarde.*

⋙⋘⋙⋘

CAPÍTULO 12

Puedo cancelar mi deuda universitaria si me declaro en bancarrota

DESDE LA PRIMERA VEZ que viste la representación del campo de fútbol de US$1 billón en el prefacio de este libro es posible que te hayas estado preguntando desde el fondo de tu mente: ¿Por qué la deuda nacional de préstamos estudiantiles se ha vuelto tan grande? *¿Por qué* supera un campo de fútbol americano lleno de billetes de 100 dólares sobre los postes de la portería? ¿Por qué la deuda de préstamos estudiantiles supera todas las demás formas de deuda, excepto las hipotecas de viviendas? ¿Qué tiene de especial la deuda estudiantil? Este capítulo presenta una explicación con evidencias que han estado escondidas a simple vista.

Sin pensarlo mucho, muchos estudiantes que se dirigen a la universidad asumen que, si la carga de la deuda se vuelve demasiado difícil de soportar, podrían cancelarla si se declaran en bancarrota. Solo tendría sentido que la deuda de la universidad se tratara como cualquier otra deuda y pudiera cancelarse en caso de bancarrota. Este, sin embargo, es el último supuesto erróneo en la Matriz de Préstamos Estudiantiles. De alguna manera es el abuelo de todos ellos. Al igual que las otras suposiciones, puede causar un daño enorme.

Mientras te sientas en tu hermoso dormitorio en la universidad de tu elección pensando en grandes cosas, ¿Alguna vez se te ha ocurrido lo que podría pasar si no puedes pagar la deuda de tu préstamo estudiantil? Por supuesto que no. Es un hermoso día. Acabas de elegir tu especialidad. Toda tu vida está frente a ti. El dinero del prestamista está en la mano para cubrir los costos de la universidad y te estás imaginando la emocionante carrera que tienes por delante. En este momento, la carga de la deuda en la que incurres como estudiante universitario no tendrá que saldarse en los años venideros. En este momento mágico, estás bastante seguro de que obtendrás un trabajo bien remunerado en tu campo que cubrirá el pago mensual de tu deuda. Y si ocurriese una emergencia, o si ya no pudieses hacer los pagos de la deuda estudiantil, naturalmente asumes que puedes manejar la deuda usando las mismas leyes que permiten a los estadounidenses lidiar con otras formas de deuda: el Código de Quiebras de EE. UU. ¿Verdad? Bueno, no tan rápido. Tomemos un minuto para examinar esto.

Las deudas federales y privadas en las que incurriste al firmar esas promesas de pago son más estrictas que otros tipos de deuda y permanecerán contigo hasta que las pagues por completo, lo que, como hemos visto, podría requerir décadas. En consecuencia, si necesitas endeudarte para asistir a la universidad, es importante que tengas un entendimiento profundo de en qué te estás metiendo y las posibles formas de salir de ahí. Para esto, tienes que entender que declararse en bancarrota no es aceptable como protección legal de la deuda estudiantil y que el riesgo del incumplimiento de pago se traslada del prestamista a ti como prestatario.

El Código Federal de Quiebras

¿Cómo se produce el cambio en el riesgo por incumplimiento? En pocas palabras, el lenguaje del Código de Quiebras (Bancarrota) en el Capítulo 11 del Código § 523(a)(8) de los Estados Unidos, a menudo denominado BAPCPA 2005, específicamente excluye a los préstamos estudiantiles de ser condonados en caso de bancarrota. El lenguaje legal real es un poco difícil de descifrar, pero vale la pena leerlo porque este lenguaje es el principio organizador de todo el complejo educativo-industrial. Comprenderlo ofrece la clave para escapar de la matriz de préstamos estudiantiles. Este es el lenguaje legal con las palabras clave en negrita. Advertencia: es muy confuso.

(a) **Una condonación** *bajo la sección 727, 1141, 1192 [1] 1228 (a), 1228 (b) o 1328 (b) de este título no libera a un deudor individual de ninguna deuda . . .*

(8) ***a menos que exceptuar dicha deuda de la condonación en virtud de este párrafo impondría una dificultad indebida*** *al deudor y a las personas dependientes del deudor, por:*

(A)(i) un sobrepago de prestación **educativa** *o un* **préstamo realizado, asegurado o garantizado por una unidad gubernamental, o realizado en virtud de cualquier programa financiado total o parcialmente por una unidad gubernamental o institución sin fines de lucro; o (ii) una obligación de reembolsar fondos recibidos como prestación educativa, beca o estipendio; o***

(B) **cualquier otro préstamo educativo que sea un préstamo educativo calificado,** *como se define en la sección 221 (d) (1) del Código de Rentas Internas de 1986, incurrido por un deudor que sea un individuo [énfasis agregado].*[1]

Ahora hay un lenguaje legal complicado. Para descifrar verdaderamente este lenguaje legal, necesitarías consultar con un abogado y, francamente, ¿quién quiere hacer eso? Pero puedes obtener una idea práctica del significado de este breve resumen: un tribunal de quiebras no puede cancelar un préstamo educativo a menos que pagar la deuda imponga dificultades excesivas al prestatario y a los dependientes del prestatario.

Historia Legislativa del Código de Quiebras

Debido a que este lenguaje legal es tan denso y su impacto tan profundo, revisemos su historia legislativa a partir de 1976. Como se describió anteriormente en el capítulo 11, los programas de préstamos para estudiantes comenzaron a mediados de la década de 1950 y tenían alrededor de dos décadas cuando se aprobó la nueva ley de quiebras promulgada en 1976.

Como detalló Richard Pallardy en un informativo artículo titulado "Historia de los préstamos estudiantiles: anulación de la quiebra",[2] la necesidad percibida de una enmienda a la ley de quiebras comenzó a principios de la década de 1970, cuando periodistas y legisladores comenzaron a expresar su preocupación por los deudores estudiantiles que abusaban del sistema de quiebras tratando de evadir su deuda después de la graduación. Antes de este momento, como la mayoría de las otras formas de obligación financiera, los préstamos estudiantiles podían cancelarse en un procedimiento de quiebra. Las únicas deudas exentas de condonación fueron algunos tipos de deuda tributaria, deuda por actividades delictivas y deuda por manutención del cónyuge y de los hijos.[3] Había muy poca evidencia real de la justificación legal subyacente de que los evasores de deuda estudiantil eran un problema. De hecho, un informe de la GAO al Congreso en 1976 encontró que menos del 1% de los préstamos estudiantiles se cancelaban por bancarrota.[4]

A pesar de esta evidencia insignificante del problema, las Enmiendas a la Educación de 1976 alteraron dos décadas de precedentes y declararon que, en adelante, los préstamos estudiantiles no podrían cancelarse en caso de bancarrota, salvo que se produzcan dificultades indebidas, hasta después de que el estudiante haya pagado la deuda por un período de cinco años después del inicio del período de reembolso.[5] En consecuencia, las "afirmaciones en gran medida infundadas de que los estudiantes deudores estaban abusando del sistema de quiebras" condujeron a la primera de una serie de restricciones cada vez mayores sobre la cancelación de la deuda de préstamos estudiantiles en caso de quiebra.[6] Uno podría argumentar que al resolver un problema de abuso de préstamos estudiantiles inexistente, el Congreso creó involuntariamente una crisis de deuda de préstamos estudiantiles muy real.

Otros cambios legislativos relacionados con la ley de quiebras y los préstamos para estudiantes consistieron en una serie de ajustes menores, cada uno de los cuales endureció gradualmente las reglas en torno a los estudiantes que buscaban liquidar su deuda declarándose en quiebra. En 1978, la Ley de Reforma de Quiebras movió la provisión de préstamos estudiantiles para la cancelación de bancarrotas de la Ley de Educación Superior al Código de Quiebras en 11 USC 523(a)(8).[7] Luego, en 1984, la excepción de cancelación se amplió para cubrir préstamos estudiantiles privados, pero solamente si los préstamos se hicieron en parte a través de una organización sin fines de lucro. (Esto fue eliminado en 2005).

En 1998, se eliminó la opción de cancelar los préstamos estudiantiles después de un número específico de años de pago. Desde 1998, demostrar dificultades excesivas en un procedimiento contencioso ha sido la única opción que queda para solicitar la cancelación de la quiebra.[8] Con las enmiendas al Código de Quiebras aprobadas en 2005, el Congreso impidió la cancelación de la quiebra de "préstamos educativos calificados" que incluye todos los préstamos federales y la mayoría de los préstamos estudiantiles privados.[9] Además de este breve resumen, desde 1976, han habido una serie de enmiendas legislativas al Código de Quiebras de EE. UU. que son útiles de entender, pero agotadoras de leer, por lo que serán detalladas en las notas finales.[10]

La consecuencia de este redoble de acciones legislativas para hacer más estrictas las normas sobre la cancelación de los préstamos estudiantiles en caso de quiebra se puede ver en el siguiente gráfico. En lugar de mostrar la carga de la deuda estudiantil federal que ahora hace un total de US$1,6345 billones, este gráfico muestra el problema desde la perspectiva federal a lo largo del tiempo al rastrear el activo federal de préstamos estudiantiles en la Declaración financiera del gobierno de EE. UU.

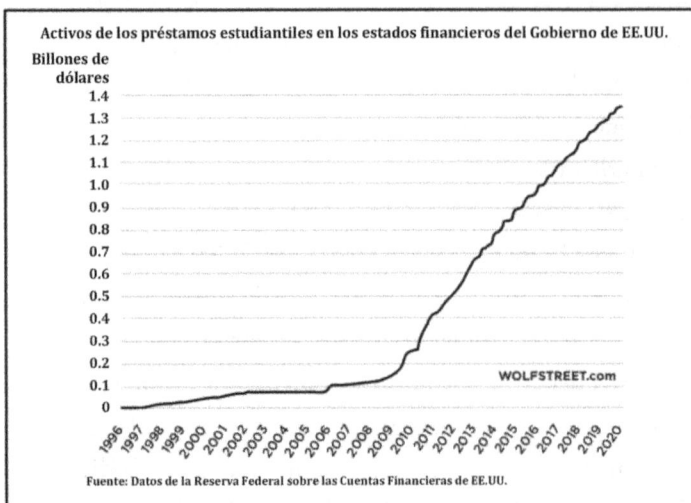

Figura 18

El gráfico de activos muestra un punto de inflexión que ocurrió alrededor de 2010. ¿Por qué crees que esto haya ocurrido? ¿Qué habría cambiado tan dramáticamente?

Probar dificultades excesivas según el Código de Quiebras

La condición legal para la condonación de la deuda de préstamos estudiantiles en caso de quiebra gira en torno a la frase "dificultades excesivas para el deudor y los dependientes del deudor". A primera vista, esta frase parece brindar cierto alivio a los deudores. Pero ese alivio es ilusorio porque la "dificultad excesiva" es casi imposible de probar en un tribunal. Un experto ha estimado que "solo uno de cada 2,500 prestatarios de préstamos estudiantiles que se declaran en bancarrota logran obtener una condonación total o parcial de sus préstamos estudiantiles".[12]

Para determinar si las circunstancias particulares constituyen una "dificultad excesiva", por la cual uno podría calificar para una condonación, muchos tribunales usan la prueba de Brunner mientras que otros usan la prueba de la totalidad de las circunstancias.[13] Según una prueba más extendida de Brunner, el tribunal tiene en cuenta tres factores para decidir si el reembolso de sus préstamos estudiantiles causaría dificultades excesivas y la deuda debe ser condonada por bancarrota:

- Sobre la base de tus ingresos y gastos actuales, tu no podrías mantener un nivel de vida mínimo para ti y tus dependientes si te ves obligado a pagar tus préstamos.

- Es probable que tu situación financiera actual continúe durante gran parte del periodo de reembolso

- Has hecho un esfuerzo de buena fe para pagar tus préstamos estudiantiles.[14]

Como dice el lenguaje telegráfico en la prueba de Brunner, el obstáculo ha sido puesto muy alto para calificar en la liberación de la deuda estudiantil. Debido a que este obstáculo es tan alto, muy pocos casos de bancarrota de deuda estudiantil se llevan a litigio, y mucho menos se ganan por completo. Esto explica por qué la deuda de préstamos estudiantiles generalmente no se cancela en caso de quiebra, a pesar de que el estatuto parece ofrecer alivio a través de la noción de "dificultades excesivas". Dado que el estatuto exige una dificultad excesiva para condonar la deuda estudiantil en caso de quiebra, ha ajustado efectivamente el flujo de descargas hasta el punto del cierre.

Las Consecuencias del Código de Quiebras Reforzado

Las consecuencias de este código de quiebras más estricto se ven en el aumento de la deuda de los estudiantes y en el aumento del número de incumplimientos de préstamos. El endurecimiento ha tenido el efecto de incentivar a los prestamistas a ofrecer dinero a solicitantes no solventes, ya que el riesgo de incumplimiento se ha trasladado del prestamista al prestatario. Debido a que los fondos para préstamos están fácilmente disponibles para los estudiantes, las universidades no han tenido ningún incentivo para reducir los costos universitarios. El aumento de los costos universitarios ha coincidido con fondos fácilmente disponibles y reglas de bancarrota más estrictas.

Queda fuera de esta discusión si los costos universitarios aumentan debido a las fuerzas económicas internas o como consecuencia de los fondos fácilmente disponibles o de ambos. Las soluciones legislativas y políticas a estos problemas también están fuera de esta discusión. Los puntos importantes que deben recordar los estudiantes y sus padres son que: (A) los préstamos estudiantiles no pueden ser cancelados en caso de quiebra, por lo que (B) los estudiantes y sus padres deben limitar su apetito por los préstamos a sus circunstancias individuales, no a la disponibilidad de fondos.

Para comprender la interconexión entre el código de quiebras, los prestamistas y las universidades, es útil considerar las políticas en juego. Para 2015, comenzaban a verse las consecuencias de las restricciones más estrictas sobre las quiebras por deuda estudiantil. Un profético artículo de revisión de la ley por Preston Mueller, JD, titulado "La incapacidad de condonación de los préstamos privados para estudiantes: ¿una crisis financiera inminente?" Publicado por *Emory Bankruptcy Developments Journal*,[15] describe las circunstancias bajo las cuales el Congreso excluyó los préstamos estudiantiles privados de la exoneración en caso de quiebra y luego analiza las consecuencias predecibles. Este artículo establece una correlación entre la disminución del riesgo bancario, mayores cargas de deuda de los estudiantes y mayores incumplimientos en las deudas estudiantiles.[16]

El Sr. Mueller observó que otorgar a los "préstamos estudiantiles el estatus privilegiado de no ser exonerables en caso de quiebra sesga los incentivos de los prestamistas".[17] Los incentivos de los prestamistas son diferentes en el caso de los préstamos privados y federales, pero ambos prestamistas se ven incentivados a conceder préstamos estudiantiles por el endurecimiento del código de bancarrota. Los prestamistas privados persiguen la suscripción de créditos para préstamos estudiantiles privados, lo que significa que dependen de los puntajes FICO, la relación deuda-ingreso y la duración del empleo, y generalmente requieren un cosignatario digno de crédito, como un padre, ya que la mayoría de los estudiantes no satisfacen estos criterios por sí mismos. Por lo tanto, los prestamistas privados otorgan préstamos vinculados a la solvencia.

Por otro lado, los prestamistas federales no consideran la capacidad del prestatario para pagar los préstamos educativos federales.[18] Aunque los préstamos privados para estudiantes tienen límites de préstamo, los préstamos federales *Parent PLUS* y *Grad PLUS* no tienen un límite agregado, y el límite anual es limitado solo al costo de asistencia menos otras ayudas. Como resultado, los préstamos federales *PLUS* esencialmente han otorgado a los estudiantes una línea de crédito ilimitada sin considerar las consecuencias si el estudiante por sí mismo es incapaz de hacer el pago. La combinación de préstamos *PLUS* ilimitados y la falta de disponibilidad de la quiebra ha tenido el efecto de aumentar constantemente la deuda. Esta tendencia a largo plazo ha sido documentada minuciosamente por el *College Board* en un informe debidamente titulado "Tendencias en la ayuda estudiantil 2022".[19]

Centrándonos en la deuda de préstamos estudiantiles *privados*, podemos ver que ha aumentado notablemente y suponer que la protección del Código de Quiebras para los prestamistas contribuye a ese aumento continuo. En 2005, los prestamistas otorgaron unos US$6.6 mil millones en préstamos estudiantiles *privados*. Esta cifra había aumentado a más de US$10 mil millones en 2008.[20] Llevar esa cifra de 2008 a 2021 revela que la deuda total de préstamos estudiantiles privados (no la deuda *federal* de préstamos estudiantiles) había alcanzado los US$123.14 mil millones según el Informe de préstamos privados para estudiantes de *MeasureOne*, del tercer trimestre de 2021.[21]

Eso significa que en 16 años desde 2005 hasta 2021, la deuda de préstamos estudiantiles privados se multiplicó por 18, de US$6.6 mil millones a US$123.14 mil millones. El hecho de que la industria privada de préstamos estudiantiles experimente un crecimiento tan prodigioso es extraordinario. Recuerda que esta cifra de préstamos privados representa solo alrededor del 8% de la cartera total de préstamos estudiantiles, mientras que el otro 92% es propiedad del gobierno federal. Ambas carteras han experimentado un crecimiento espectacular en las últimas dos décadas. Ya sea que el cambio en el Código de Quiebra haya sido o no la causa subyacente de este crecimiento, los estudiantes y sus familias deben protegerse contra la incapacidad de liquidar la deuda estudiantil en caso de bancarrota.

En resumen, la exención de los préstamos estudiantiles privados de ser condonados en caso de bancarrota comenzó como una respuesta legislativa a una necesidad percibida de prevenir el fraude de préstamos estudiantiles a principios de la década de 1970. Con el tiempo, ese propósito parece haberse desvanecido, pero los efectos del Código de Quiebras de EE. UU. sobre la deuda de préstamos estudiantiles continúan hasta el día de hoy. Claramente, este es un factor que contribuye al aumento del nivel de deuda de los estudiantes en los Estados Unidos, y los estudiantes deben estar alertas de las consecuencias de endeudarse.

Embargo de la Deuda Estudiantil

Debido a que la deuda estudiantil no puede ser condonada en caso de bancarrota, y debido a que la mayor parte de la deuda estudiantil es federal, y debido a que el gobierno puede recuperar sus deudas mediante el embargo y la compensación, y debido a que el embargo y la compensación son verdaderos puntos débiles para los estudiantes, entendamos mejor de embargo y compensación.

El embargo se refiere a la capacidad del gobierno federal de retener administrativamente un porcentaje de tu salario para pagar una deuda. Dichas deudas pueden incluir la manutención de los hijos o, en este caso, la deuda estudiantil. La normativa le permite al gobierno retener15% de tu salario por deudas estudiantiles, pero también requiere que le queden al menos 30 veces el salario mínimo federal por semana después del embargo.

La compensación se refiere a la capacidad del gobierno federal para embargar tu reembolso de impuestos federales sobre la renta y una parte de los pagos de beneficios por discapacidad y jubilación del Seguro Social para pagar la deuda de tu préstamo federal estudiantil. La compensación para ambos es del 15%. La compensación no puede exceder una cantidad que le deje al menos US$750 por mes después de la compensación.

Ahora, reflexionemos sobre ese momento en que solicitaste el préstamo federal universitario y firmaste los documentos del préstamo estudiantil en la oficina del prestamista. ¿Recuerdas cómo pensaste para ti mismo: "Hombre, ¿es esto fácil"? Sí, de hecho, fue fácil firmar con tu nombre. también, fue fácil obtener el préstamo del prestamista federal. Pero ahora ves por qué fue tan fácil. Si no cumples y no puedes pagar tu préstamo estudiantil, el Tesoro de los EE. UU. puede embargar tu salario y compensar tu reembolso de impuestos sobre la renta y tus cheques de discapacidad y jubilación del Seguro Social.[22] A diferencia de la facilidad de firmar la solicitud de préstamo, la perspectiva de vivir con US$750 al mes cuando te jubiles después de la compensación del Seguro Social no va a ser tan fácil. Pero ¿qué tan probable sería?

Lamentablemente, según los datos de La Oficina de Contabilidad del Gobierno (GAO) publicados en GAO 17-45, el gobierno embargó a unos 114,000 prestatarios en 2015, un aumento de alrededor del 407% con respecto a los embargados en 2002. Las colecciones embargadas arrojaron US$171 millones.[23] El porcentaje de personas en esta situación desesperada es relativamente pequeña, pero la situación es preocupante. Unas 114,000 personas con deuda estudiantil pendiente, que habían aportado el 6.2% de su salario a través de deducciones mensuales de nómina en sus cuentas del Seguro Social durante un promedio de 35 años, vieron embargados sus cheques mensuales del Seguro Social. Esa es una situación difícil al final de la vida. ¿No hay algún alivio? Pues no.

El Honorable Robert E. Nugent, un juez de bancarrotas jubilado de Wichita, Kansas, escribió sobre las escenas desgarradoras que presenció en el transcurso de 20 años sentado en el tribunal de bancarrotas. Relató cómo había "presidido muchos casos de préstamos estudiantiles de personas que habían pedido prestados decenas o cientos de miles de dólares que no podían pagar".[24] El juez Nugent señala sin poder disimular su abatimiento: "Hay una razón por la que ningún prestamista comercial racional habría concedido estos préstamos: no hay forma de que estos prestatarios ganen lo suficiente para pagarlos. Lamentablemente, había muy poco que yo pudiese hacer por estas desafortunadas personas."[25] A partir de sus dos décadas de servicio en el tribunal de bancarrotas, el juez Nugent concluyó que para la gran mayoría de las personas cuyos préstamos estudiantiles no pudieron cancelarse en la bancarrota, esas deudas "se convierten en prisiones virtuales de los deudores."[26]

Esta sección no pretende acumular malas noticias. Más bien, tiene la intención de brindarles a los estudiantes y sus familias un telescopio del tiempo con el cual mirar hacia el futuro para identificar problemas específicos con mucha anticipación para que puedan evitar los problemas por completo cuando lleguen a la universidad. El programa de préstamos *Parent PLUS* califica como tal el problema. Un artículo de Josh Mitchell titulado "Estados Unidos les facilita a los padres obtener préstamos universitarios: pagarlos es otra historia" señala que unos tres millones de padres se han endeudado con préstamos estudiantiles a través del programa *Parent PLUS* ofrecido por el Departamento de Educación de Estados Unidos.[27] Estos préstamos se otorgaron con poca investigación sobre la capacidad de pago de los padres. En el proceso habitual de solicitud, el prestamista no indaga sobre el estado financiero del prestatario, como sus ingresos, nivel de deuda, ahorros o calificaciones crediticias, pero otorgaría préstamos que bien podrían estar más allá de la capacidad de pago del prestatario.[28] La falta de curiosidad de un prestamista *PLUS* sobre su capacidad de pago es una señal para que te protejas de un posible embargo al estar absolutamente seguro de tu solvencia crediticia para el préstamo y tu capacidad de pago.

Capacidad crediticia de los prestatarios de préstamos estudiantiles

Aquí es útil notar que hay una división en cómo los prestamistas privados y los prestamistas federales manejan la solvencia. Debido a que los prestamistas federales de préstamos estudiantiles no tienen en cuenta la solvencia crediticia, los préstamos estudiantiles pueden ser otorgados a prestatarios con puntajes crediticios que de otro modo los descalificarían. Aunque el puntaje crediticio de las hipotecas de alto riesgo es 620, casi el 40% de los préstamos federales descritos en el artículo del Sr. Mitchell fueron para prestatarios por debajo de ese puntaje, lo que indica un alto riesgo de incumplimiento.[29]

Las solicitudes para préstamos estudiantiles federales no preguntan sobre la solvencia crediticia, pero los prestamistas privados de préstamos estudiantiles sí lo hacen. Si el estudiante prestatario no es solvente, se requiere que tenga un aval solvente, que suele ser el padre. En consecuencia, en la mayoría de los casos, los préstamos estudiantiles privados tienen "dos peces en el anzuelo": al estudiante y a sus padres. Si el estudiante no cumple, puede exigir que el padre cosignatario pague la deuda. Además, si el estudiante se gradúa, se convierte en un "activo probado" para el prestamista y, por lo tanto, se le considera más capaz de pagar el préstamo. Esta es la razón por la cual los préstamos estudiantiles privados tienen tasas de incumplimiento muy bajas. El principal riesgo para el prestamista es la posibilidad de que el estudiante no se gradúe. Ellos reducen ese riesgo prestándole solo a los estudiantes de escuelas selectivas, donde el riesgo de no graduarse es más bajo.[30] Los préstamos federales para estudiantes no tienen las mismas protecciones que los préstamos privados, por lo que tienen un mayor riesgo de incumplimiento.

Para tener una perspectiva histórica de lo que puede suceder cuando se otorga una gran cantidad de préstamos de alto riesgo a un gran número de personas con el mayor riesgo de incumplimiento, recuerda las circunstancias del auge de la vivienda en 2006 cuando los precios de la vivienda alcanzaron su punto máximo y la caída de la vivienda en 2011 cuando se hundió "Las hipotecas de alto riesgo alcanzaron su punto máximo en casi 20% de todas las hipotecas originadas en 2006", cuando el mercado de la vivienda comenzó a implosionar, señala el Sr. Mitchell.[31] Compare la tasa de aprobación del 40% observada para los préstamos estudiantiles con esta tasa de aprobación del 20% para las hipotecas de alto riesgo antes del boom inmobiliario. Esa tasa de aprobación del 40% para los prestatarios de préstamos estudiantiles con el mayor riesgo de incumplimiento explica en gran medida la ola actual de incumplimientos de préstamos estudiantiles.

Uno pensaría que, si un prestamista sabe que su solvencia como prestatario predice que no podrá pagar el préstamo, el prestamista no desembolsará el dinero. Pero no, los prestamistas deciden en función de su riesgo de impago. Ellos saben que su préstamo no puede ser condonado por bancarrota. No es sorprendente que, según la GAO, entre 2010 y 2015, el número de prestatarios a los que se les redujeron los salarios, reembolsos de impuestos o cheques del Seguro Social debido a deudas estudiantiles no pagadas, aumentó un 71%.[32] Tampoco sorprende que a alrededor de 41,000 prestatarios de *Parent PLUS* se les hayan embargado sus cheques de pago en el año fiscal 2015.[33]

Para pintar una imagen de la facilidad con la que los prestamistas *PLUS* pueden prestar dinero a prestatarios que no son dignos de crédito, el Sr. Mitchell describió un escenario real de *Parent PLUS*. En ese tiempo en 2006, cuando Sherry McPherson llenó una solicitud para un préstamo *Parent PLUS* de US$16,000 para cubrir la matrícula de su hijo, ella era una madre soltera desempleada que acababa de retirarse del ejército después de una lesión en Irak. Ella tenía una gran deuda en su tarjeta de crédito, un préstamo de automóvil y un puntaje de crédito de alto riesgo.[34]

Recordó haberle dicho al administrador de ayuda financiera de la escuela que no creía que obtendría el préstamo debido a sus difíciles circunstancias financieras. El administrador de ayuda financiera simplemente dijo: "Mire, todo lo que necesitamos es su número de Seguro Social". Dijo la Sra. McPherson: "Me aprobaron en tres minutos". Como era de esperarse, ella no ha podido pagar el préstamo. De manera impredecible, su préstamo *Parent PLUS*S tiene un saldo de más del doble.[35] La Sra. McPherson representa un triste estudio sobre los peligros de otorgar préstamos estudiantiles a prestatarios de alto riesgo sin considerar la solvencia crediticia. Es una buena razón para que los estudiantes y sus padres desconfíen mucho del proceso *PLUS*. El hecho de que puedas obtener un préstamo *Parent PLUS* no significa que debas tomarlo.

Como hemos visto, no existe una posibilidad real de escapar de la deuda estudiantil a través de la condonación por bancarrota. Y olvídate de pasar desapercibido; recuerda que gran parte del restablecimiento del gobierno consiste en cobrar los pagos atrasados mediante el embargo de salarios y la compensación de los reembolsos de impuestos sobre la renta y los pagos de beneficios del Seguro Social.

Si esto no fuera lo suficientemente malo, gran parte del pago que los prestatarios pueden juntar sirve para pagar la porción de los intereses de la deuda, en lugar de pagar el capital. Sobre este punto, Rebecca Safier, quien escribe en el sitio web *Student Loan Hero*, declaró: "De los $1,100 millones embargados de los beneficios a partir de 2016, más del 70% se destinó para el pago de tarifas e intereses, en lugar de la deuda real del prestatario".[36] Para muchas personas, la deuda estudiantil es un opresivo grillete que deberán arrastrar hasta su tumba. Piensa en esto ahora, antes de que llenes tu solicitud para la universidad, para que no te unas a ese triste ejército de deudores después de tu carrera universitaria. Utiliza el telescopio del tiempo para mirar hacia el futuro antes de contraer un montón de deudas.

Condonación de la deuda estudiantil

Como señalamos al comienzo del libro, hay un movimiento gubernamental creciente para perdonar la deuda de los estudiantes y el presidente ha propuesto un plan de cancelación de la deuda. Si se implementa, ¿cuánto afectará ese plan al nivel nacional de deuda estudiantil? La Oficina de Presupuesto del Congreso (CBO, por sus siglas en inglés) "estima que el costo de los préstamos estudiantiles aumentará en aproximadamente US$400 mil millones adicionales al valor actual como resultado de la acción que cancela hasta US$10,000 de deuda emitida el 30 de junio de 2022 o antes, para prestatarios con ingresos por debajo de los límites especificados y un adicional US$10,000 para esos prestatarios que también recibieron al menos una Beca Pell".[37] Según el plan propuesto, se cancelarían unos US$400 mil millones en deuda, o aproximadamente una cuarta parte del saldo pendiente actual de la deuda estudiantil de US$1.74 billones.

Los lectores pudiesen preguntarse cómo es que la cancelación federal de una deuda tan grande puede realmente suceder. Un momento de reflexión nos revela que la deuda no desaparece simplemente cuando el gobierno ya no requiere que los estudiantes universitarios la paguen. En cambio, un campo de fútbol americano repleto de billetes de US$100 de aproximadamente 2.5 pies de alto (una cuarta parte de la carga total de la deuda estudiantil) será transferida efectivamente al pueblo estadounidense para que la pague en algún momento en forma de impuestos.

Cuando se analiza detenidamente, el término condonación de préstamos estudiantiles se describe mejor como un cambio en la carga del pago. El término simplemente se refiere al proceso mediante el cual la responsabilidad por la deuda estudiantil se transfiere del estudiante quien incurrió en la deuda al contribuyente quien no incurrió en esta. Personas de todos los lados del espectro político pueden debatir la sabiduría de esta transferencia, pero debido a que un estudiante de bachillerato que se gradúe después del 30 de junio de 2022 no es elegible para la condonación de la deuda de acuerdo con el plan, no es relevante para nuestra discusión.

El aspecto de la condonación de la deuda del plan del presidente no afecta a los jóvenes actuales de 17 años quienes solicitarán préstamos estudiantiles en el futuro. Tampoco es probable que la deuda estudiantil de los actuales jóvenes de 17 años sea perdonada dentro de cuatro años cuando llegue el momento de que los recién graduados la paguen. Ellos estarán obligados a seguir las políticas de préstamos vigentes a esa fecha.

Sin embargo, existe una clara posibilidad de que las políticas de préstamos del Departamento de Educación de EE. UU. hayan cambiado cuando los estudiantes de bachillerato actuales se gradúen de la universidad. Lo más significativo es que podrían ver un cambio importante bajo la guía propuesta por el departamento para un nuevo plan de reembolso impulsado por los ingresos (IDR, por sus siglas en inglés). Si se adopta el plan IDR propuesto y sobrevive a las impugnaciones judiciales,[38] el efecto sobre las prácticas y los montos de pago de los préstamos estudiantiles será sustancial. Según el plan IDR, el pago mensual de tu préstamo se calcularía, no sobre el saldo de tu préstamo, sino sobre tu ingreso discrecional, que es lo que queda después de pagar lo esencial como vivienda y alimentos. En efecto, el resto del saldo del préstamo se convertiría en una subvención.

Tomemos un ejemplo bajo el plan de pago basado en ingresos (IBR, por sus siglas en inglés) actual y comparémoslo con un ejemplo bajo la propuesta de reembolso impulsado por los ingresos (IDR) propuesto para tener una idea del impacto en tu pago mensual. Actualmente, el Departamento de Educación determina los ingresos discrecionales (lo que queda después de pagar lo esencial, como la vivienda y los alimentos) tomando los ingresos de tu hogar y *restando el 150% de la pauta federal de pobreza* acuerdo al tamaño de tu familia y tu ubicación. Para una familia de tres en Texas con un ingreso familiar de US$58,000, resta el ingreso no discrecional de US$34,545 (150% de la pauta de pobreza) para determinar tu ingreso discrecional de US$23,455. El monto actual del Pago basado en los ingresos (IBR) sería un porcentaje de esos US$23,455.

Bajo el nuevo plan de reembolso impulsado por los ingresos (IDR), la cantidad de referencia de ingresos discrecionales se reduce drásticamente cuando el umbral de ingresos discrecionales se eleva del 150% de la pauta federal de pobreza al 225%. Entonces, el nuevo plan IDR reduciría el ingreso discrecional declarado de US$58,000 para el ingreso familiar de US$23,455 a solo US$6,182.50 (US$58,000–US$51,817.50 = US$6,182.50), que es aproximadamente una cuarta parte de la línea de base utilizada en el antiguo plan IBR. La aplicación de los términos de pago de la deuda del Departamento de Educación de EE. UU. para esa cantidad produce un pago mensual de solo US$26 según el nuevo plan IDR.

Además de reducir el tamaño de la línea base identificada como ingreso discrecional, el nuevo plan IDR también reduce el porcentaje de ingreso discrecional que debe pagarse de esa línea base cada mes. Según el nuevo plan IDR, el reembolso está vinculado al 5% de los ingresos discrecionales, por debajo del requisito actual de pagar el 10% de los ingresos discrecionales mensuales. Finalmente, además de la reducción de la línea de base y del porcentaje, también se ajustaría a la baja el plazo de amortización. Para los prestatarios cuya deuda inicial fue menos de US$12,000, se reducirá a 10 años. Para todos los demás prestatarios se mantendrá en 20 años.

Reducir la línea de base, el porcentaje y el período de pago bajo el nuevo programa IDR reducirá significativamente el pago mensual de lo que pagan actualmente los prestatarios. Por ejemplo, una familia de cuatro con un ingreso familiar de US$75,000 vería una caída en el pago de US$278 por mes a US$52 por mes.[39]

En cierto sentido, esta nueva reducción de IDR parece ser de gran ayuda para los estudiantes que trabajan bajo la carga de una deuda.[40] Pero la pregunta que enfrentan los recién graduados del bachillerato sigue siendo cómo evitar la carga de la deuda no cancelable en primer lugar. La deuda estudiantil no desaparece simplemente; no desaparece ni con el plan de condonación de deuda, ni con el plan de pago basado en los ingresos (IBR) ni con el plan de reembolso impulsado por los ingresos (IDR).[41] Tiene sentido que la deuda tendrá que ser pagada eventualmente de alguna forma, por los contribuyentes actuales o por los futuros contribuyentes. Al considerar tu experiencia universitaria, piensa en cómo puedes evitar acumular deudas en primer lugar. Si no puedes evitar acumular deuda, piensa en cómo vas a hacer los pagos necesarios para evitar el incumplimiento.

Escápate de Matrix: si obtienes préstamos, establece un plan para devolverlos

Si decides que quieres ir a la universidad, es mejor graduarse sin deudas que tener la carga de una deuda durante años después de la universidad. Pero si no puedes graduarte sin deudas, trata de pagar los costos universitarios durante los años universitarios a través de ahorros, becas, ganancias y una vida austera. Luego, establece un plan para pagar el resto cuando te gradúes. Los veteranos y los miembros activos de las Fuerzas Armadas de los EE. UU. a veces pueden obtener la condonación a través del programa de condonación de préstamos por servicio público, otra razón para considerar el servicio militar.

Para los civiles, recuerda que la regla general es limitar la deuda estudiantil total a tu salario anual proyectado después de graduarte. Eso significa que seguir una educación a la carta o trabajar para Target o Walmart para aprovechar las becas que ofrecen puede ser de gran beneficio. Eso también significa tener los ojos puestos en la recompensa de caminar sin deudas en la graduación y hacer un seguimiento de tu progreso año tras año.

Si incurres en deudas por obtener una educación superior, la deuda no tiene por qué estancar tu vida. No tienen por qué quedar atrapados tú y tu familia en una servidumbre por contrato moderno sin escapatoria. Si planificas con anticipación para manejar tu peor escenario de deuda, puedes evitar contraer más deudas de las que puedes pagar. Esto puede implicar que elijas una opción universitaria menos costosa, tomarte más tiempo para graduarte para que puedas financiar tu educación con un horario de trabajo más intensivo o solicitar más subvenciones y becas.

Salte del pensamiento de la Matriz de préstamos estudiantiles, prepárate para enfrentar tus obligaciones financieras y hazte cargo de tus préstamos. Entonces serás el dueño, en lugar del prestatario, de tu propio futuro.

Conclusión

LA DEUDA ESTUDIANTIL EN ESPIRAL te afecta independientemente de quién seas o de cómo te identifiques por categoría demográfica:

- rico, pobre o clase media

- rural, urbano, suburbano o extraurbano

- académicamente dotado, promedio o con desafíos.

- hombre, mujer, no binario, LGBTQ o transgénero

- Cristiano, Judío, Musulmán, Hindú, Agnóstico, Ateo o no religioso

- Demócrata, Republicano, Independiente, Liberal, Verde o Partido de la Constitución

- Blanco, Afroamericano, Asiático, Nativo Americano/Nativo de Alaska, Nativo de Hawái/Isleño del Pacífico, Multirracial o Hispano.

Independientemente de dónde te ubiques dentro de este espectro de identidades, la deuda estudiantil te acecha. A la deuda simplemente no le importan tus características personales, tu política o cómo te identificas ante el mundo. Es indiferente a quien atrapa. Pero solo atrapa a los incautos. Construye tus defensas contra este peligro que te acecha.

Cuando los estudiantes universitarios caminan por el escenario para aceptar su diploma y al despertar al día siguiente descubren una carga de deuda que podría acosarlos el resto de sus vidas, algo va mal. Cuando descubren que no podrán encontrar trabajo en su campo en el que estuvieron estudiando por cuatro años, algo va mal. Cuando descubren que su nivel salarial no les permitirá saldar su deuda estudiantil durante décadas y su carga financiera les impedirá dar el paso a la vida adulta, algo va mal. Las cosas simplemente no pueden seguir como están. El sistema financiero universitario está roto. Las cosas tienen que cambiar.

El mapa cambiante de la educación superior

La buena noticia es que el cambio está llegando. En todo el país, los estudiantes, instigados quizás por la pandemia del COVID, se están dando cuenta de que un campus universitario no tiene por qué ser un paraíso moderno con atracciones como un "complejo de piscinas con un río lento" y "filetes cocinados al momento" en el comedor del campus.[1]

Los estudiantes empiezan a darse cuenta de que deben responsabilizarse de su propia educación, de que el aprendizaje está disponible en línea y de que la interacción social está disponible fuera del campus. A medida que los líderes de opinión abogan por una educación de bajo costo tanto para el estudiante como para el contribuyente, la próxima generación de educación superior se está construyendo sobre un nuevo modelo.

Muchos estados ya están aplicando planes para reconocer, ampliar y apoyar a los colegios comunitarios como una forma vigorosa de educación continua que puede impartirse a bajo costo. Otros estados están ofreciendo estudios universitarios gratuitos o programas *College Promise* a estudiantes con bajos ingresos o académicamente dotados y comprometidos que cumplan los requisitos. Los graduados de bachillerato están recurriendo a escuelas de oficios, programas para aprendices y formación vocacional que antes veían con desdén.

Si la enseñanza superior quiere sobrevivir cuando aumenten otras opciones educativas, tendrá que hacer cambios. Estamos ahora en la cúspide de una transformación tectónica, y experimentaremos esta transformación de varias maneras, predice Alex Mitchell, en un artículo de *HackerNoon* publicado en www.medium.com.[2]

Los estudiantes dependerán cada vez más de la educación en línea, a veces denominada cursos masivos y abiertos en línea (MOOC, por sus siglas en inglés). Con los cursos ofrecidos por EdX, Coursera, Khan Academy y Udacity, los estudiantes podrán formarse "en casi cualquier cosa de forma gratuita".[3]

Las escuelas de programación, a menudo denominadas "campamentos de iniciación a la programación", seguirán evolucionando y expandiéndose. A medida que lo hagan, surgirán "nuevos modelos de financiamiento y rentabilidad sostenibles".[4] Las escuelas de programación enseñarán a los estudiantes a convertirse en desarrolladores de software utilizando Python, JavaScript, C# y otras herramientas de programación que podrán comunicarse con las computadoras. Los graduados de estas escuelas de programación prosperarán en puestos relacionados con la tecnología de la información.

Las escuelas de oficios en las que los estudiantes se entrenan como aprendices en campos como la carpintería o la electrónica están cobrando un nuevo impulso. Empresas como NextGenT pueden "ofrecer muchos programas de certificación técnica en campos de gran demanda, como la ciberseguridad".[5] Esto permitirá a los estudiantes del futuro a dirigirse hacia campos profesionales con un abanico más amplio de opciones para conseguir la formación necesaria.

Para competir con estas opciones educativas de bajo costo que proliferan, las universidades empezarán a ofrecer otras opciones de pago. Estas podrían incluir, acuerdos de participación de los ingresos (ISAs, por sus siglas en inglés), en los que el estudiante se compromete a "pagar un porcentaje de sus ingresos futuros" a su prestamista, en lugar de pagar su educación por adelantado.[6] O las "opciones de obtener un salario por aprender", en las que las empresas pagan a sus empleados un salario para que sigan formándose, en lugar de que sean los propios estudiantes quienes paguen sus gastos de educativos.[7] Algunas empresas con la opción de obtener un salario por aprender son Lambda School, Modern Labor y Career Karma.

Imaginemos cómo será impartida la educación dentro de 10 o 15 años. Alex Mitchell prevé un mundo en el que las "universidades privadas de nivel medio" que no cambien su forma de operar dejarán de existir, mientras que los colegios comunitarios aumentarán en tamaño e influencia.[8]

¿Puedes imaginarte que las escuelas de programación y de oficios adquieran tal prominencia que sean consideradas como una nueva *Ivy League* capaz de ofrecer "planes de estudios sólidos a desarrolladores, programadores de datos, diseñadores, gerentes de productos, etc."?[9] ¿Puedes concebir la actual *Ivy League* y las principales universidades de investigación como las únicas universidades de la "vieja guardia" que permanecen?[10]

La suma total de la deuda de los préstamos estudiantiles ha alcanzado tal nivel que su valor se desplomará "a medida que se disparen los impagos", haciendo obsoleta la opción de endeudamiento que ha mantenido cautivas, durante tanto tiempo, a tantas personas que buscaban una educación superior.[11] En el mundo del futuro, todas las ciudades de EE. UU. ofrecerán títulos de asociado gratuitos en los colegios comunitarios públicos.[12] Y más allá de un título de asociado, las empresas estadounidenses empezarán a pagarle a sus empleados para que amplíen su formación porque saben que los trabajadores formados hacen mejor su trabajo.

Aunque no hay forma de predecir con exactitud el futuro, actualmente existen pruebas empíricas de tendencias emergentes en la educación que no dejan al estudiante sumido en una deuda asfixiante. El artículo del Sr. Mitchell anima a pensar que la próxima generación de educación superior se está construyendo y abrirá nuevas oportunidades.

En caso de que pienses que estas predicciones se basan en meras especulaciones, considera que los datos publicados en 2021 por el Departamento de Educación de EE.UU. revelaron que unas 579 instituciones de enseñanza superior desaparecieron en el trienio anterior.[13] Citando las estadísticas del Departamento de Educación de EE. UU., un artículo reciente señala: "Los cierres de colegios y universidades con fines de lucro (en todos los ámbitos, desde las instituciones que otorgan certificados hasta las que conceden títulos de licenciatura) representaron alrededor de tres cuartas partes de las 579 instituciones que desaparecieron en ese período de tres años".[14] Del mismo modo, el número de universidades públicas sin fines de lucro de cuatro años también disminuyó.

Estas estadísticas indican que podríamos estar acercándonos a un punto de inflexión. En lugar de la robusta tendencia de crecimiento en el número de estudiantes universitarios y de instituciones observada en los años sesenta, setenta y ochenta—la misma tendencia que impulsó el estricto código de quiebras y el auge de *Sallie Mae*—el número de instituciones de educación superior está disminuyendo. Es probable que esta tendencia se acentúe con el tiempo, a medida que los hijos de la generación del *baby boom* superen la edad fértil y nazcan menos hijos de las parejas que ahora retrasan la paternidad por motivos económicos y de otro tipo.

Además, es probable que la tendencia se acelere a corto plazo, ya que las fuerzas económicas y la variante COVID siguen limitando a las instituciones universitarias y su capacidad para cobrar matrículas por el aprendizaje a distancia. El mundo de la enseñanza superior al que se enfrentarán nuestros nietos no será el mismo al que se enfrentan hoy nuestros hijos.

En el aquí y el ahora

Antes de marcharnos hacia el futuro, todavía tenemos que hacer frente a la música del aquí y el ahora. Hasta que el panorama educativo haya sido remodelado por las fuerzas que se están desatando ahora, cada estudiante debe planificar y ejecutar su propio escape de los supuestos de la Matriz de préstamos estudiantiles. Con la información que ahora conoces, no tendrás que esperar a que la educación superior cambie para comenzar tu propio futuro con poca o ninguna deuda. Has neutralizado los supuestos que conforman la Matriz de préstamos estudiantiles, y ahora tu futuro está en tus manos.

La educación va más allá de la simple obtención de un diploma al completar 120 horas de trabajo en el aula universitaria. De hecho, hay rumores de un movimiento para reducir la finalización de la universidad de 120 a 90 horas. En un artículo de Scott L. Wyatt y Allen C. Guelzo titulado *"College Doesn't Need to Take Four Years"* (La universidad no tiene por qué durar cuatro años) se afirma que "volver a una titulación de tres años atraería a estudiantes preocupados por el costo de la matrícula, sobre todo si las titulaciones de cuatro años dejan de garantizar cada vez más un empleo de clase media".[15]

La educación significa equiparse con las herramientas necesarias para afrontar los retos de la vida y las habilidades para prosperar en cualquier negocio, organización o empresa a la que decidas unirte o dirigir. Estudiantes como tú ya están empleando formas creativas para educarse, escapar o gestionar la deuda de los préstamos estudiantiles y aprovechar su propio futuro, en lugar de recibirlo pasivamente.

A una estudiante brillante de último grado de bachillerato le ofrecieron cuatro opciones diferentes: tres universidades reconocidas a nivel nacional y una universidad menos conocida. Las universidades de élite le ofrecían distintos paquetes financieros, pero la universidad menos conocida le ofrecía una beca completa. Esta brillante estudiante eligió la universidad menos conocida, disfrutó enormemente de su experiencia allí y recibió su diploma sin deudas. Luego se licenció en una facultad de Derecho muy competitiva, consiguió un prestigioso puesto de secretaria de un juez federal y se incorporó a un gran bufete de abogados con una práctica especializada, todo ello sin el beneficio de un título universitario de élite. En una situación similar, puede que decidas que un título de una universidad de prestigio te da una ventaja competitiva en el lugar de trabajo y, que, de hecho, vale la pena pagar más. Pero considera los costos de ambas opciones.

Un universitario hawaiano recién graduado pagó US$53,000 dólares de préstamos estudiantiles en menos de un año. Lo hizo trabajando diligentemente en múltiples empleos de medio tiempo. Según un artículo publicado por Lauren Day en KHON2,[16] Kamaka Diaz estaba motivado por actuar cuando se dio cuenta de que los intereses incluidos en su plan de amortización elevarían el costo total de su educación de US$53,000 a unos US$70,000. En ese momento, decidió salir de la deuda lo antes posible y evitar así los intereses acumulados. Para ahorrar en gastos, vivió en casa de sus padres y, para saldar su deuda, "grabó vídeos, plantó árboles, envió cosas, entregó cosas, trabajó en jardinería" e incluso "se disfrazó de Buzz Lightyear para la fiesta de cumpleaños de un niño de tres años".[17] El resultado de su determinación fue que "Kamaka Díaz pagó US$53,757 en 11 meses".[18]

Del mismo modo, una joven a la que conocí haciendo el sendero de los Apalaches saldó una deuda de US$60,000 de la universidad en un año de esfuerzo concertado. Al graduarse con una gran deuda, se sorprendió al pensar que sus opciones de vida estarían ahora dictadas por sus préstamos estudiantiles. Al igual que el estudiante hawaiano, decidió acelerar el pago de su deuda. Aceptó un trabajo exigente en los campos petrolíferos de Northern Tier que le pagaba bien. Mantuvo los gastos bajos comiendo ramen, viviendo en un contenedor reconvertido y compartiendo gastos con una compañera de piso. En poco más de un año había pagado la deuda. Entonces decidió recorrer el Sendero de los Apalaches y volver a un estilo de vida normal.[19]

Si la decisión de asistir a la universidad aún está lejos en el futuro, hay varias formas de empezar a planificar para evitar los escollos financieros de una deuda estudiantil y gestionarla de forma creativa en caso de que decidas asumirla. Echa un vistazo a los recursos disponibles para prepararte financieramente para tu futura educación y presta especial atención a los planes 529. Estos planes estatales son una herramienta financiera sólida de planificación financiera para la universidad, pero sólo un 10% de los estudiantes que cumplen los requisitos los aprovechan.

Investiga tu posible carrera universitaria teniendo en cuenta si el salario anual previsto puede amortizar la deuda que contraerás por ella. En otras palabras, piensa en el salario anual previsto para la carrera que quieres estudiar para calcular cuánta deuda puedes asumir. Trata de evitar una carrera en un campo relativamente mal pagado después de cursar la carrera requerida en una universidad relativamente cara. Será mejor que estos dos elementos financieros estén invertidos.

Hay que reconocer que a los 17 años es difícil saber qué quieres hacer con tu vida cuando seas adulto. Es un auténtico dilema. Si no tienes claro qué carrera te gustaría seguir, una opción de la que hemos hablado es tomarte un año sabático antes de la universidad y reflexiona sin prisas. Deja que tus compañeros del bachillerato avancen a su ritmo mientras tú lo haces al tuyo. Además, puede que descubras qué carrera quieres estudiar a la luz de los intereses que descubras durante el año sabático. Pero si decides hacer un paréntesis, ten en cuenta que sólo el 90% de los estudiantes que se toman un año sabático acaban yendo a la universidad, y los que lo hacen sólo tienen la mitad de las probabilidades de graduarse. Así que piénsatelo bien. Un año sabático puede orientarte hacia una carrera que no te habías planteado en el bachillerato. Si es así, calcula el nivel de deuda que asumirás y qué credenciales universitarias necesitarás para optar por la nueva carrera que has elegido.

Otra forma de evitar los escollos financieros de la elección universitaria es posponerla un poco y dedicarte a un oficio durante unos años. Cuando hayas estabilizado tu situación financiera, ve a la universidad y obtén tu título. En ese momento, puede que tengas una idea más clara del campo en el que te gustaría especializarte. Un ejemplo podría ser un plomero que más tarde decide convertirse en ingeniero mecánico, o un electricista que más tarde decide convertirse en ingeniero eléctrico. En mi experiencia profesional, he conocido a dos ingenieros profesionales titulados (PE) que siguieron exactamente ese camino. Si decides seguir el camino de los oficios, ten en cuenta que los estudiantes universitarios no tradicionales tienen muchas menos probabilidades de graduarse, en parte porque tienen que trabajar para pagar las cuentas y pueden tener familias que mantener al mismo tiempo. Así que piénsatelo bien antes de hacer tu plan a largo plazo.

No olvides que muchas empresas ofrecen ayudas económicas para la educación de sus empleados. Estas ayudas pueden ser muy útiles para los jóvenes adultos que acaban de empezar su carrera profesional. Walmart y Target son dos de esas empresas que ofrecen una ayuda educativa realmente notable tanto para los empleados de tiempo parcial como para los empleados a tiempo completo. Asimismo, Starbucks tiene un gran programa con la Universidad Estatal de Arizona. Usando esta ruta de asistencia empresarial, puedes probar las aguas de la experiencia universitaria mientras trabajas en una gran cadena comercial, recibiendo un salario, acumulando antigüedad y ganando madurez, y todo ello sin endeudarte demasiado.

Un plan para el éxito

A pesar de los costos, la universidad sigue siendo una empresa que vale la pena para muchos estudiantes. Puede permitir la especialización profesional, infundir confianza y, si se utilizan adecuadamente los recursos, ofrecer algunas oportunidades profesionales interesantes y lucrativas. Nosotros te animamos a que seas realista y práctico a la hora de considerar si deseas asistir a la universidad y, en caso afirmativo, en qué calidad.

Si decides obtener un título universitario, ten un plan para graduarte sin deudas el gran día. En lugar de decidir asistir a la mejor universidad en la que te acepten, recalibra tu pensamiento para asistir a la mejor universidad en la que puedas graduarte sin deudas. Si decides que vale la pena endeudarte por un título de mayor prestigio, ten un plan para pagarlo rápidamente. Piensa en los dos recién licenciados que saldaron su deuda en un año.

Antes de ir a una universidad costosa, entiende el costo de todos los componentes del programa que vas a pagar y actúa en consecuencia. Considera las ventajas de reducir la deuda asistiendo a la universidad comunitaria en el plan 2+2. Dos años más en casa después del bachillerato no te matarán. De hecho, dos años de colegio comunitario mientras vives en casa de tus padres pueden ahorrarte tanto a ti como a tu familia miles de dólares en préstamos e intereses más adelante.

Sé cuidadoso en tu elección de universidad y de la carrera. A la hora de elegir una carrera, busca un campo que te guste y que tenga posiciones disponibles, y busca una carrera que pueda pagarte el estilo de vida que deseas. Tanto mejor si se trata de un campo en el que puedas hacer una contribución real a la sociedad. Utiliza las herramientas y estrategias que tienes a tu disposición para minimizar la carga de la deuda prevista. Solicita becas y subvenciones. No confíes totalmente en las posibles becas deportivas, ya que son escasas y pueden presentar escollos imprevistos. Recuerda que hay becas privadas y subvenciones federales esperando que los estudiantes lo suficientemente motivados como para completar su solicitud FAFSA, envíen sus solicitudes y las busquen.

Por último, no olvides que puedes hacer una contribución a la sociedad y cobrar por ello a través del servicio público en programas como el Cuerpo de Paz. Echa un vistazo a www.publicservicecareers.org para obtener buenos consejos sobre carreras en el servicio público. Al crear una estrategia para financiar tu futuro, considera cómo el trabajo-estudio, el servicio militar y la educación a la carta podrían proporcionarte una valiosa experiencia laboral mientras pagas la universidad.

Ya has examinado detenidamente las 12 suposiciones que componen la Matriz de préstamos estudiantiles y las has descifrado. Espero que, una vez hecho esto, seas libre para navegar por el mundo de la educación superior evitando un gran gasto de tiempo y dinero. Ahora que tú y su familia están conscientes de los peligros que acechan en el camino, puedes avanzar con seguridad, adentrándote en un futuro meditado, sea cual sea ese futuro.

Traza tu camino para conseguir la educación que más te convenga. Asegúrate de obtener las habilidades que necesitas para sobrevivir y prosperar en el mundo post-COVID. No seas un participante pasivo de tu propio futuro. Utiliza la información que has obtenido en este libro para trazar una ruta que te permita graduarte sin deudas. Te deseo todo lo mejor en tu viaje y espero escuchar si el libro fue una guía útil. ¡Disfrútalo!

Lista de figuras

Fotografía del autor y sus hijos por Reed Sullivan, página xiii

Figura 1. Visualiza US$1 millón, página xx

Figura 2. Visualiza US$1,000 millones, página xxi

Figura 3. Visualiza US$1 billón, página xxi

Figura 4. El cubo de la Matriz de préstamos estudiantiles, página 9

Figura 5. Las cuatro dimensiones de la escucha, página 37–38

Figura 6. Deuda ilustrada para los colegios comunitarios y las universidades públicas, página 76

Figura 7. Deuda ilustrada para las universidades públicas dentro del estado, página 77

Figura 8. Deuda ilustrada para una universidad pública fuera del estado, página 78

Gráfico 9. Deuda ilustrada para una universidad privada, página 79

Figura 10. Visualiza la carga de la deuda con intereses en dos rutas, página 80

Figura 11. Visualiza la carga de la deuda con intereses en otras dos rutas, página 81

Figura 12. Tabla de costos por curso y costos totales en cinco colegios comunitarios, página 87

Figura 13. Tabla de costos incurridos en un colegio comunitario, página 89

Figura 14. Tabla de probabilidad estimada por la NCAA de competir en deportes universitarios, página 124–125

Figura 15. Tabla de límite de becas deportivas para equipos masculinos, página 127–128

Figura 16. Tabla de límite de becas deportivas para equipos femeninos, página 130

Figura 17. Probabilidad estimada de competir como atleta profesional, página 134

Figura 18. Tabla de activos de la deuda federal de los estudiantes, página 198

Fotografía del autor por Reed Sullivan, página 284

Recursos para
Lecturas Adicionales

PARA REALIZAR TU PROPIA INVESTIGACIÓN en la toma de decisiones universitarias, considera los siguientes recursos como lecturas adicionales.

Cursos accesibles en línea

El sitio web de EDX, https://edx.com, ofrece más de 250 cursos en línea generalmente enfocados en la capacitación en ingeniería. Cada curso cuesta un promedio de US$400 a US$500, incluidos los cursos impartidos por Harvard y otras escuelas de la *Ivy League*. Al finalizar, recibirás un certificado que demuestra tu capacidad para completar el trabajo del curso. También puedes disfrutar del programa *Great Courses* (Grandes Cursos) de la compañía de Enseñanza en https://www.thegreatcourses.com/, con una amplia gama de cursos en video.

Datos del Departamento de Educación de EE. UU.

El sitio web seminal DOE, https://www.ed.gov, te permite navegar por las políticas y los programas que ha establecido el gobierno. También encontrarás estudios interesantes que muestran una amplia gama de estadísticas útiles sobre aquellos que asisten a la universidad y sus especializaciones. Aquí es donde encontrarás estadísticas sobre las tasas de graduación dentro de los seis años.

Haz una prioridad el acceder a la gran cantidad de información sobre carreras universitarias en varias instituciones en el sitio web del DOE en https:// collegescorecard.ed.gov/ o a través del Centro de Accesibilidad y Transparecia College enhttps://collegecost.ed.gov/.

Estadísticas Educativas

El sitio web del Centro Nacional de Estadísticas Educativas (NCES, por sus siglas en inglés), patrocinado por el Departamento de Educación de EE. UU., se encuentra en https://nces.ed.gov. Proporciona resúmenes de estadísticas educativas y es una buena fuente para investigar cuestiones como las tasas comparativas de retención en instituciones públicas, sin fines de lucro y con fines de lucro.

Sitios de clasificación universitaria

Clasificación anual del *U.S. News & World Report*. El abuelo de los sitios de clasificación de las universidades es la clasificación anual del *U.S. News & World Report* en www.usnews.com/best-colleges. Iniciado a mediados de la década de 1980, este *ranking* anual cubre categorías tales como las mejores escuelas públicas, programas de ingeniería, universidades y colegios históricamente negros (HBCU, por sus siglas en inglés) y las *Ivy Leagues*. Estas clasificaciones se basan en un algoritmo de clasificación por pares que envían anualmente los jefes de admisiones, rectores y presidentes de cada una de las 222 escuelas de artes liberales y 388 universidades grandes.

Se recomienda cierta precaución si los estudiantes tienen la intención de utilizar este sitio de clasificación con fines de seleccionar universidades. Malcolm Gladwell deconstruye el algoritmo de clasificación por pares de *U.S. News* en un podcast que invita a la reflexión titulado *"Lord of the Rankings"* (El Señor de los *rankings*), 1.o de julio de 2021. El análisis de sondeo del Sr. Gladwell revela que los funcionarios universitarios designados en realidad califican a sus colegas universitarios de *manera subjetiva* en función de una puntuación del 1 al 5, en lugar de usar *objetivamente* un sistema de calificación de métricas fijas.

En consecuencia, las clasificaciones de universidades de *U.S. News* no se basan en "investigaciones de ciencias sociales" que podrían justificar el peso que a veces les dan los estudiantes, y quizás más aún, sus padres, en el proceso de selección de universidades. Si bien pueden ser un punto de partida inicial para la comparación, como observa el Sr. Gladwell, las clasificaciones de *U.S. News* podrían describirse mejor como "una evaluación de sus sentimientos hacia otras escuelas", en lugar de ser una evaluación objetiva que utiliza algún criterio.[1] Los sentimientos subjetivos entre los administradores universitarios acerca de otras escuelas que pudiesen ser competencia no pueden ser el mejor indicador para que los estudiantes calibren sus propias decisiones universitarias o para que sus padres tengan derecho a presumir.

Las observaciones de Gladwell son reforzadas por el Dr. Christopher L. Eisgruber, presidente de la Universidad de Princeton, quien pone en duda la utilidad de los estudiantes que confían en la clasificación del *U.S. News and World Report* para su proceso de selección de universidades. En un artículo del *Washington Post* titulado *"I Lead America's Top-ranked University. Here's Why These Rankings Are a Problem"* (Yo dirijo la Universidad mejor clasificada de América. Esta es la razón por la que estas clasificaciones son un problema),[2] él observa: "Mi universidad ahora ha encabezado las clasificaciones del *U.S. News & World Report* durante 11 años consecutivos. Dado el éxito de Princeton, podrías pensar que soy un fanático de esta lista. No tanto. Estoy convencido de que el juego de clasificación es una . . . obsesión absurda y dañina cuando las universidades, los padres o los estudiantes se lo toman demasiado en serio".[3] Ese no es el respaldo rotundo que esperarías del presidente de la universidad mejor clasificada en la calificación anual del *U.S. News & World Report*.

A pesar de estas críticas al sistema de clasificación del *U.S. News*, este sigue siendo una herramienta útil para medir la reputación de una universidad. En un artículo titulado "Parece probable que fracase la rebelión de la clasificación universitaria",[4] Josh Zumbrun señala que "la mayoría de los datos utilizados para determinar las clasificaciones pueden derivarse de la información pública", y que para la clasificación de las instituciones de pregrado, solo "20% de la puntuación se asigna a partir de una encuesta en la que se pide a las instituciones que se evalúen entre sí".[5] La clave es que consideres lo que realmente quieres de una universidad. Luego puedes determinar por ti mismo cuánto peso darle al *ranking* del *U.S. News*.

Tarjeta de puntuación universitaria del Departamento de Educación de EE. UU. Dado que las clasificaciones del *U.S. News & World Report* operan a través de criterios subjetivos, sería útil encontrar algo como una clasificación basada en reportes del consumidor para universidades que adoptes un enfoque más objetivo con fines de comparación. En este sentido, el Dr. Eisgruber recomienda la "Tarjeta de puntuación universitaria", producido por el Departamento de Educación de EE. UU., porque "permite que cualquier persona compare universidades en varias dimensiones sin la distracción de las clasificaciones".[6] Esta tarjeta de puntuación basada en datos nos da información objetiva para poder hacer comparaciones.

Esa idea de una comparación objetiva también es defendida por Colin Diver, JD, expresidente de Reed College y exdecano de la Facultad de Derecho Carey de la Universidad de Pensilvania. En su libro titulado *Rompiendo con las clasificaciones: cómo la industria de los rankings rige la educación superior y qué hacer al respecto* (mencionado más adelante), Diver recomienda las clasificaciones basadas en las características individuales de la educación superior, como "calidad de la instrucción y de aprendizajes adquiridos", "asequibilidad" y "selectividad de estudiantes". El sistema de clasificación ideal de Diver sería publicado por una organización sin fines de lucro e imparcial como Consumer Reports, en lugar de una organización con fines de lucro como *U.S. News*. Tal sistema de clasificación asignaría una lista numérica a quizás las 25 mejores escuelas, y luego enumeraría las escuelas restantes en grupos no clasificados para eliminar la "precisiones falsas".[7] Hasta que se desarrolle dicho sistema, los estudiantes son libres de asignar su propio valor a los varios sistemas de clasificación disponibles.

Las clasificaciones universitarias del *Wall Street Journal*. El *Wall Street Journal* compila un sitio de clasificación anual en www.wsj.com/collegerankings que ofrece una gran cantidad de datos especializados. El formato te permite ver las clasificaciones de las universidades dentro de las áreas de especialidad, así como varias estadísticas útiles, como el porcentaje de estudiantes que se gradúan y el porcentaje que obtiene trabajos en el campo de su carrera deseada, dos factores clave a considerar al seleccionar una universidad.

Otras clasificaciones universitarias. Otras clasificaciones de universidades que vale la pena leer están disponibles en *Niche, Kiplinger, Money, Princeton Review, Times Higher Education's World University Rankings* y en *Washington Monthly.* Cada uno proporciona un prisma valioso para identificar los beneficios de varias escuelas bajo consideración.

Prácticas Educativas

La Asociación Estadounidense de Educación Superior y Acreditación (AAHEA, por sus siglas en inglés), una organización independiente sin fines de lucro basada en membresías, dedicada a desarrollar capital humano para la educación superior, ofrece un sitio web en www.aahea.org. AAHEA proporciona información sobre la educación superior en temas que son importantes en una sociedad democrática y multirracial. AAHEA también promueve y difunde ejemplos de prácticas educativas efectivas para abordar esos problemas.

Libros

Recomendamos varios libros que abordan diversas estrategias para graduarse sin deudas y analizar los aspectos financieros de la experiencia universitaria. cada uno tiene un enfoque útil y puede considerarse como parte de un enfoque estratégico para escapar de Matrix.

"Debt-Free Degree" (Título Universitario sin deudas) de Anthony ONeal guía a los estudiantes del bachillerato a través de cada uno de los cuatro años de universidad con información útil sobre cómo evitar gastos innecesarios y reducir costos.

"Graduate from College Debt Free" (Gradúate de la Universidad sin deudas) de Bart Astor brinda la perspectiva de un planificador financiero y analiza el proceso de apoyo económico para ayudar a los estudiantes a evitar y cortar gastos innecesarios.

"Confessions of a Scholarship Winner" (Confesiones de una ganadora de becas) de Kristina Ellis es una lectura divertida con una guía útil sobre cómo maximizar las becas. La Sra. Ellis es una experta en el tema que personalmente ganó US$500,000 en becas y comparte sus secretos para el éxito.

"How to Graduate Debt Free" (Cómo graduarse sin deudas) también de Kristina Ellis brinda la perspectiva de un recién graduado universitario y se enfoca en estudiantes de bajos ingresos o de primera generación quienes podrían tener acceso limitado a la información.

"Who Graduates from College? Who Doesn't?" (¿Quién se gradúa de la universidad? ¿Quién no?) por Mark Kantrowitz presenta unas 700 tablas y gráficos que brindan a los aspirantes a estudiantes universitarios una guía basada en datos para aumentar sus posibilidades de graduarse de la universidad. Para pasar a ser el líder de la clase, consulta sus libros Cómo solicitar más ayuda financiera, llenando la FAFSA y Secretos para ganar una beca. Cada uno presenta información confiable de un experto real en la materia.

"Indebted: How Families Make College Work at Any Cost" (Endeudados: cómo hacen las familias para que la universidad funcione a cualquier costo) por Caitlin Zaloom utiliza un enfoque de estudio de caso para describir cómo los padres y los estudiantes se ven obligados a asumir enormes deudas estudiantiles universitarias sin la certeza de que la inversión valdrá la pena. El libro pinta un retrato de la clase media estadounidense que trata de navegar por las complejidades de las instituciones encargadas de determinar quién es elegible para recibir ayuda estudiantil.

"Breaking Ranks: How the Rankings Industry Rules Higher Education and What to Do about It" (Rompiendo las clasificaciones: cómo la industria de los *rankings* gobierna la educación superior y qué hacer al respecto) de Colin Diver, JD, brinda una visión interna de la industria de los *rankings*. Como expresidente de Reed College y exdecano de la Facultad de Derecho Carey de la Universidad de Pensilvania, el Sr. Diver aporta perspicacia educativa y jurídica al problema del *ranking* universitario.

Finalmente, para tener una idea de cómo la experiencia universitaria puede diferir de una escuela a otra, consulta un trabajo histórico titulado *"Colleges That Change Lives: 40 Schools That Will Change the Way You Think about Colleges"* (Universidades que cambian vidas: 40 Universidades que harán cambiar tu forma de pensar acerca de las Universidades). Esta guía educativa fue publicada por primera vez en 1996 por Loren Pope, exeditor de educación del *New York Times*. Identifica 40 universidades de artes liberales y sus filosofías fundamentales. Cada una tiene un enfoque diferente, pero todas están comprometidas con el desarrollo de pensadores críticos, líderes sociales y ciudadanos morales. Los perfiles en el libro les dan a los estudiantes una idea de las características y beneficios que podrían buscar en varios entornos universitarios.

Notas finales

Prefacio

1. Se puede acceder a la deuda de préstamos estudiantiles federales a través del sitio StudentAid.gov en: https://studentaid.gov/sites/default/files/fsawg/ datacenter/library/ PortfolioSummary.xls. Este sitio informa que la deuda pendiente de préstamos estudiantiles *federales* al 30 de septiembre de 2022 (el final del año fiscal federal) era de US$1,6345 billones, con unos 43.5 millones de prestatarios que adeudan un promedio de US$37,575.

2. El total de préstamos estudiantiles pendientes de pago de la deuda federal y privada se puede determinar consultando el informe G.19 de la Junta de la Reserva Federal en https://www.federalreserve.gov/releases/g19/HIST/cc_hist_ memo_levels.html. Al 30 de septiembre de 2022, el informe G.19 muestra un saldo pendiente de US$1.76786770 billones (abreviado como $1.768 billones). La Junta de la Reserva Federal combina los datos de los préstamos estudiantiles federales enumerados anteriormente con los datos de préstamos estudiantiles privados de *MeasureOne* para llegar a esta cifra. El informe disponible públicado más recientemente por *MeasureOne*, con fecha del tercer trimestre de 2021, se puede encontrar en https://fs.hubspotusercontent00.net/hubfs/6171800/assets/ downloads/MeasureOne%20 Private%20Student%20Loan%20Report%20 Q3%202021%20FINAL%20VERSIÓN.pdf. El informe G.19 no muestra el número de prestatarios. Sin embargo, al estimar que alrededor del 14% de los titulares de préstamos estudiantiles federales toman prestado de fuentes privadas, y aproximadamente el 80% de los titulares de préstamos estudiantiles privados toman prestado de fuentes federales, alrededor de 1.5 millones de personas tienen deudas pendientes de préstamos estudiantiles privados y no tienen préstamos estudiantiles federales pendientes. Si se suman los 1.5 millones de titulares de deuda privada a los 43.5 millones de titulares de deuda federal, se obtiene un total aproximado de 45 millones de prestatarios con préstamos

estudiantiles federales o privados pendientes. Eso pondría la deuda total promedio de préstamos estudiantiles pendiente en alrededor de US$39,000. Usando esta metodología, esta cifra de US$39,000 es considerada más como una estimación que como un número definitivo. Información proporcionada por Mark Kantrowitz, 15 de diciembre de 2022. Usada con autorización.

3. *Consulta* la descripción de las dimensiones del billete de un dólar en el sitio web de *Alliant Credit Union* en: https://www.alliantcreditunion.org/money-mentor/ the-dollar-bill-believe-it-or-not.

4. Un solo billete de US$100 mide 0.0043 por 6.14 por 2.61 pulgadas, así que US$10,000 miden 0.43 pulgadas de alto. Un millón de dólares en una sola pila mide 43 pulgadas de alto, lo que equivale a 10 pilas de aproximadamente 4.3 pulgadas de alto cada una. Consulta https://www.alliantcreditunion.org/ money-mentor/the-dollar-bill-believe-it-or-not. Gráficos creados por Reed Sullivan y Russell Brown. Usado con permiso.

5. La representación de mil millones de dólares se obtiene dividiendo el volumen de mil millones de dólares (398.7802 pies cúbicos) por el área de las cinco tarimas (80 pies cuadrados) para llegar a una altura de 4.98 pies o aproximadamente 5 pies.

6. La representación de $1 billón se obtiene dividiendo el volumen de $1 billón (398, 7802 pies cúbicos) por el área de un campo de fútbol americano (63,000 pies cuadrados) para llegar a una altura de 6.33 pies en billetes de US$100 que cubren el campo. La altura de US$1,768 billones en el campo de fútbol americano sería de 6 pulgadas por encima del travesaño del poste de la portería de 10 pies.

7. Según el informe G.19 de la Junta de la Reserva Federal, la deuda de préstamos para automóviles asciende a US$1.397653 billones. El Banco de la Reserva Federal de Nueva York lo estima un poco más alto en US$1.52 billones, pero puede que no sea tan preciso como el informe G.19, ya que es una estimación en lugar de una tabulación. Según el Informe de la deuda y crédito de los hogares publicado por el Banco de la Reserva Federal de Nueva York, la deuda de las tarjetas de crédito asciende a US$925 mil millones. Consulta https:// www.newyorkfed.org/microeconomics/hhdc. El Banco de la Reserva Federal de Nueva York también publica una cifra de la deuda hipotecaria de viviendas que supera los US$11.669 billones de dólares. Entonces, la deuda de préstamos estudiantiles es aproximadamente una sexta parte de la deuda hipotecaria.

8. En este libro nos referimos al ""student loan or student debt problema"
    (Problema del préstamo estudiantil o de la deuda estudiantil). Pero también
    se puede describir como "un problema de terminación de la universidad".
    Los estudiantes universitarios que abandonan la universidad tienen más
    probabilidades de no pagar sus préstamos estudiantiles, y estos estudiantes
    representan la mayoría de los incumplimientos. Cuando los estudiantes
    abandonan los estudios, tienen la deuda, pero no el título que les ayude a
    pagar la deuda. Sin embargo, identificar este fenómeno como un problema de
    deuda estudiantil nos permite analizar el problema desde la perspectiva de un
    estudiante de bachillerato que aspira a asistir a la universidad y luego trabajar
    preventivamente para ayudarse a resolver el problema.

9. Esta información es del Estudio Nacional de Ayuda para Estudiantes de
    Post bachillerato (NPSAS, por sus siglas en inglés), que se publica cada 3 o
    4 años desde 1987 y presenta un estudio transversal de cómo los estudiantes
    postsecundarios financian su educación. Un análisis de los informes NPSAS
    2015–16 y NPSAS-AC 2017–18 reveló que, en 2016, la deuda promedio de
    los préstamos *Parent PLUS* al momento de la graduación fue de $27,158 y fue
    tomada en préstamo por el 10.1% de los padres de estudiantes universitarios.
    Dos años más tarde, en 2018, la deuda promedio de préstamos *Parent PLUS*
    había aumentado a US$30,812 y fue tomada en préstamo por el 9.5% de los
    padres de estudiantes universitarios aproximadamente. Los préstamos *Parent
    PLUS* se incluyen en el promedio de la deuda total estimada en US$37,000
    por prestatario. Debido a que un número relativamente bajo de padres solicita
    estos préstamos, los préstamos *Parent PLUS* representan alrededor del 8% del
    importe promedio total de la deuda. Análisis de Mark Kantrowitz, entrevistado
    el 15 de diciembre de 2022. Utilizado con autorización.

10. *Ver Federal Reserve Board's Survey of Consumer Finances* (SCF) (Encuesta de
    finanzas del consumidor de la Junta de la Reserva Federal), en https://www.
    federalreserve.gov/econres/scf/dataviz/scf/chart/#series:Education_ Installment_
    Loans;demographic:all;population:1;units:mean;range:1989,2019. La deuda del
    hogar incluye la deuda de todos los prestatarios en el hogar, que puede incluir
    la deuda de los prestatarios casados, así como la de los jóvenes que pidieron
    prestado y todavía viven en el hogar.

11. Según el *Estudio longitudinal de estudiantes iniciando el postbachillerato 12/17*
    (BPS: 12/17, por sus siglas en inglés), alrededor del 66% de los estudiantes se
    gradúan con una licenciatura de una universidad pública de cuatro años en un
    plazo de seis años. El BPS: 12/17 es el segundo y último estudio de seguimiento
    de unos 22,500 estudiantes que comenzaron la educación postbachillerato en
    el año académico 2011-12. Estos estudiantes fueron entrevistados por primera

vez como parte del Estudio nacional de ayuda a estudiantes de postbachillerato 2011-12 (NPSAS:12, por sus siglas en inglés). El estudio BPS es único en el sentido de que incluye tanto a estudiantes tradicionales como no tradicionales, sigue sus trayectorias a través de la educación de postbachillerato en el transcurso de seis años, y no se limita a la inscripción en una sola institución. *Ver "Estudio sobre estudiantes iniciando el postbachillerato 12/17"*, por Michael Bryan, Darryl Cooney y Barbara Elliott. *Ver también "Who Graduates from College? Who Doesn't?"* (¿Quién se gradúa en la universidad? ¿Quién no se gradúa?) de Mark Kantrowitz, 2021, tabla 308.

12. Mark Kantrowitz, *Who graduates from College? Who Doesn't?* (¿Quién se gradúa en la universidad? ¿Quién no se gradúa?) Cerebly, Inc., 2021, tabla 308. Para los estudiantes universitarios de universidades públicas de cuatro años, la cifra es del 35% (Tabla 308). Para todos los estudiantes universitarios, la cifra es del 41.0%. Para los estudiantes de tiempo completo, la cifra es del 44.8%, según las Tablas 2 y 2B.

13. Kantrowitz, *Who graduates from College? Who Doesn't?* (¿Quién se gradúa en la universidad? ¿Quién no se gradúa?) Tabla 308. Las tasas de graduación de las universidades con fines de lucro varían según el nivel alcanzado. En el caso de las licenciaturas, el 25% se gradúa en seis años, pero sólo el 14% lo hace en cuatro. La tasa de graduación de las universidades con fines de lucro es algo mejor en el caso de los títulos de asociado de dos años, con un 35%, y decididamente mejor en el caso de los programas de certificación de un año, con un 57%. *Ver Quién se gradúa*, tablas 628 y 631.

14. Por supuesto, las prisiones para deudores ya no existen en los EE.UU., y no puedes ser arrestado por no pagar tus préstamos estudiantiles. Sin embargo, si te demandan por no pagar los préstamos estudiantiles, puedes ser arrestado por no presentarte ante el tribunal. Consulta un interesante artículo de Carrie Pallardy del 31 de diciembre de 2018 en el sitio web *SavingForCollege* en https://www.savingforcollege.com/article/can-you-be-arrested-for-not-repaying-your-student-loans.

15. *Ver* el informe de la GAO sobre *Ofertas de ayuda financiera* en https://www.gao.gov/products/gao-23-104708. El informe presenta estadísticas aleccionadoras que deberían hacer que los estudiantes y los padres desconfíen de la información presentada en las cartas de ayuda financiera de las universidades. Como las universidades que participaron en el estudio competían con otras para captar a los mejores estudiantes, tenían la tendencia a reportar menos costos financieros y a difuminar el hecho de que los préstamos no actúan como las subvenciones a la hora de reducir los costos. Dada la estima en que generalmente se tiene a las

universidades y a los colegios, y la expectativa de trato justo que los estudiantes y sus padres encuentran en las cartas de ayuda financiera, el hecho de que una universidad no informe con exactitud de los costos universitarios es doblemente ofensivo.

16. Dado que los estudiantes y sus padres pueden ser vulnerables a este juego de manos de las cartas de ayuda financiera, protégete preguntando si las cartas de ayuda financiera de tu universidad cumplen con las directrices de la GAO. Específicamente, pregunta por estas 10 mejores prácticas que la GAO recomienda a las universidades, implementar en la emisión de cartas de ayuda financiera.

    1. Los costos directos e indirectos están desglosados.

    2. Proporcionar un costo total de asistencia que incluya los gastos clave.

    3. Estimar el precio neto real.

    4. Separar el dinero gratuito, los préstamos y el trabajo-estudio.

    5. No incluir el préstamo *PLUS*.

    6. Etiquetar el tipo de ayuda que se ofrece.

    7. Indicar la fuente de ayuda.

    8. Incluir los siguientes pasos a seguir.

    10. No referirse a la oferta de ayuda financiera como una "adjudicación".

Los estudiantes y sus padres que saben cómo estar atentos a los errores u omisiones en las cartas de ayuda financiera pueden evitar ser embaucados con datos financieros engañosos. Principio del comprador responsable. *Ver también "Financial Aid Letters Don't Reveal the Real Cost of College"* (Las cartas de ayuda financiera no revelan el costo real de la universidad), por Michelle Singletary, *Washington Post*, 7 de diciembre de 2022, en https://www.washingtonpost.com/business/2022/12/07/financial-aid-gao-report/.

17. La Asociación Nacional de Universidades y Empleadores (NACE) es una de las principales fuentes de información sobre el empleo de los universitarios. Según la encuesta NACE *Starting Salary*, el salario inicial promedio para la clase del 2021 era de US$58,862. Ver https://www.naceweb.org/job-market/compensation/salary-projections-for-class-of-2022-bachelors-grads-a-mixed-bag/.

18. Para los titulados universitarios, las tasas de desempleo están ahora por debajo de los niveles prepandémicos, lo cual es una señal favorable para dichos titulados universitarios. Ver https://www.bls.gov/charts/employment-situation/unemployment-rates-for-persons-25-years-and-older-by-educational-attainment.htm.

19. Lawrence Mishel, Elise Gould y Josh Bivens, *Wage Stagnation in Nine Charts* (El estancamiento salarial en nueve gráficos), Instituto de Política Económica, 6 de enero de 2015, https://www.epi.org/publication/charting-wage-stagnation/.

20. Andrea Koncz, *Salary Trends Through Salary Survey: Historical Perspective on Starting Salaries for New College Graduates* (Tendencias salariales a través de la encuesta salarial: Pespectiva histórica de salarios iniciales para estudiantes universitarios recién graduados), NACE, 2 de agosto de 2016. Ver la figura 1, "Salarios promedio ajustados para graduados universitarios, 1960-2015", https://www.naceweb.org/job-market/compensation/salary-trends-through-salary-survey-a-historical-perspective-on-starting-salaries-for-new-college-graduates/.

21. *College Board, "Trends in College Pricing 2022"* (Tendencias en los precios de las universidades 2022), Figura CP-2, Mátrícula y tarifas promedio en dólares publicadas en 2022 por sector, https://research.collegeboard.org/trends/college-pricing/highlights#:~:text=In%202022%2D23%2C%20the%20average,%25%20before%20adjusting%20for%20inflation).

22. Este cálculo de la deuda de US$1,200 es tan sólo una "mejor estimación" extrapolada de datos relacionados y no se basa en datos empíricos. Como muestra de la relativa insignificancia de la deuda estudiantil en la creencia popular de la época, en 1972 las asociaciones gubernamentales o educativas ni siquiera informaban de la deuda estudiantil universitaria al graduarse. Anecdóticamente, esta cifra de US$1,200 concuerda con mi experiencia personal en la universidad. Después de los trabajos de verano, el trabajo-estudio, la ayuda de mis padres y un estipendio mensual de US$100 del ROTC, mi deuda al graduarme en 1975 era de unos US$1,000. Más allá de la evidencia anecdótica, datos fiables de 20 años más tarde muestran que en 1992, la deuda promedio no ajustada al graduarse de US$9,300 había aumentado al 33% del salario inicial promedio no ajustado de US$28,030. Mark Kantrowitz, Average Student Loan Debt at Graduation (Deuda estudiantil promedio al gradurse), SavingforCollege.org, 23 de julio de 2020, https://www.savingforcollege.com/article/ average-student-loan-debt-at-graduation.

23. Kevin Gray, NACE, "*Salary Projections for Class of 2022 Bachelor's Grads a Mixed Bag*" (Proyecciones salariales para la clase del 2022 Graduados de licenciatura, una bolsa mixta), 10 de enero de 2022, https://www.naceweb.org/job-market/compensation/salary-projections-for-class-of-2022-bachelors-grads-a-mixed-bag/).

24. Kantrowitz, *Average Student Loan Debt at Graduation* (Deuda promedio de préstamos estudiantiles al graduarse). "Esta tabla muestra las cifras históricas de la deuda promedio al momento de la graduación y el porcentaje que se gradúa con préstamos estudiantiles para los beneficiarios de títulos de licenciatura, títulos de asociado y certificados. También incluye cifras históricas de la deuda promedio de préstamos para padres al momento de la graduación para los beneficiarios de una licenciatura. Estas cifras no fueron ajustadas por inflación".

25. Koncz, NACE, *"Salary Trends Through Salary Survey"* (Tendencias salariales a través de la encuesta salarial).

26. Kantrowitz, *Average Student Loan Debt at Graduation* (Deuda promedio de préstamos estudiantiles al graduarse). Destaca el incremento porcentual de la deuda promedio en los últimos 20 años. "Durante las últimas dos décadas, la deuda promedio al momento de la graduación ha aumentado en un 86% para los que se reciben de una licenciatura, en un 136% para los que se reciben con un título de asociado, en un 146% para los que se reciben con un certificado y en un 194% para los padres". Sin embargo, la tasa de aumento de la deuda en los últimos 10 años ha comenzado a disminuir. "Durante la última década, la deuda promedio al momento de la graduación ha aumentado en un 21% para los que se reciben de una licenciatura, en un 39% para los que se reciben con un título de asociado, en un 50% para los que se reciben con un certificado y en un 53% para los padres".

27. Para obtener un resumen informativo de las tendencias de los costos universitarios del College Board, consulta *"Trends in College Pricing"* (Tendencias en los precios universitarios), https://research.collegeboard.org/media/pdf/trends-in-college-pricing-student-aid-2022.pdf. La Figura CP-9 muestra el precio neto promedio para las instituciones públicas de cuatro años desde 2016–17 y señala "el precio neto promedio de la matrícula y los aranceles pagados por primera vez por los estudiantes estatales de tiempo completo, inscritos en instituciones públicas de cuatro años ha estado disminuyendo después del ajuste por inflación; fue un estimado de US$2,250 en 2022-23". La Figura CP-10 muestra el precio neto promedio para las instituciones privadas sin fines de lucro de cuatro años desde 2017–18 y señala que "el precio neto promedio de la matrícula y los aranceles pagados por primera vez por los estudiantes de tiempo completo inscritos en instituciones privadas sin fines de lucro de cuatro años ha disminuido después del ajuste por inflación; fue estimado en US$14,630 en 2022–23".

28. College Board, *"Trends in College Pricing 2022"* (Tendencias en los precios universitarios 2022), Figura CP-2. Ten en cuenta que los datos anteriores a 1986–87 provienen del "Sistema Integrado de Datos de Educación Post-bachillerato (IPEDS), Departamento de Educación de EE. UU., Centro Nacional de Estadísticas Educativas, ponderados por inscripción equivalente a tiempo completo", mientras que los datos que se muestran para 1986-87es de la "Encuesta anual de las universidades", el *College Board*, ponderada por el número de estudiantes universitarios de tiempo completo". En consecuencia, es fiablemente exacto.

29. Los costos de las universidades privadas serán significativamente más altos que la media. Según los datos de la NACE de 2022-2023, después de recibir ayudas en forma de subvenciones, los estudiantes de tiempo completo de universidades *privadas* de cuatro años sin fines de lucro tendrán que cubrir "US$28,660 dólares en matrícula y cuotas, y alojamiento y manutención... además de US$4,140 dólares en asignaciones para libros y material, transporte y otros gastos personales". *Ver* en https://www.naceweb.org/store/2022/2022-nace-student-survey-report-and-dashboard-4-year/.

30. Es difícil imaginar cómo pagarán la universidad mis nietos dentro de 15 años. Espero que lean este libro. Quizá como cuento antes de dormir, después de *Goodnight Moon* (Buenas noches luna), un libro muy usado en su casa. (*Goodnight Moon*, de Margaret Wise Brown, ilustrado por Clement Hurd, Harper & Brothers, 3 de septiembre de 1947)

31. Esta cifra del 70% no se ha actualizado desde 2019 porque (1) el análisis se basa en un estudio cuatrienal que utiliza proyecciones entre años de encuesta y la nueva encuesta se ha retrasado significativamente, y (2) la pandemia ha interrumpido el análisis. Hay que tener en cuenta que el límite agregado de los préstamos estudiantiles federales para estudiantes universitarios dependientes es de US$31,000 dólares (US$57,500 dólares para estudiantes independientes). Los datos actuales indican que los estudiantes en programas de licenciatura, pero no los de programas de asociado o certificados, se topan cada vez más con estos límites. Información facilitada por Mark Kantrowitz, 15 de diciembre de 2022. Utilizada con autorización.

32. Centro Nacional de Estadística Educativa (NCES), *"Graduation Rates"* (Tasas de Graduación), https://nces.ed.gov/fastfacts/display.asp?id=40.

33. El sitio web de la Casa Blanca, Declaraciones y comunicados, *"Fact Sheet: President Biden Announces Student Loan Relief for Borrowers Who Need It Most"* (Hoja informativa: El presidente Biden anuncia un alivio de préstamos

estudiantiles para los prestatarios que más lo necesitan), 24 de agosto de 2022, https://www.whitehouse.gov/briefing-room/statementsreleases/2022/08/24/fact-sheet-president-biden-announces-student-loan-relief-for-borrowers-who-need-it-most/.

34. Andrew Chung, *"Six States Urge US Supreme Court to Keep Block on Biden Student Debt Relief"* (Seis estados instan a la Corte Suprema de EE. UU. a bloquear el alivio de la deuda estudiantil de Biden), Reuters, 23 de noviembre de 2022. El 23 de noviembre de 2022, los fiscales generales de los estados de Arkansas, Iowa, Kansas, Misuri, Nebraska y Carolina del Sur "pidieron al Tribunal Supremo de EE.UU. que rechazara el intento del presidente Joe Biden de restablecer su plan para cancelar miles de millones de dólares en deuda estudiantil". El tribunal inferior lo desestimó por falta de legitimación, y fue apelado ante el Tribunal de Apelaciones del Octavo Circuito. El Octavo Circuito emitió una medida cautelar con sentencia que sugiere que se hallarán legitimados los AG estatales. El Departamento de Educación de los Estados Unidos apeló ante la Corte Suprema de los Estados Unidos. La Corte Suprema acordó considerar el caso, con argumentos que se llevarían a cabo en febrero de 2023 y una decisión emitida a partir de entonces. Consulta https://www.reuters.com/world/us/six-states-urge-us-supreme-court-keep-block-biden-student-debt-relief-2022-11-23/.

35. Jackie Lam, sitio web de Bankrate, 13 de septiembre de 2022, *"Will Biden Forgive Private Student Loans?"* (¿Perdonará Biden los préstamos privados para estudiantes?), https://www.bankrate.com/loans/student-loans/private-student-loan-forgiveness/.

36. *"Colleges Love Loan Forgivness"* (A las Universidades les encanta el perdón de los préstamos), *Wall Street Journal*, 26 de agosto de 2022, Op Ed, pág. A14.

37. El aspecto del Pago en función de los ingresos (IDR, por sus siglas en inglés) del plan anunciado por el presidente ha recibido menos atención que la condonación de la deuda, pero podría reajustar los contornos del programa de deuda estudiantil. Como se discutió con más detalle en el capítulo 12, bajo el nuevo plan IDR, el umbral para los ingresos discrecionales se eleva del 150% de la pauta federal de pobreza al 225% y el plazo de pago se acorta. Juntos, estos dos cambios de política podrían actuar efectivamente como una subvención para el prestatario y reducir en gran medida el monto reembolsado.

38. No todas las universidades privadas están en el rango de US$75,000 a US$80,000. De acuerdo con las *"Trends in College Pricing 2022"* (Tendencias en los precios universitarios 2022) del *College Board*, el precio promedio

de etiqueta de asistencia a una universidad privada sin fines de lucro es de US$57,570. El promedio en una universidad pública de cuatro años en el estado es de US$27,940, que es aproximadamente la mitad del precio de etiqueta de una universidad privada de cuatro años. Estos son los promedios antes de que el precio de etiqueta sea descontado por subvenciones y otras ayudas para llegar al precio neto.

Introducción

1. M. H. Miller, *"Been Down So Long It Looks Like Debt to Me"* (He estado deprimido por tanto tiempo que me parece una deuda), *The Baffler* núm. 40, julio de 2018, http://www.thebaffler.com/salvos/looks-like-debt-to-me-miller. Poniendo este artículo en contexto, NYU ha sido el tema de más artículos periodísticos sobre estudiantes que se gradúan con una licenciatura y una deuda de seis cifras que cualquier otra universidad. En 2021–22, los estudiantes de la NYU pidieron prestados US$705,932,583 en préstamos estudiantiles federales, casi tres cuartas partes de mil millones de dólares. Pero NYU es solo el cuarto peor infractor. El máximo honor es para la Universidad del Gran Cañón con US$835,477,803, seguida de la Universidad Liberty con US$743,989,990 y la Universidad del Sur de New Hampshire con US$709,900,337. Información proporcionada por Mark Kantrowitz, 15 de diciembre de 2022. Usada con autorización.

2. Miller, *"Been Down So Long"* (He estado deprimido por tanto tiempo). En retrospectiva, el Sr. Miller podría haber recurrido a otras dos opciones. El reembolso basado en los ingresos se puso a disposición en 2009 y la Condonación de préstamos del servicio público en 2007. Habrían recalculado sus pagos por préstamos federales en un porcentaje de sus ingresos, en lugar de la cantidad que debía, y podría haber tenido la deuda restante perdonada en 10 años después de 120 pagos. Esto no pretende ser una crítica del Sr. Miller o a sus decisiones. Más bien, es una llamada de atención para que los estudiantes de hoy en día sean conscientes de los programas que podrían estar disponibles.

3. Miller, *"Been Down So Long"* (He estad o deprimido por tanto tiempo).

4. Miller, *"Been Down So Long"* (He estado deprimido por tanto tiempo).

5. Miller, *"Been Down So Long"* (He estado deprimido por tanto tiempo). Por otro lado, en lugar de pensar en este periodo de amortización como un negativo neto, podría considerarse como el costo de hacer el negocio necesario para obtener un título. Cuando se pide dinero prestado para pagar algo en una

empresa, a veces se elige un préstamo con un vencimiento que coincide con la vida de la adquisición. La vida laboral media de un graduado universitario es de unos 40-45 años. Pasar 27 de esos años pagando por los préstamos estudiantiles es aproximadamente dos tercios de la vida laboral típica. Desde una perspectiva empresarial, los pagos de los préstamos estudiantiles no consumen toda la prima de ingresos atribuible al título universitario. Sin embargo, desde una perspectiva vital, pagar la deuda estudiantil durante 27 años es un golpe duro.

6. Miller, *"Been Down So Long"* (He estado deprimido por tanto tiempo).

7. "The Matrix" (Matrix), escrita y dirigida por los Wachowskis (Warner Bros. Pictures, Burbank, CA, 1999).

8. Wachowskis, *"The* Matrix" (Matrix).

9. Wachowskis, "The Matrix" (Matrix).

10. Wachowskis, "The Matrix" (Matrix).

11. Dado que más de dos tercios de los estudiantes tienen deudas por préstamos estudiantiles cuando se gradúan de una carrera universitaria, graduarse sin deudas puede ser un objetivo poco realista. La deuda de préstamos estudiantiles es inevitable para muchos estudiantes universitarios. De los que solicitan ayuda financiera, la gran mayoría se gradúa con deudas. Este libro pretende revelar una serie de opciones que los estudiantes pueden utilizar para minimizar el impacto de la deuda de préstamos estudiantiles en sus vidas, incluso si no les sea posible graduarse sin deudas.

12. Ver *Sallie Mae*, *"How America Pays for College"* (Como paga América por la Universidad). En https://www.salliemae.com/about/leading-research/how-america-pays-for-college/.

13. *Sallie Mae*, *"How America Pays for College"* (Como paga América por la Universidad).

Capítulo 1: Tengo que ir a la universidad

1. *Caddyshack*, dirigida por Harold Ramis, escrita por Harold Ramis, Brian Doyle-Murray y Douglas Kenney, producida por Douglas Kenney (Orion Pictures, 1980).

2. A pesar del redoble que hay detrás, la suposición de *"I gotta go to college"* (tengo que ir a la universidad) no influye en un buen porcentaje de los graduados del bachillerato. A partir de octubre de 2020, menos de dos tercios (62.7%) de los

graduados del bachillerato de 16 a 24 años, estaban realmente matriculados en un colegio o universidad. Alrededor de un tercio de los estudiantes de bachillerato deciden que no tienen ir a la universidad. Consulta el "Compendio de estadística educativa y proyecciones de estadística educativa" publicado por el Centro Nacional de Estadística Educativa (NCES, por sus siglas en inglés) del Departamento de Educación de EE. UU. en https://nces.ed.gov/programs/digest/.

3. Para ser claros, este libro no aboga en contra de ir a la universidad. Aboga por no quedar enterrado en deudas estudiantiles universitarias. La universidad es el camino más confiable hacia un buen trabajo, una vida satisfactoria y el éxito financiero. Pero esos resultados no están garantizados, y uno no necesariamente necesita un título universitario para lograrlos. Un argumento clave a favor de la educación en la sociedad es que a medida que aumenta el nivel educativo, aumentan los ingresos de una persona y disminuyen sus posibilidades de desempleo. Consulta este gráfico de la Oficina de Estadísticas Laborales: https://www.bls.gov/emp/chart-unemployment-earnings-education.html. Para una inmersión más profunda en el verdadero propósito de una educación universitaria, *consulta*, *"What's the Point of College?: Seeking Purpose in an Age of Reform"* (¿Cuál es el sentido de la universidad?: Buscando un propósito en una era de reforma), por Johann N. Neem, PhD, Johns Hopkins University Press, 13 de agosto de 2019, en https://www.amazon.com/Whats-Point-College-Seeking-Purpose/dp/1421429888. Neem argumenta que el propósito de la universidad es preparar a los estudiantes para el resto de sus vidas, en lugar de solo su primer trabajo remunerado, mejorando su capacidad de análisis racional y juicio independiente.

4. Según Salary.com, un gerente de comida rápida gana en promedio entre US$40,000 y US$50,000 al año. Consulta https://www.salary.com/research/salary/posting/fast-food-restaurant-manager-salary. El trabajador de comida rápida gana en promedio alrededor de la mitad de eso. Consulta https://www.salary.com/research/salary/benchmark/fast-food-worker-salary. Los gerentes de comida rápida pueden no requerir educación postbachillerato, pero menos de la mitad de ellos solo tienen un diploma de bachillerato, por lo que este campo sigue la regla general de que más educación conduce a más avances.

5. Kristen Broady y Brad Hershbein, *"Major Decisions: What Graduates Earn over Their Lifetimes"* (Desiciones importantes: lo que un graduado gana durante toda su vida*), Up Front (blog), The Brookings Institution*, 8 de octubre de 2020, http://www.brookings.edu/blog/up-front/2020/10-08/major-decisions-what-graduates-earn-over-their-lifetimes.

6. Esa cifra millonaria fue actualizada en 2007 a US$1.2 millones por Mark Kantrowitz, quien citó el informe de la Oficina del Censo de EE. UU. y agregó el presente valor neto y una tasa anualizada de rendimiento de la inversión. Ver Mark Kantrowitz, *"The Financial Value of a Higher Education"* (El valor financiero de una educación superior), *Journal of Student Financial Aid* 37(1):18–27, NASFAA, julio de 2007.

7. El Centro de educación de la Universidad de Georgetown y El Departamento del Trabajo llevan a cabo investigaciones en las áreas de empleos, habilidades y equidad con el objetivo de alinear mejor la educación y la capacitación de la fuerza laboral y la demanda del mercado laboral. En un estudio de investigación titulado *"Buyer Beware: First-year Earnings and Debt for 37,000 College Majors at 4,400 Institutions"* (Ten cuidado, comprador: ganancias y deudas del primer año de 37,000 carreras universitarias en 4400 instituciones), el centro descubrió que las ganancias del primer año para el mismo título en la misma especialización pueden variar hasta en US$80,000 para graduados de diferentes escuelas. Consulta el estudio de Georgetown en https://cew.georgetown.edu/cew-reports/collegemajorroi/.

8. El Departamento de Educación de EE. UU. también publica una College Scorecard (Tarjeta de puntuación) esclarecedora que proporciona datos sobre la deuda al momento de la graduación y luego los vincula con el nivel de ingresos varios años después de la graduación, desglosados por grado escolar y campo de estudio. Consulta https://collegescorecard.ed.gov/. Por ejemplo, la mediana de la deuda al graduarse del MIT es de US$13,418 y la mediana de las ganancias 10 años después de la graduación es de US$111,222, mientras que, para la Universidad Estatal de Ohio, la mediana de la deuda es de US$20,500 y la mediana de las ganancias es de US$55,332. El informe se actualiza anualmente en función de los datos presentados por las universidades al Departamento de Educación de EE. UU. Este recurso debe leerse junto con el informe del Centro de Educación y Fuerza Laboral de la Universidad de Georgetown discutido anteriormente.

9. Broady and Hershbein, *"Major Decisions"* (Decisiones importantes).

10. Broady and Hershbein, *"Major Decisions"* (Decisiones importantes).

11. Broady and Hershbein, *"Major Decisions"* (Decisiones importantes).

12. Si bien esto es cierto en comparación con un abogado que no tiene una deuda de préstamo estudiantil, también debemos considerar cuál sería su ingreso neto si no hubiera incurrido en la deuda porque, en primer lugar, nunca fue a la

universidad o a la facultad de derecho. En la mayoría de los casos, el ingreso neto sería mucho menor sin la educación adicional.

13. Josh Mitchell, *"Rising Education Levels Provide Deminishing Economic Boost"* (Elevar los niveles educativos proporciona un impulso económico decreciente), *Wall Street Journal*, 6 de septiembre de 2020, https://www.wsj.com/articles/ rising-education-levels-provide-diminishing-economic-boost-11599400800.

14. Mitchell, *"Rising Education Levels"* (Elevar los niveles educativos).

15. Broady y Hershbein, *"Major Decisions"* (Decisiones importantes).

16. Salary.com, *"Pipefitter Salary in New York"* (El salario de un instalador de tuberías en Nueva York), 15 de diciembre de 2022, *ver* https://www.salary.com/ research/salary/benchmark/pipefitter-salary.

17. Salary.com, *"Police or Sheriff's Patrol Sergeant Salary in New York"* (El salario de un policía o de un sargento de patrulla en Nueva York), 15 de diciembre de 2022, ver https://www.salary.com/research/salary/alternate/ police-or-sheriffs-patrol-sergeant-salary/new-york-ny.

18. Información facilitada por Mark Kantrowitz, 15 de diciembre de 2020. Utilizada con autorización.

19. *Ver* la información sobre la matrícula de Duke en https://finance.duke.edu/ bursar/TuitionFees/tuition. Información adicional proporcionada por Mark Kantrowitz, 15 de diciembre de 2020. Utilizada con autorización.

20. Michelle Singletary, *"On College Decision Day, Don't Sentence Your Child to Decades of Debt"* (El día de la decisión universitaria, no condene a su hijo a décadas de deudas), *Washington Post*, 27 de abril de 2022, https://www. washingtonpost.com/business/2022/04/27/may-1-college-decision-day/.

21. Michael Lewis, *Moneyball: The Art of Winning an Unfair Game* (El arte de ganar un juego injusto), Nueva York: Norton, 2004.

22. Lewis, *Moneyball* (Moneyball)

23. Los *"Federal Direct Parent PLUS Loans"* (Préstamos Federales Directos *PLUS* para Padres) tienen su origen en la Ley de Educación Superior de 1965, en 20 USC 1087e.

24. Las Fuerzas Armadas de Hoy, https://www.todaysmilitary.com

25. "Publicación 9/11 GI Bill (Capítulo 33)", Departamento de Asuntos de Veteranos de EE.UU., https://www.va.gov/education/about-gi-bill-benefits/ post-9-11/.

26. El programa *Yellow Ribbon* (Cinta Amarilla) es administrado por el Departamento de Asuntos de Veteranos de EE.UU. Ver https://www.va.gov/education/about-gi-bill-benefits/post-9-11/ yellow- ribbon-program/.

27. McDonald's, *Archways to Opportunity* (Arcos de Oportunidad), Asistencia para la matrícula, https://www.archwaystoopportunity.com/tuition_assistance.html.

28. Taco Bell, *"Start with Us, Stay with Us"* (Empieza con nosotros, quédate con nosotros), https://www.tacobell.com/education.

29. Bill Murphy Jr., *"Managers at In-N-Out Burger Make $160,000 a Year. Here's How It Works"* (Los gerentes en In-N-Out Burger ganan US$160,000 al año. Así es como funciona), *Inc. Magazine*, 26 de enero de 2018, https://www.inc.com/bill-murphy-jr/managers-at-in-n-out-burger-make-160000-a-year-heres-how-it-works.html.

30. Murphy, *"Managers at In-N-Out Burger Make $160,000 a Year"* (Los gerentes de In-N-Out Burger ganan US$160,000 dólares).

31. Chipotle, *"Chipotle Education Benefit"* (Beneficio educativo de Chipotle), https://chipotle.guildeducation.com/partner.

32. Kentucky Fried Chicken, *"REACH KFC Educational Grant Program"* (Programa de subvenciones educativas REACH KFC), https://kfcfoundation.org/reach/.

33. Chick-fil-A, *"Chick-fil-A Remarkable Futures Scholarships"* (Becas de futuros notables de Chick-fil-A), https://www.chick-fil-a.com/remarkable-futures-scholarships.

34. Papa John's, *"Dough and Degrees"* (Masa y títulos), https://www.papajohns.com/doughanddegrees/.

35. Starbucks, *"College Achievement Plan"* (Plan de logros universitarios), https://www.starbucks.com/careers/working-at-starbucks/education/.

36. Scholarship America, *"Burger King Scholars Program"* (Programa de becarios Burger King), https://scholarshipamerica.org/scholarship/burger-king-scholars-program/.

37. Para becas en restaurantes familiares tradicionales, *ver* "Beca Bob Evans y Wayne White" en https://appalachianohio.org/grow/scholarships/scholarshipopportunities/wayne-f-white-and-bob-evans-scholarship-fund/; "Fundación Cracker Barrel" en https://crackerbarrel.versaic.com/login; "Beca IHOP Bob Leonard Memorial" en https://www.scholarshipsonline.org/2015/06/bob-leonard-memorial-scholarship-ihop.html; "Becas para Restaurantes de la Familia Perkins" en http://www.free-4u.com/

perkins_family_restaurants_community_service_scholarships.htm; "Beca Boy Scout Navigators de Shoney" es https://www.shoneys.com/our-story/ news/ shoneys-boy-scout-navigators-scholarship-program-provides-536000-inscholarships-for-students-in-at-risk-communities/; y por ultimo para investigar acerca de otros restaurantes revisa en la Fundación Educativa "National Restaurant Association" en https://chooserestaurants.org/programs/ scholarships-grants/scholarships/.

38. Denny's, *"Denny's Hungry for Education Scholarship"* (Beca Hambriento de Educación), https://www.dennys.com/hfe.

39. Praveen Paramasivam, *"Target Launches Debt-Free Education for Frontline Workers"* (Target lanza la educación sin deudas para trabajadores de primera línea), *Reuters*, 4 de agosto de 2021, http://reuters.com/world/us/target-launches-debt-free-education-frontline-workers -2021-08-04.

40. Paramasivam, *"Target Launches Debt-Free Education"* (Target lanza la educación sin deudas).

41. Asesoramiento sobre ayuda financiera universitaria, *"Sam Walton Scholarship"* (Becas Sam Walton), actualizado el 25 de mayo de 2022, https://www.college-financial-aid-advice.com/sam-walton-scholarship.html.

42. Kara, Staff Writer, *"Want Tuition Reimbursement? These Companies Will Pay for School"* (¿Quieres que te reembolsen tus estudios? Estas empresas pagarán tus estudios), Hip2Save, May 9, 2022, https://hip2save.com/tips/ companies-tuition-reimbursement/.

43. Una empresa que respalda con entusiasmo el programa IRC 127 (26 U.S. Código §127) es *AGM Container*, con sede en Tucson, AZ. Su propietario, Howard Stewart, ofrece un reembolso anual libre de impuestos de US$5,250 a todos los empleados y ha tenido un éxito notable en la formación y retención de empleados. Una empleada ascendió de un puesto de nivel inicial con salario mínimo a asociada de ventas con un salario de US$140,000 al año gracias a la obtención de un título a través del programa. Entrevista con Howard Stewart, 14 de marzo de 2023. Utilizada con permiso.

Capítulo 2: Necesito un título universitario para ser exitoso

1. Allysia Finley, *"Rebellion in the Faculty Lounge"* (Rebelión en el salón de la facultad), *Wall Street Journal*, 21 de mayo de 2021, http://www.wsj.com/ articles/rebellion-in-the-faculty-lounge-11621619432.

2.   Dana Wilkie, *"What Happened to the Promise of a 4-Year College Degree?"* (¿Qué pasó con la promesa de un título universitario de 4 años?) Artículo de SHRM, 21 de octubre de 2019, http://www.shrm.org/resourcesandtools/hr-topics/employee-relations/pages/what-happened-to-the-promise-of-a-4-yearcollege-degree.aspx.

3.   Wilkie, *"What Happened"* (Qué pasó).

4.   Wilkie, *"What Happened"* (Qué pasó).

5.   Wilkie, *"What Happened"* (Qué pasó).

6.   Sherry Turkle, *"The Flight from Conversation"* (Huir de la conversación), *New York Times*, 21 de abril de 2012, https://www.nytimes.com/2012/04/22/opinion/sunday/the-flight-from-conversation.html.

7.   Leil Lowndes, *How to Talk to Anyone: 92 Little Tricks for Big Success in Relationships* (Cómo hablar con cualquier persona: 92 pequeños trucos para tener éxito en las relaciones) (McGraw Hill, 2.ª edición, 22 de septiembre de 2003), página 42.

8.   Sanford C. Wilder, *"Four Dimensions of Listening"* (Cuatro dimensiones de la Escucha), Instituto Educare Unlearning, presentado en Grafton, Illinois, 4 de febrero de 2022. Material del curso disponible en http://educareunlearning.com/. Usado con permiso.

9.   Wilkie, *"What Happened"* (Qué pasó).

10.   Wilkie, *"What Happened"* (Qué pasó).

11.   Wilkie, *"What Happened"* (Qué pasó).

12.   Tim Berners-Lee, *"Steve Jobs and the Actually Usable Computer"* (Steve Jobs y la computadora realmente usable), W3C (blog), 6 de octubre de 2011, https://www.w3.org/blog/2011/10/steve-jobs/.

13.   Ver La Cámara de Representantes de EE. UU., *"The Chance to Compete Act"* (Ley de la oportunidad para competir), HR6967, en https://oversight.house.gov/wp content/uploads/2022/03/ Summary.ChancetoCompete.HR6967 Hice-Khanna.pdf.

14.   Roy Maurer, *"House Passes Federal Hiring Reform Bill"* (La Cámara aprueba proyecto de ley de reforma de contratación federal), artículo de SHRM, 25 de enero de 2023. El Sr. Maurer informó que "La Ley de la Oportunidad para Competir—legislación que modifica el proceso de reclutamiento y contratación para trabajos del gobierno federal para incorporar evaluaciones basadas en

habilidades—fue aprobado por la Cámara de Representantes de EE. UU. con una votación de 422-2 el 24 de enero. El proyecto de ley también facilita el uso de evaluaciones más sólidas sobre los cuestionarios de autoevaluación actualmente usados para casi todos los trabajos federales." *Ver* https://www.shrm.org/resourcesandtools/hr-topics/talent-acquisition/pages/house-passes-federal-hiring-reform-bill.aspx#:~:text=The%20Chance%20to%20Compete%20Act,%2D2%20on%20Jan.%2024.

15. Olafimihan Oshin, *"Maryland to Drop College Degree Requirement for More State Jobs"* (Maryland eliminará el requisito de título universitario para más trabajos estatales), The Hill, 16 de marzo de 2022. Maryland fue el primer estado en eliminar los requisitos de titulación universitaria para la mayoría de los empleos públicos. El gobernador de Maryland, Larry Hogan, anunció en marzo de 2022 una iniciativa para eliminar los requisitos de titulación universitaria para miles de empleos estatales en el marco de un programa denominado Skilled Through Alternative Routes (STAR). Los elegibles para la iniciativa STAR "tienen 25 años o más, están activos en la fuerza laboral, tienen al menos un diploma de bachillerato, y han desarrollado sus habilidades a través de instituciones alternativas como el colegio comunitario, programas de entrenamiento, el servicio militar y el empleo." Según el anuncio, "el 47% de los 2,869.000 trabajadores del estado se consideran STARs". *Ver* https://thehill.com/homenews/state-watch/598494-mayland-to-drop-college-degree-requirement-for-morestate-jobs/.

16. Emma Williams, *"Gov. Cox Launches Skills-First Hiring Initiative for State Government"* (El Governador Cox lanza la iniciativa de contratación "habilidades-primero", para el gobierno del Estado), comunicado de prensa de la Oficina del Gobernador, 13 de diciembre de 2022. "El gobernador de Utah, Spencer Cox, anunció los esfuerzos del estado para eliminar el requisito de titulación universitaria en la contratación de sus empleados y destacó el apoyo similar de los gobiernos locales y el sector privado". El motivo es abrir más oportunidades de empleo. "Los títulos se han convertido en un obstáculo para acceder a demasiados puestos de trabajo", declaró el gobernador Cox. "En lugar de centrarse en la competencia demostrada, la atención se ha centrado con demasiada frecuencia en un trozo de papel. Estamos cambiando eso". *Ver* https://governor.utah.gov/2022/12/13/news-release-gov-cox-launches-skills-first-hiring-initiative-for-state-government/ #:~:text=SALT%20LAKE%20CITY%20(Dec.,too%20many%20jobs%2C%E2%80%9D%20Gov.

17. PennLive.com, *"Gov. Josh Shapiro Signs Order Eliminating Four-year Degree Requirement for Thousands of Pennsylvania Jobs"* (El Governador Josh Shapiro firma una orden eliminando el requisito de un título de 4 años, para miles de empleos en Pensilvannia) *Pittsburgh Post-Gazette*, 19 de enero de 2023. El 18 de enero de 2023, el gobernador de Pensilvania, Josh Shapiro, firmó una orden ejecutiva con la que se eliminó el requisito de titulación universitaria para la mayoría de los puestos del gobierno estatal. *Ver* https://www.post-gazette.com/news/politicsstate/2023/01/18/josh-shapiro-college-degree-requirement-jobs-workforce/stories/202301180096.

18. Douglas Belkin, *"Rush to College Might Be a Mistake"* (Apresurarse para ir a la universidad podría ser un error), *Wall Street Journal*, 1 de junio de 2017, en http://www.wsj.com/articles/rush-to-college-might-be-a-mistake-1496289603.

19. Belkin, *"Rush to College Might Be a Mistake"* (Apresurarse para ir a la universidad podría ser un error).

20. Mark Kantrowitz, *Who Graduates from College? Who Doesn't?* (¿Quién se gradúa de la Universidad? ¿Quién no?) (Cerebly, Inc., 2021) Tabla 228, et sec, pp. 169-170. Los resultados son mejores para los estudiantes que cursan un grado asociado o un programa de certificación después de tomarse un año sabático.

21. Kantrowitz, *Who Graduates*. (Quién se gradúa).

Capítulo 3: La matrícula es el costo total de la universidad

1. El *"shock* de la etiqueta" se refiere al *shock* que se produce al conocer el costo total de la asistencia a la universidad cuando se solicita la admisión. Esto puede ocurrir en un escenario al que se refiere como "desigual" en el que un estudiante altamente cualificado elige una universidad de nivel inferior al darse cuenta del costo de la universidad de nivel superior. *Ver* https://thecollegeinvestor.com/38195/what-is-undermatching/ de Mark Kantrowitz. "Los defensores de las políticas públicas han afirmado que las universidades muy selectivas son más accesibles para los estudiantes de bajos recursos, a pesar del mayor costo de la asistencia". Sin embargo, los estudiantes cualificados de bajos recursos todavía pueden "rehuir a las universidades selectivas o privadas." A menudo se atribuye este escenario desigual a la combinación de una universidad de alto costo con un modelo de financiamiento de ayuda financiera elevado. Cuando el estudiante ve los costos totales que implica, puede experimentar un shock de etiqueta y alejarse.

2. Los programas de matrícula gratuita son programas de ayuda financiera *"last-dollar"* (de último recurso). Suponen que todas las demás ayudas financieras, como la Beca Federal Pell y la Beca TAP de Nueva York, se aplican en primer lugar a la matrícula y los programas de matrícula gratuita, como la Beca Excelsior, cubren el resto. Entre las becas federales y estatales, muchos estudiantes con bajos ingresos ya tienen casi "matrícula gratis", por lo que es posible que sólo reciban unos cientos de dólares del programa. Esto contrasta con las familias de ingresos medios, que pueden recibir miles de dólares del programa. Sin embargo, los programas universitarios gratuitos como la Beca Excelsior son beneficiosos para lograr que los estudiantes de bajos ingresos aptos para la universidad sigan una educación universitaria porque la palabra "gratis" es un mensaje de marketing más poderoso que el término "sin préstamos". Información proporcionada por Mark Kantrowitz, 15 de diciembre de 2022. Usado con permiso.

3. *Consulta* el Programa Excelsior de Nueva York en https://www.hesc.ny.gov/ pay-for-college/financial-aid/types-of-financial-aid/nys-grants-scholarships-awards/the-excelsior-scholarship.html.

4. Programa Excelsior de Nueva York.

5. Stacy Teicher Khadaroo, *"Is 'Free College' Really Free?"* (¿Es la universidad gratuita realmente gratuita?) *Christian Science Monitor*, 16 de mayo de 2019, https://www.csmonitor.com/USA/Educación/2019/0516/Is-free-college-really-free.

6. Khadaroo, *"Is 'Free College"* (Es la universidad gratuita).

7. Khadaroo, *"Is 'Free College"* (Es la universidad gratuita).

8. *Consulta* el informe de la GAO sobre ofertas de ayuda financiera en https://www.gao.gov/products/gao-23-104708.

9. Información proporcionada por Mark Kantrowitz, 15 de diciembre de 2022. Utilizado con permiso.

10. Mark Kantrowitz, *"Information"* (Información).

11. NACUBO, *"Before COVID-19, Private College Discount Rates Reached Record Highs"* (Antes de COVID-19, las tasas de descuento de las universidades privadas alcanzaron récord máximo), 5 de mayo de 2020, https://www.nacubo. org/Press-Releases/2020/Before-COVID-19-Private-College-Tuition-Discount-Rates-Reached-Record-Highs.

12. Para obtener cifras completas, consulta *How to Appeal for More College Financial Aid: The Secrets to Negotiating a Better Financial Aid Offer . . . and Getting More Financial Aid in the First Place* (Cómo solicitar más ayuda financiera para la universidad: Los secretos para negociar una mejor oferta de ayuda financiera. . . y obtener más ayuda financiera, en primer lugar) por Mark Kantrowitz, Cerebly, Inc., 2019. Para un guía para apelar la oferta ver https://www.trinityschoolnc.org/uploaded/College_Counseling/How_To_Appeal-Financial_Aid.pdf.

13. NACUBO, *"Before COVID-19"* (Antes del COVID-19). Otro estudio concluyó que el 80% recibió ayuda de obsequio, que es ligeramente más baja que el estudio NACUBO, pero, aun así, una gran mayoría de estudiantes. Para un análisis más detallado *ver* http://www.studentaidpolicy.com/who-pays-full-sticker-price-for-a-college-education.html. Ten cuidado con las estadísticas que indican el número o porcentaje de estudiantes que reciben ayuda financiera porque la cantidad real de ayuda financiera por estudiante de manera individual puede llegar a ser muy bajo. Esto es particularmente cierto si la universidad otorga subvenciones institucionales simbólicas que mejoran sus estadísticas. Además, esté alerta a la práctica empleada por una serie de universidades llamada "subvenciones de carga inicial", en la que los estudiantes obtienen una mejor combinación de subvenciones versus préstamos durante el primer año, y la mezcla cambia cuando las subvenciones disminuyen en años posteriores.

14. Philip Levine, *"Dump the Discount Rate"* (Rechaza la tasa de descuento), Inside Higher Ed, 14 de agosto de 2019, http://www.insidehighered.com/views/2019/08/14/why-discount-rate-flawed-statistic-tracking-college-finances-opinion.

15. Amanda Ripley, *"Why Is College in America So Expensive? The Outrageous Price of a US Degree is Unique in the World"* (¿Por qué la universidad en Estados Unidos es tan cara? El escandaloso precio de un título estadounidense es único en el mundo), *The Atlantic*, 11 de septiembre de 2018, http://www.theatlantic.com/education/archive/2018/09/why-is-college-so-expensive-in-america/569884/.

16. Ripley, *"Why Is College in America So Expensive?"* (¿Por qué la universidad en Estados Unidos es tan cara?).

17. Holman W. Jenkins Jr., *"Liz Truss Is a Human Sacrifice to the Inflation Fires"* (Liz Truss es un sacrificio humano para los fuegos de la inflación). *Wall Street Journal*, 1-2 de octubre de 2022, p. A15. El artículo también hace referencia a la inflación universitaria.

18. Mitch Daniels, *"Student Loans and the National Debt"* (Los préstamos estudiantiles y la deuda nacional), *Wall Street Journal*, 2 de septiembre de 2022, p. A15.

19. Daniels, *"Student Loans"* (Préstamos estudiantiles). Para información sobre cuántos estudiantes se gradúan sin deudas en otros estados, *ver* también el *"Project on Student Debt"* (El Proyecto de la deuda estudiantil), en http://ticas.org/interactive-map/. Seleccione "Indiana" para ver una cifra del 59% que corrobora el 60% afirmado por Daniels.

20. La tasa de inflación del 8% que aparece en https://finaid.org/savings/tuition-inflation puede necesitar un ajuste para tener en cuenta la inflación actual. En los últimos 10 años, según los datos del College Board, la tasa de inflación media fue del 3.1% en matrícula, cuotas, alojamiento y manutención en las universidades privadas sin fines de lucro de cuatro años y del 2.7% en las universidades públicas de cuatro años dentro del estado. Los datos del College Board no son un índice verdadero, por lo que puede subestimar la tasa de inflación real. También hay que tener en cuenta que los últimos 10 años incluyeron varios años de inflación históricamente baja. La conclusión para cada estudiante es incluir un factor de tasa de inflación cuando calcules tus costos universitarios. Información facilitada por Mark Kantrowitz, 15 de diciembre de 2022. Utilizada con permiso.

21. Debido a que Harvard es una de las 70 universidades con una política de ayuda financiera "sin préstamos", sus paquetes de ayuda financiera sólo incluyen becas y empleo estudiantil, no préstamos. Aun así, Un estudiante puede pedir prestado para cubrir la contribución familiar, pero no como parte del paquete de ayuda financiera. Sólo el 20% de los estudiantes de Harvard se gradúa con una deuda de préstamo estudiantil, una cifra muy inferior a la media nacional. Este resultado se debe en parte a que Harvard tiene una mezcla más rica de estudiantes y en parte a su política de ayuda financiera sin préstamos. Información facilitada por Mark Kantrowitz, 15 de diciembre de 2022. Utilizada con autorización.

22. "Tendencias en los precios universitarios: aspectos destacados", *College Board*, https://research.collegeboard.org/trends/college-pricing/highlights.

23. Rachel Cruze, *"How Long Does It Take to Pay Off Student Loans?"* (¿Cuánto se tarda en pagar los préstamos estudiantiles?), Ramsey Solutions, 4 de octubre de 2022, https://www.ramseysolutions.com/debt/how-long-does-it-take-to-pay-off-student-loans. "Un préstamo estudiantil típico está estructurado para ser pagado en 10 años. Pero la investigación ha

demostrado toma 21 años en promedio". *Ver* One Wisconsin Institute, "Impact of Student Loan Debt on Homeownership Trends and Vehicle Purchasing", (Impacto de la deuda de préstamos estudiantiles en las tendencias de la propiedad de vivienda y compra de vehículos) en https:// drive.google.com/file/d/0B8LurBVUNQZfQVhYZWZvamlfd00/ view?resourcekey=0-nFC8857PHI2stfLraRIVbg.

24. Información facilitada por Mark Kantrowitz, 15 de diciembre de 2022. Utilizada con Permiso.

25. Sara Goldrick-Rab y Nancy Kendall, *"The Real Price of College"* (El precio real de la universidad), La Fundación Century, 3 de marzo de 2016, https://tcf.org/content/report/the-real-price-of-college/?agreed=1.Este estudio de 2016 es un excelente recurso de investigación para analizar el costo total de la universidad. Para obtener información actualizada, recomendamos acceder a los datos del NPSAS 2020 en https://nces.ed.gov/surveys/npsas/.

26. Goldrick-Rab y Kendall, *"The Real Price"* (El precio real).

27. Goldrick-Rab y Kendall, *"The Real Price"* (El precio real).

28. Goldrick-Rab y Kendall, *"The Real Price"* (El precio real).

29. La nueva fórmula en sí seguirá siendo complicada, pero será más simple desde la perspectiva del estudiante.

30. Goldrick-Rab y Kendall, *"The Real Price"* (El precio real).

31. Goldrick-Rab y Kendall, *"The Real Price"* (El precio real).

32. Abigail Johnson Hess, *"It Costs over $70,000 a Year to Go to Harvard—But Here's How Much Students Actually Pay"* (Cuesta más de US$70,000 al año ir a Harvard, pero esto es lo que realmente pagan los estudiantes), Make It, CNBC, 6 de abril de 2019, https://www.cnbc.com/2019/04/05/it-costs-78200-to-go-to-harvardheres-what-students-really-pay.html.

33. Molly Webster, *"I've Spent $60,000 to Pay Back Student Loans and Owe More Than Before I Began"* (He gastado US$60,000 para pagar préstamos estudiantiles y debo más que antes de comenzar), *New York Times*, 18 de marzo de 2021, https://www.nytimes.com/2021/03/18/opinion/student-loans-cares-act.html.

34. Webster, *"I've Spent $60,000"* (He gastado US$60,000).

35. Webster, *"I've Spent $60,000"* (He gastado US$60,000).

36. Webster, *"I've Spent $60,000"* (He gastado US$60,000).

37. Webster, *"I've Spent $60,000"* (He gastado US$60,000).

38. Webster, *"I've Spent $60,000"* (He gastado US$60,000).

39. Webster, *"I've Spent $60,000"* (He gastado US$60,000).

40. Los préstamos de la Sra. Webster parecen haber estado en el Programa FFEL, que no es elegible para la pausa de pago y la exención de intereses. Otros estudiantes en esta difícil situación podrían haber llegado a ser elegibles al consolidar sus préstamos FFEL en un Préstamo Federal de Consolidación Directa. Información proporcionada por Mark Kantrowitz, 15 de diciembre de 2022. Usado con autorización.

41. Los Préstamos realizados en 2008–09 y 2009–10 en el marco de Garantía de acceso continuo a la Ley de Préstamos Estudiantiles (ECASLA, por sus siglas en inglés) fueron transferidos al Departamento de Educación de EE. UU. al final de un año de financiamiento si el prestamista FFEL había sido incapaz de pagar el financiamiento. Información proporcionada por Mark Kantrowitz, 15 de diciembre de 2022. Usado con permiso.

42. Para complicar más la situación, los prestatarios podrían haber optado por mover los préstamos al Programa de Préstamo Directo para calificar para la pausa de pago y exención de intereses al obtener un Préstamo Federal de Consolidación Directa. Esto estaba totalmente a cargo del prestatario. Aparte de fijar temporalmente la tasa de interés a cero bajo la Ley CARES, la consolidación no cambió de otra manera la tasa de interés. Información proporcionada por Mark Kantrowitz, 15 de diciembre de 2022. Usado con permiso.

43. Para una discusión esclarecedora de los costos de oportunidad en la universidad, ver a Kim Butler y E. P. Hagenlocher, *"Busting the College Planning Lies: How Unknown Opportunity Costs Kill the Goose and the Golden Egg"* (Destruyendo las mentiras de planificación universitaria: cómo los costos de oportunidad desconocidos matan a la gallina de los huevos de oro), Kindle, Serie de libros Busting the Money Myths, 27 de octubre de 2022.

44. *"Animal House"* (Colegio de animales), dirigida por John Landis, escrita por Douglas Kenney, John Landis, Chris Miller y Harold Ramis, producida por Ivan Reitman, Matty Simmons (Universal Pictures, 1978).

45. *"Minimal Wage"* (Salario Mínimo), Departamento de Trabajo de los Estados Unidos, División de Salario y Horario, https://www.dol.gov/agencies/whd/minimum-wage.

46. *"Trade Apprentice Salary"* (Salario de aprendiz de oficios) ZipRecruiter, consultado el 12 de junio de 2022, https://www.ziprecruiter.com/Salaries/Trade-Apprentice-Salary.

47. Un número significativo de estudiantes tienen un trabajo de tiempo completo mientras están en la universidad, a veces en detrimento de ellos. Un estudiante que trabaja 40 horas o más a la semana tiene aproximadamente la mitad de las probabilidades de graduarse con una licenciatura dentro de seis años. Información proporcionada por Mark Kantrowitz, 15 de diciembre de 2022. Usado con permiso.

48. El promedio de subvenciones para estudiantes de licenciatura es de US$4,202 de los cuales 8.1% reciben becas privadas para estudios de pregrado. *Ver* https://www.savingforcollege.com/article/college-scholarships-statistics.

49. Gráficos diseñados por Reed Sullivan y Russell Brown usando datos del Departamento de Educación de EE. UU., el Centro Nacional de Estadísticas de Educación, la Asociación Nacional de Universidades y Empleadores, y el College Board. *Ver* https://research.collegeboard.org/trends/student-aid/highlights; https://nces. ed.gov/programs/digest/d21/tables/dt21_330.10. asp?current=yesand; https:// educationdata.org/financial-aid-statistics; y https://www.naceweb.org/job-market/compensation/salary-trends-through-salary-survey-a-historical-perspective-on-starting-salaries-for-new-college-graduates/.

50. Datos de Sullivan y Brown, Departamento de Educación, etc.

51. Datos de Sullivan y Brown, Departamento de Educación, etc.

52. Datos de Sullivan y Brown, Departamento de Educación, etc.

53. Gráficos Diseñados por Reed Sullivan y Russell Brown utilizando análisis proporcionado por Richard Craft, AIF, ChFC, CPFA, CLU, Wealth Advisory Group, Berwyn, PA, 2022.

54. Sullivan y Brown, utilizando análisis proporcionado por Richard Craft.

55. *Ver* el reporte NPSAS en https://nces.ed.gov/pubs2018/2018466.pdf.

56. *Ver* https://www.whitehouse.gov/wp-content/uploads/2022/03/edu_fy2023.pdf.

Capítulo 4: El colegio comunitario es un plan alternativo

1. *Ver* Dallas en https://www1.dcccd.edu/catalog/GeneralInfo/TuitionCost/
   tuition. cfm; ver Seattle en https://www.google.com/search?q=Seattle+Central+
   College+costos&ie=UTF-8&oe=UTF-8&hl=en-us&client=safari; *ver* Chicago
   en https://www.ccc.edu/departments/pages/tuition-and-fees.aspx; *ver* Nueva
   York en https://www.google.com/search?q=City+College+of+New+York+cos
   t&ie=UTF-8&oe=UTF-8&hl=en-us&client=safari; *ver* Filadelfia en https://
   www.google.com/search?q=Community+college+of+Philadelphia+cost&ie=
   UTF-8&oe=UTF-8&hl=en-us&client=safari.

2. Abigail Endsley, *"How to Transfer Community College Credits to University"*
   (Cómo transferir créditos de colegios comunitarios a la universidad), *Pearson
   Accelerated*, 24 de agosto de 2020, https://pearsonaccelerated.com/blog/
   community-college-transfer-credit.

3. El contribuyente desea permanecer en el anonimato. Esta información es
   utilizada con permiso.

4. Melissa Korn, *"Default Rates for Certificate Graduates on Par with
   College Dropouts, New Data Show"*, (Tasas predeterminadas para
   graduados certificados a la par con abandonos universitarios, muestran
   nuevos datos), *Wall Street Journal*, 5 de octubre de 2017, https://
   www.wsj.com/articles/default-rates-for-certificate-program-graduates
   on-par-with-college-dropouts-new-data-show-1507225501.

5. Korn, *"Default Rates"* (Tasas predeterminadas).

6. Korn, *"Default Rates"* (Tasas predeterminadas).

7. Korn, *"Default Rates"* (Tasas predeterminadas).

8. Korn, *"Default Rates"* (Tasas predeterminadas).

9. Korn, *"Default Rates"* (Tasas predeterminadas).

10. Jon Marcus, *"High-Paying Jobs That Don't Need a College Degree? Thousands
    of Them Sit Empty"* (¿Trabajos bien pagados que no necesitan un título
    universitario? Miles de ellos permaneces vacantes), NPR, 14 de febrero de
    2023, en https://www.npr.org/ 2023/02/14/1155405249/high-paying-jobs-
    that-dont-need-a-college-degree-thousands-of-them-are-sitting-e. El artículo
    actualiza un artículo similar de NPR del 2018 y atribuye la referencia a 30
    millones de trabajos que no requieren un título al el Proyecto Good Jobs del
    Centro de Educación de Georgetown y al departamento del trabajo en
    https://goodjobsdata.org/

11. Stacy Berg Dale y Alan B. Krueger, *"Estimating the Payoff to Attending a More Selective College"* (Estimando los costos por asistir a una universidad más selectiva), Oficina Nacional de Investigación Económica (NBER, por sus siglas en inglés) Serie de documentos de trabajo, 1999, https://www.nber.org/system/files/ working_papers/w7322/w7322.pdf, p. 30.

12. Dale y Krueger, *"Estimating the Payoff"* (Estimando los costos).

13. Casey Gendason, propietaria de Casey Gendason Guidance, Dallas, TX, información proporcionada el 4 de noviembre de 2022. Usada con permiso.

14. Gendason, *"Information"* (Información).

15. Ver el informe del Centro Nacional de Estadísticas Educativas (NCES) reporte BPS 12/17 en https://downloads.regulations.gov/ED-2016-ICCD-0093-0008/attachment_2.pdf.

16. Informe NCES, BPS 12/17.

Capítulo 5: Puedo vivir a bajo costo en el campus

1. Thomas Jefferson, Universidad de Virginia. Se construyó la Villa Académica para fomentar el intercambio interdisciplinario. "El diseño de Jefferson albergaba a profesores de una gama de especialidades en torno a un césped central. Los estudiantes vivían en habitaciones individuales. entre las casas de los profesores. En la cabecera de su césped compartido estaba la biblioteca (también conocida como la Rotunda)." *Ver* https://www.virginia.edu/visit/grounds.

2. *Ver* el informe del Sistema Integrado de Datos de Educación Postbachillerato (IPEDS, por sus siglas en inglés) al Centro Nacional de Estadísticas Educativas en https://nces.ed.gov/ipeds/use-the-data.

3. Lynn O'Shaughnessy, *"Federal Government Publishes More Complete Graduation Rate Data"* (El gobierno federal publica información más completa sobre los datos de la tasa de graduación), Cappex, https://www.cappex.com/articles/blog/government-publishes-graduation-rate-data.

4. Sara Goldrick-Rab y Nancy Kendall, *"The Real Price of College"* (El precio real de la universidad), The Century Foundation, 3 de marzo de 2016, https://tcf.org/content/report/the-real-price-of-college/?agreed=1. Para obtener información actualizada, accede a los datos del 2020 en NPSAS https://nces.ed.gov/surveys/npsas/.

5. Goldrick-Rab y Kendall, *"The Real Price"* (El precio real).

6. Goldrick-Rab y Kendall, *"The Real Price"* (El precio real).

7. Goldrick-Rab y Kendall, *"The Real Price"* (El precio real).

8. *Consulta The 2021 Consolidated Appropriations Act* (la Ley de asignaciones consolidadas de 2021) en https://www.cms.gov/cciio/programs-and-initiatives/other-insurance-protections/caa y las provisiones simplificadas específicas de la FAFSA en https://www.nasfaa.org/fafsa_simplification.

9. Goldrick-Rab y Kendall, *"The Real Price"* (El precio real).

10. Ali Breland, *"If the Tuition Doesn't Get You, the Cost of Student Housing Will"* (Si la matrícula no te alcanza, el costo de la vivienda para estudiantes lo hará), Bloomberg Businessweek, 13 de agosto de 2019, https://www.bloomberg.com/news/features/2019-08-13/if-the-tuition-doesn-t-get-you-the-cost-of-student-housing-will.

11. Breland, *"Student Housing"* (Vivienda para estudiantes).

12. Breland, *"Student Housing"* (Vivienda para estudiantes).

13. Breland, *"Student Housing"* (Vivienda para estudiantes).

14. Casey Gendason, propietario de Casey Gendason Guidance, Dallas, TX. Información proporcionada el 4 de noviembre de 2022. Usada con permiso.

15. Goldrick-Rab y Kendall, *"The Real Price"* (El precio real).

16. Goldrick-Rab y Kendall, *"The Real Price"* (El precio real).

17. Goldrick-Rab y Kendall, *"The Real Price"* (El precio real).

18. Goldrick-Rab y Kendall, *"The Real Price"* (El precio real).

19. *Ver* el informe del plan de comidas en https://fsapartners.ed.gov/knowledge-center/library/dear-colleague-letters/2022-11-03/fafsar-simplification-act-changes-implementation-2023-24.

Capítulo 6: Nunca podré calificar para obtener subvenciones o becas

1. *Ver* Mark Kantrowitz, *"Millions of Students Still Fail to File the FAFSA Each Year"* (Millones de estudiantes siguen sin presentar la FAFSA cada año), 17 de septiembre de 2018, en https://www.savingforcollege.com/article/millions-of-students-still-fail-to-file-the-fafsa-each-year. Este artículo de 2018 identifica el

problema central de que, aunque hay fondos disponibles, los estudiantes no logran presentar la FAFSA y por lo tanto no califican para el financiamiento. Específicamente, "A pesar de los aumentos en el porcentaje de estudiantes de pregrado que presentan la Solicitud Gratuita de Ayuda Federal para Estudiantes (FAFSA, por sus siglas en inglés) cada año, millones de estudiantes que podrían calificar para becas universitarias aún no presentan la FAFSA". Desafortunadamente, "más de dos millones de estudiantes habrían calificado para la Beca Federal Pell en 2015–2016, si tan solo hubieran presentado la FAFSA. De ellos, 1.2 millones habría calificado para la Beca Federal Pell máxima". Más triste aún, "de los estudiantes que no presentaron la FAFSA, más de un tercio habría calificado para la Beca Federal Pell". En pocas palabras: presenta la FAFSA.

2.	Los estudiantes pueden convertirse en "becarios de un millón de dólares" al solicitar la admisión a muchas universidades diferentes y sumando las ofertas de ayuda financiera de varias escuelas para alcanzar un total de US$1 millón. Desafortunadamente, el estudiante no podría usar todas las becas porque generalmente son específicas para ciertas universidades. Aun así, es un logro digno de mención que demuestra laboriosidad, iniciativa y determinación para obtener una educación. En una línea similar, ha habido algunos alumnos destacados que han ganado varias becas de prestigio simultáneamente, tales como Gates, Dell, Coca-Cola, etc. En esos casos, las organizaciones de becas a menudo trabajan en conjunto para permitir que los estudiantes altamente calificados se beneficien de todos los premios (por ejemplo, al diferir un premio por un año, dejando que el estudiante use otro para la escuela de posgrado). Los Estudiantes universitarios ambiciosos con una ética sólida de trabajo y estadísticas competitivas pueden aprender de estos dos enfoques. Información proporcionada por Mark Kantrowitz, 15 de diciembre de 2022.

3.	Solicitud Gratuita de Ayuda Federal para Estudiantes (FAFSA), Departamento de Educación, https://studentaid.gov/h/apply-for-aid/fafsa.

4.	La Fundación Sunnyside brinda asistencia financiera a científicos cristianos practicantes que residen en el estado de Texas. Consulta https://sunnysidetexas.org/.

5.	*Ver* Becas Kiwanis en https://www.kiwanis.org/childrens-fund/grants/scholarship-opportunities.

6.	Ver las becas de Rotary International en https://www.rotary.org/en/our-programs/scholarships.

7. Will Geiger y Kayla Korzekwinski, *"Top College Merit Based Scholarships"* (Mejores becas universitarias basadas en mérito), Becas 360, 27 de octubre de 2022, https://scholarships360.org/scholarships/great-merit-scholarships/.

8. Geiger y Korzekwinski, *"Top College Merit Based Scholarships"* (Mejores becas universitarias basadas en mérito).

9. Casey Gendason, propietario de Casey Gendason Guidance, Dallas, TX. Información proporcionada el 4 de noviembre de 2022. Usada con permiso.

10. Ten en cuenta que muchas becas académicas solo están en el rango de US$500 a US$1,000. Pero también ten en cuenta que unas 300 universidades otorgan becas académicas por al menos la mitad de la matrícula, por lo que vale la pena investigar si tu universidad objetivo ofrece esta opción. Información proporcionada por Mark Kantrowitz, 15 de diciembre de 2022. Usado con permiso.

11. Casey Gendason, *"Information"* (Información).

12. Comienza con bases de datos de becas gratuitas con excelente cobertura de becas como Fastweb.com en https://www.fastweb.com/registration/step_1 y el *"Big Future"* del College Board en https://bigfuture.collegeboard.org/pay-for-college/scholarship-search. Luego echa un vistazo a MyScholly, *"16 Insider Facts about College Scholarships and Financial Aid"* (16 datos internos sobre becas universitarias y ayuda financiera), 16 de septiembre de 2020, en https://myscholly.com/16-insider-facts-about-college-scholarships-and-financial-aid/. Nota: el sitio web myscholly.com requiere una tarifa para buscar en su base de datos.

13. Hay más de 400 becas *Promise* o becas de matrícula gratuita, y todas tienen restricciones de localidad que normalmente limitan la elegibilidad para los residentes de la ciudad o el estado. Si, tal vez, los padres están dispuestos a mudarse a un lugar diferente para aprovechar la generosa ayuda financiera, ten en cuenta que esto a menudo implica cumplir con los requisitos de residencia. Con frecuencia, la mudanza debe ocurrir al menos un año, y a veces hasta un año de calendario completo, antes de inscribirse en la universidad. Es posible que también tengas que graduarte de un bachillerato estatal y cumplir con los requisitos de matrícula dentro del estado. *Consulta* los requisitos de residencia estatales en https://www.savingforcollege.com/article/state-residency-requirements-for-in-state-tuition.

14. *Ver* los datos de becas de NCES en https://nces.ed.gov/fastfacts/display.asp?id=31.

15. *Ver* los datos de becas de NCES en https://nces.ed.gov/fastfacts/display.asp?id=31.

16. *Ver "Big Future"* de *College Board* en https://bigfuture.collegeboard.org/pay-for-college/scholarship-search.

17. Ann Carrns, *"Thousands of Students Missing Out on College Grants, Study Finds"* (Miles de estudiantes que se pierden de recibir becas universitarias, descubre un estudio), *New York Times*, 4 de febrero de 2022. "Aproximadamente 1.7 millones de graduados no presentaron la Solicitud Gratuita de Ayuda Federal para Estudiantes en el año escolar 2020–21. Y poco menos de la mitad de ellos, unos 813,000 estudiantes, eran elegibles para las Becas Federales Pell dirigidas a estudiantes de bajos ingresos".

18. Nicole Pelletiere, *"Teen Awarded over $1 Million in Scholarships from 18 Colleges"* (Adolescente ganadora de más de $1 millón en becas de 18 universidades), *Good Morning America*, 2 de marzo de 2021, https://www.goodmorningamerica.com/living/story/teen-awarded-million-scholarships-18-colleges-76186041. Antes de concluir que estos premios hicieron a la estudiante millonaria de la noche a la mañana, es útil señalar algunos hechos relevantes. Primero, ella solo podría usar alrededor de US$60,000 anuales porque las becas generalmente están restringidas a una sola universidad. En segundo lugar, probablemente se postuló a muchas universidades para obtener las ofertas competitivas de ayuda financiera que contribuyeron al total de un millón de dólares. En tercer lugar, la subvención institucional promedio en una organización privada sin fines de lucro de cuatro años es de US$16,505 por año. Cuarto, el costo de asistir a tales universidades privadas sin fines de lucro tiene un promedio de US$38,124 según datos del NPSAS 2015-16. En resumen, ella hizo un excelente trabajo al solicitar becas, lo que otros estudiantes podrían emular, pero ella no se hizo millonaria.

19. Pelletiere, *"Teen Awarded"* (Adolescente ganadora).

20. Pelletiere, *"Teen Awarded"* (Adolescente ganadora).

21. Steve Jobs, *"Commencement Address"* (Discurso de graduación), transcripción del discurso en la Universidad de Stanford, Stanford, CA, 12 de junio de 2005, https://news.stanford.edu/2005/06/14/jobs-061505/.

22. Steve Jobs, *"Commencement Address"* (Discurso de graduación).

23. Kathryn Flynn, *"4 Ways a Work-Study Job Can Pay Off"* (4 formas en que un trabajo-estudio puede rendir frutos), *Discover*, actualizado el 3 de marzo de 2021, https://www.discover.com/student-loans/college-planning/how-to-pay/financial-aid/work-study-job-pay-off.

24. Sara Goldrick-Rab y Nancy Kendall, *"The Real Price of College"* (El precio real de la universidad), The Century Foundation, 3 de marzo de 2016, https://tcf.org/content/report/the-real-price-of-college/?agreed=1.

25. Ver *"How Long Will It Take to Fill out the FAFSA?"* (¿Cuánto tiempo llevará completar la FAFSA?) en la página de Ayuda de FAFSA, Departamento de Educación de los EE. UU., en https://studentaid.gov/help/how-long. Encuentra datos reales del tiempo de llenado de la FAFSA informados en el StudentAid.gov en https://studentaid.gov/sites/default/files/fsawg/datacenter/ibrary/2020-2021-application-demographics.xls.

26. Goldrick-Rab y Kendall, *"The Real Price"* (El precio real).

27. Goldrick-Rab y Kendall, *"The Real Price"* (El precio real).

28. Goldrick-Rab y Kendall, *"The Real Price"* (El precio real).

29. También estate alerta a una encrucijada que involucre cálculos de ingresos del año anterior para colegios comunitarios de dos años. Cuando un estudiante deja su trabajo para ir a la escuela de tiempo completo, el encargado de ayuda financiera de la universidad puede y debe usar juicio profesional (PJ, por sus siglas en inglés) para ignorar los ingresos ganados en el trabajo anterior. Sin embargo, muchos colegios comunitarios en realidad no aplican el juicio profesional para hacer este ajuste. Dado que la FAFSA se basa en los ingresos del año anterior, esto significa se necesitan *dos* años antes de que el estudiante pueda calificar para una Beca Pell. Un título de asociado es un título de dos años y un certificado es un título de un año por lo que el estudiante podría perderse una subvención disponible de otro modo. Información proporcionada por Mark Kantrowitz, 15 de diciembre de 2022.

Capítulo 7: Puedo conseguir una beca deportiva

1. Gráfico, NCAA, *"Estimated Probability of Competing in College Athletics"* (Probabilidad estimada de competir en el deporte universitario) actualizado el 8 de abril de 2020, https://www.ncaa.org/sports/2015/3/2/estimated-probability-of-competing-in-college-athletics.aspx.

2. NCAA, *"Estimated Probability"* (Probabilidad estimada).

3. Anemona Hartocollis, *"Rick Singer, Mastermind of Varsity Blues Scandal, Is Sentenced to 3½ Years in Prison"* (Rick Singer, autor intelectual del escándalo Varsity Blues, es sentenciado a 3 años y medio de prisión), el *New York Times*, 4 de enero de 2023, en https://www.nytimes.com/2023/01/04/us/rick-singer-sentenced-collegeadmissions-scandal.html.

4. Hartocollis, "Rick Singer".

5. *Consulta* el gráfico de la NCAA en https://ncaaorg.s3.amazonaws.com/research/ pro_beyond/2020RES_ProbabilityBeyondHSFiguresMethod.pdf.

6. NCAA, *"Estimated Probability"* (Probabilidad estimada).

7. NCAA, *"Estimated Probability"* (Probabilidad estimada).

8. Athnet Sports Recruiting, *"Head Count versus Equivalency Scholarships"* (Por número de cabezas versus Becas de Equivalencia), https://www. athleticscholarships.net/sports-scholarships/head-count versus-equivalency- scholarships.htm. "La diferencia entre las becas por número de cabezas y las becas de equivalencia pueden entenderse mejor como deportes que tienen becas completas garantizadas (Head Count) versus deportes que dividen las becas como becas parciales (Equivalencia)."

9. Athnet Sports Recruiting, *"Head Count"* (Número de cabezas).

10. Athnet Sports Recruiting, *"Head Count"* (Número de cabezas).

11. Athnet Sports Recruiting, *"Head Count"* (Número de cabezas).

12. ScholarshipStats.com, *"Scholarship Limits 2020–21"* (Limite de becas 2020-21), consultado el 4 de junio de 2022, https://scholarshipstats.com/ncaalimits.

13. ScholarshipStats.com, *"Scholarship Limits 2020-21"* (Límites de becas 2020–21).

14. Daniel Wilco, *"FCS Championship: Everything you need to know"* (Becas FCS: Todo lo que necesitas saber), NCAA, 13 de enero de 2020, en https://www. ncaa.com/news/football/article/2020-01-11/fcs-championship-everything- you-need-know "A diferencia de todos los demás deportes NCAA, el fútbol americano de la División I de la NCAA se divide en dos divisiones". En 2006, el nivel superior, anteriormente conocido como "División 1-A", se convirtió en el Football Bowl Subdivisión (FBS) y el nivel inferior, División 1-AA, se convirtió en el Fútbol Subdivisión de Campeonato (FCS)".

15. Wilco, *"FCS Championship"* (Campeonato FCS).

16. La NCAA solo informa sobre las becas deportivas otorgadas por las universidades. Pero si nosotros incluimos becas deportivas privadas, el porcentaje total aumenta ligeramente. A partir de 2011, menos del 2% de los estudiantes universitarios recibieron becas deportivas. *Ver* http://www. studentaidpolicy.com/fa/20110505athleticscholarships.pdf. Basado en el análisis de datos más recientes del Estudio Nacional de Ayuda Financiera para

Post bachillerato 2015–16 (NPSAS, por sus siglas en inglés), esa cifra del 2% se había reducido al 1.3 por ciento de estudiantes de pregrado que reciben becas deportivas, con un promedio de beca de US$10,631. Los estudiantes deportistas también deben ser conscientes de que una beca puede reemplazar la ayuda institucional que de otro modo habrían recibido en base a la necesidad financiera. Información proporcionada por Mark Kantrowitz, 15 de diciembre de 2022.

17. ScholarshipStats.com, *"Scholarship Limits 2020-21"* (Límites de becas 2020–21).

18. ScholarshipStats.com, "Scholarship Limits 2020-21" (Límites de becas 2020–21).

19. NCAA, *"Estimated Probability"* (Probabilidad estimada).

20. NCAA, *"Estimated Probability"* (Probabilidad estimada).

21. NCAA, *"Estimated Probability"* (Probabilidad estimada).

22. NCAA, *"Estimated Probability"* (Probabilidad estimada).

23. NCAA, *"Estimated Probability"* (Probabilidad estimada).

24. El memorable comentario de Muhammad Ali con respecto a su pelea por el título con Joe Frazier el 8 de marzo de 1971, apareció en las citas de Muhammad Ali en www.quotefancy.com.

25. John Brodhead Jr., MD, vicepresidente Ejecutivo, Departamento de Medicina, en la Escuela de Medicina Keck de la Universidad del Sur de California (USC), exmédico del equipo de atletismo de la USC y director de medicina atlética. Entrevista el 14 de septiembre de 2022. Usada con autorización.

26. Ver, *National Collegiate Athletic Association v. Alston*, consultado el 26 de enero de 2022, https://www.oyez.org/cases/2020/20-512, citando en National Collegiate Athletic Association et al v. Alston, 141 S. ct. 2141 (2021), https://www.Supremecourt.gov/opinions/20pdf/20-512_gfbh.pdf.

27. *National Collegiate Athletic Association v. Alston*, No. 20-512, slip op. a las 4 (EE.UU. 21 de junio de 2021).

28. *Nebraska Quarterly*, "Edición de otoño de 2022", Vol. 118, No. 3, pág. 34.

29. Nebraska Athletic Communications, "Actualización NIL de Nebraska Athletics," 12 de enero de 2023, https://huskers.com/news/2023/1/12/nil-update-from nebraska-athletics.aspx.

30. Jo Craven McGinty, *"March Madness Is a Moneymaker. Most Schools Still Operate in Red"* (La locura de marzo es una máquina de hacer dinero. La mayoría de las escuelas todavía operan en rojo), *Wall Street Journal*, 12 de marzo de 2021, https://www.wsj.com/articles/march-madness-is-a-moneymaker-most-schools-still-operate-in[1]red-11615545002.

31. McGinty, *"March Madness"* (Locura de marzo).

32. McGinty, *"March Madness"* (Locura de marzo).

Capítulo 8: Necesito establecer contactos para tener éxito en la carrera

1. Genevieve Carlton, *"A History of the Ivy League"* (Una historia de la Ivy League), *Best Colleges* (blog), 30 de septiembre de 2021, https://www.bestcolleges.com/blog/history-of-ivy-league/.

2. Handshake Network se anuncia como la mayor red de estudiantes, universidades y reclutadores. *Consulta* https://joinhandshake.com/network-trends/ para una encuesta reciente que revela seis cosas que deben saber solicitantes de empleo sobre la cohorte de universitarios de 2023.

3. Información proporcionada por Mark Kantrowitz, 15 de diciembre de 2022. Utilizado con permiso.

4. *"The Importance of Networking in College"*, (La importancia de establecer contactos en la universidad), *The Haven at College*, 26 de julio de 2019, https://thehavenatcollege.com/networking-in-college/.

5. The Haven, *"Networking in College"* (Establecer contactos en la Universidad).

6. The Haven, *"Networking in College"* (Establecer contactos en la Universidad).

7. The Haven, *"Networking in College"* (Establecer contactos en la Universidad).

8. The Haven, *"Networking in College"* (Establecer contactos en la Universidad).

9. The Haven, *"Networking in College"* (Establecer contactos en la Universidad).

10. *Ver* la Sociedad Nacional de Ingenieros Profesionales que ofrece membresías para estudiantes gratis en https://www.nspe.org/membership/types-membership.

11. Peggy Noonan, *"The Old New York Won't Come Back"* (El Viejo Nueva York no volverá), *Wall Street Journal*, 25 de febrero de 2021, https://www.wsj.com/articles/the-old-new-york-wont come-back-11614296201.

12. Noonan, *"The Old New York"* (El Viejo Nueva York).

13. Douglas Belkin, *"College Students Demand Coronavirus Refunds"* (Los estudiantes universitarios exigen reembolsos por el coronavirus), *Wall Street Journal*, 10 de abril de 2020, https://www.wsj.com/articles/college-students-demand-refunds-after-coronavirus-forces-classes-online-11586512803.

14. Belkin, *"College Students Demand Coronavirus Refunds"* (Los estudiantes universitarios exigen reembolsos por el coronavirus)

15. Anjelica Cappellino, J.D., *"More Than 70 Universities Sued for Refunds Following COVID-19 Campus Closures"* (Más de 70 universidades demandadas por reembolsos posteriores al cierre de campus por COVID-19", Expert Institute, 27 de abril de 2022, https://www.expertinstitute.com/resources/insights/universities-sued-for-covid-19-refunds-following-campus-closures/.

16. Douglas Belkin y Melissa Korn, *"To Fight Coronavirus, Colleges Sent Students Home. Now Will They Refund Tuition?"* (Para combatir el coronavirus, las universidades enviaron a sus estudiantes a casa. ¿Ahora le devolverán la matrícula?) *Wall Street Journal*, 19 de marzo de 2020, https://www.wsj.com/articles/to-fight-coronavirus-colleges-sent-students-home-now-will-they-refund-tuition-11584625536

17. Belkin y Korn, *"To Fight Coronavirus"* (Para luchar contra el coronavirus).

18. Belkin y Korn, *"To Fight Coronavirus"* (Para luchar contra el coronavirus).

19. Belkin y Korn, *"To Fight Coronavirus"* (Para luchar contra el coronavirus).

20. Belkin y Korn, *"To Fight Coronavirus"* (Para luchar contra el coronavirus).

21. Belkin y Korn, *"To Fight Coronavirus"* (Para luchar contra el coronavirus).

22. Zig Ziglar citado en Goodreads.com. El Sr. Ziglar agregó algo de chispa a una máxima por el filósofo romano Séneca, ca. 60 EC, que *"Luck is what happens when preparation meets opportunity"* (La suerte es lo que sucede cuando la preparación se encuentra con la oportunidad). La cita de Zig es más fácil de recordar, pero impresiona a tu nuevo jefe si citas a Séneca. Tu oportunidad.

Capítulo 9: Ir a la universidad es un esfuerzo libre de riesgos

1. Los datos de salarios se pueden encontrar en https://www.bls.gov/ooh/.

2. Melissa Korn, *"Some 43% of College Grads Are Underemployed in First Job"* (Alrededor del 43% de los graduados universitarios están subempleados en

primer Trabajo), *Wall Street Journal*, 26 de octubre de 2018, https://www.wsj.com/articles/study-offers-new-hope-for-english-majors-1540546200.

3. Korn, *"College Grads Are Underemployed"* (Los graduados universitarios están subempleados).

4. Korn, *"College Grads Are Underemployed"* (Los graduados universitarios están subempleados).

5. Korn, *"College Grads Are Underemployed"* (Los graduados universitarios están subempleados).

6. Korn, *"College Grads Are Underemployed"* (Los graduados universitarios están subempleados).

7. Jeffrey Selingo y Matt Sigelman, *"The Crisis of Unemployed College Graduates"* (La crisis de los graduados universitarios desempleados)", *Wall Street Journal*, 4 de febrero de 2021, https://www.wsj.com/articles/the-crisis-of-unemployed-college-graduates-11612454124.

8. Selingo y Sigelman, *"Unemployed College Graduates"* (Graduados universitarios desempleados).

9. Selingo y Sigelman, *"Unemployed College Graduates"* (Graduados universitarios desempleados).

10. *Consulta* las tasas de graduación de NCES en https://nces.ed.gov/fastfacts/display.asp?id=40.

11. Tamara Hiler, Lanae Erickson Hatalsky y Megan John, *"Failing Our Kids"* (fallándole a nuestros jóvenes), *Dallas Morning News*, 10 de julio de 2016.

12. Específicamente, según el NPSAS 2015–16, los beneficiarios de la Beca Pell en los programas de licenciatura tienen un tercio más de probabilidades de pedir prestado para pagar su educación (84% frente a 51%) y, por lo tanto, se gradúan con miles de dólares más de deuda (US$41,182 vs. US$26,715). Entre los estudiantes de programas de licenciatura, los beneficiarios de la Beca Pell tienen el doble de probabilidades de pedir prestado (59.3% vs. 29.8%) y por lo tanto se gradúan con una deuda sustancialmente mayor (US$19,847 vs. US$14,171) que la de los no beneficiarios de Becas Pell. *Ver* el informe NPSAS en https://nces.ed.gov/pubs2018/2018466.pdf.

13. Hiler, Hatalsky y John, *"Failing Our Kids"* (fallándole a nuestros jóvenes).

14. Hiler, Hatalsky y John, *"Failing Our Kids"* (fallándole a nuestros jóvenes).

15. Hiler, Hatalsky y John, *"Failing Our Kids"* (fallándole a nuestros jóvenes).

16. Hiler, Hatalsky y John, *"Failing Our Kids"* (fallándole a nuestros jóvenes).

17. Hiler, Hatalsky y John, *"Failing Our Kids"* (fallándole a nuestros jóvenes).

18. Hiler, Hatalsky y John, *"Failing Our Kids"* (fallándole a nuestros jóvenes).

19. Hiler, Hatalsky y John, *"Failing Our Kids"* (fallándole a nuestros jóvenes).

20. Hiler, Hatalsky y John, *"Failing Our Kids"* (fallándole a nuestros jóvenes).

21. *Consulta* la tabla de índices de beneficiarios de la Beca Federal Pell en universidades altamente selectivas en https://thecollegeinvestor.com/38195/what-is-undermatching/.

22. Hiler, Hatalsky y John, *"Failing Our Kids"* (fallándole a nuestros jóvenes).

23. Hiler, Hatalsky y John, *"Failing Our Kids"* (fallándole a nuestros jóvenes).

24. *"Education and Socioeconomic Status"* (Educación y estatus socioeconómico), Asociación Americana de Psicología, Julio de 2017, https://www.apa.org/pi/ses/resources/publications/education.

25. Ver Mark Kantrowitz, *"Who Graduates From College? Who Doesn't?"* (¿Quién se gradúa de la universidad? ¿Quién no?), (Cerebly, Inc., 2021). El primer capítulo presenta «Estadísticas sorprendentes» que detallan varias predicciones.

26. Douglas Belkin, *"Recent Grads Doubt College's Worth"* (Los recién graduados dudan del valor de la universidad), *Wall Street Journal*, 29 de septiembre de 2015, https://www.wsj.com/articles/recent-grads-doubt-colleges-worth-1443499440.

27. Belkin, *"Recent Grads"* (Recién graduados).

28. *Consulta* Estudio Nacional de Ayuda para Estudiantil de Post bachillerato (NPSAS) 2015–16 en https://nces.ed.gov/pubs2018/2018466.pdf.

29. Belkin, *"Recent Grads"* (Recién graduados).

30. Belkin, *"Recent Grads"* (Recién graduados).

31. Belkin, *"Recent Grads"* (Recién graduados).

32. El término *"heavily indebted"* (Muy endeudado) requiere una explicación más detallada. Una definición objetiva de deuda excesiva sería "cuando el servicio de la deuda del prestatario a el porcentaje de los ingresos brutos mensuales dedicado al pago de la deuda del préstamo estudiantil sea del 10% o más en un plan de amortización estándar a 10 años. Ver: http://www.studentaidpolicy.com/excessive-debt/Excessive-Debt-at-Graduation.pdf. Para retrasos en el logro

de objetivos financieros causados por deudas estudiantiles, consulta https://www.savingforcollege.com/article/student-loan-debt-causes-delays-in-achieving-major-financial-goals. "Cuando la deuda de un préstamo estudiantil excede el ingreso después de la graduación, los graduados universitarios tienen el doble de probabilidades de retrasar el matrimonio, tener hijos y comprar una casa". Ambos artículos son de Mark Kantrowitz. Usados con permiso.

33. Preston Cooper, *"Is College Worth the Cost? That Depends"* (¿Vale la pena el costo de la universidad? Eso depende), *Wall Street Journal*, 5 de noviembre de 2021, https://www.wsj.com/articles/college-worth cost-debt-major-computer-science-11636142138.

34. Cooper, *"Is College Worth the Cost?"* (¿Vale la pena el costo de la universidad?).

35. Cooper, *"Is College Worth the Cost?"* (¿Vale la pena el costo de la universidad?).

36. Cooper, *"Is College Worth the Cost?"* (¿Vale la pena el costo de la universidad?) El análisis oportuno del costo de "Ingresos perdidos mientras estaba inscrito" rara vez se consideran los gastos de manutención como compensación de los ingresos que se podrían haber obtenido. Sin este elemento, los resultados pueden ser exagerados. Para evitar esa exageración, los estudiantes pueden compensar la figura con gastos de vida normales.

37. Cooper, *"Is College Worth the Cost?"* (¿Vale la pena el costo de la universidad?).

38. Cooper, *"Is College Worth the Cost?"* (¿Vale la pena el costo de la universidad?).

39. Cooper, *"Is College Worth the Cost?"* (¿Vale la pena el costo de la universidad?).

40. Jon Marcus, *"Will That College Degree Pay Off? A Look at Some of the Numbers"* (¿Valdrá la pena ese título universitario? Una mirada a algunas cifras), *Washington Post*, 1 de noviembre de 2021, https://www.washingtonpost.com/education/2021/11/01/college-degree-value-major. Los datos del College Scored son poderosos, pero tiene algunas limitaciones debido a su tamaño de celda mínimo de 30 para datos NCES. Información proporcionada por Mark Kantrowitz, 15 de diciembre de 2022. Usada con permiso.

41. Marcus, *"Will That College Degree Pay Off?"* (¿Valdrá la pena ese título universitario?)

42. *Ver College Scorecard* en https://collegescorecard.ed.gov. Haz clic en el sitio, abre el menú en *"Find the Right Fit"* (Encuentra el ajuste adecuado) y responde algunas preguntas intuitivas para ayudarte a investigar y comparar universidades en función de sus campos de estudio, costos, admisiones y resultados.

43. Marcus, *"Will That College Degree Pay Off?"* (¿Valdrá la pena ese título universitario?)

en mi área que cubrirá mi deuda

1. Esta regla general es elegante porque solo requiere una comparación simple de dos cifras, en lugar de un difícil cálculo de números especulativos. Mark Kantrowitz originó la regla en http://www.studentaidpolicy.com/excessive-debt/.

2. Lisa Bannon y Andrea Fuller, *"$115,000 Online Degree. Graduates Got Low Salaries, Huge Debts"* (Posgrado en línea de US$115,000. Los graduados obtuvieron salarios bajos, deudas enormes), *Wall Street Journal*, 9 de noviembre de 2021, https://www.wsj.com/articles/usc-online-social-work masters-11636435900.

3. Bannon y Fuller, *"$115,000 Online Degree"* (Posgrado en línea de US$115,000).

4. Información proporcionada por Mark Kantrowitz, 15 de diciembre de 2022. Utilizada con permiso.

5. Bannon y Fuller, *"$115,000 Online Degree"* (Posgrado en línea de US$115,000).

6. "Ingresos anuales medios de los graduados universitarios de EE. UU. de 1990 a 2020" Statista, https://www.statista.com/statistics/642041/average-wages-of-us-university-graduates/.

7. Equipo editorial de Indeed, *"Average Salary for College Graduates"* (Salario promedio para graduados universitarios), Indeed, 22 de febrero de 2021, https://www.indeed.com/career-advice/pay-salary/average-salary-for-college-graduates.

8. *Indeed, "Average Salary"* (Salario Promedio).

9. *Indeed, "Average Salary"* (Salario Promedio). La lista de *Indeed* omite inexplicablemente Enfermería, que tiene un salario inicial en el rango de US$70,000 como se esperaría después de la pandemia.

10. Ten en cuenta que el campo de la carrera de Educación califica para el *Public Service Loan Forgiveness* (PSLF) que perdona la deuda restante después de 10 años (120 pagos) en un plan de pago definido por los ingresos.

11. Andrew Van Dam, *"The Most Regretted (and Lowest-Paying) College Majors"* (Las carreras universitarias que tienen más estudiantes arrepentidos - y pagos más bajos) *Washington Post*, 2 de septiembre de 2022, https://www.realcleareducation.com/2022/09/07/the_most_lamented_and_lowest-paying_college_majors_51823.html.

12. Andrew Van Dam, *"College Majors with the Highest Unemployment Rates, and Other Reader Questions!"* (Las carreras universitarias con las tasas de desempleo más altas, ¡y otras preguntas de los lectores!) *Washington Post*, 16 de septiembre de 2022, https://www.washingtonpost.com/business/2022/09/16/jobs-for-dropouts/.

13. Rebecca Smith y Andrea Fuller, *"Some Professional Degrees Leave Students with High Debt but without High Salaries"* (Algunos títulos profesionales dejan a los estudiantes con una gran deuda, pero sin salarios altos), *Wall Street Journal*, 1 de diciembre de 2021, https://www.wsj.com/articles/some-professional-degrees-leave-students-with-high-debt-but-without-high-salaries-11638354602.

14. Smith y Fuller, *"Professional Degrees"* (Títulos profesionales).

15. Smith y Fuller, *"Professional Degrees"* (Títulos profesionales).

16. Smith y Fuller, *"Professional Degrees"* (Títulos profesionales).

17. Smith y Fuller, "Títulos profesionales". Ten en cuenta que, si el estudiante usó préstamos y los pagó mediante el método de pago definido por los ingresos, la deuda restante será perdonada después de 20 o 25 años de hacer pagos.

18. Richard Vedder y Justin Strehle, *"The Diminishing Returns of a College Degree"* (Los rendimientos decrecientes de un título de postgrado), *Wall Street Journal*, 4 de junio de 2017, https://www.wsj.com/articles/the-diminishing-returns-of-a-college-degree-1496605241.

19. Vedder y Strehle, *"Diminishing Returns"* (Rendimientos decrecientes).

20. Vedder y Strehle, *"Diminishing Returns"* (Rendimientos decrecientes).

21. Vedder y Strehle, *"Diminishing Returns"* (Rendimientos decrecientes). Payscale.com también publica el Informe de retorno de la inversión (ROI, por sus siglas en inglés) de la universidad en https://www.payscale.com/college-roi, con desglose por especialidad universitaria en https://www.payscale.com/college-roi/major. Para un excelente análisis del retorno de la inversión para escuelas privadas versus públicas, consulta *"What It's Like Attending Stanford University?"* (¿Cómo es asistir a la Universidad de Stanford?) en el sitio web de Financial Samurai en https://www.financialsamurai.com/what-its-like-attending-stanford-university/.

22. Vedder y Strehle, *"Diminishing Returns"* (Rendimientos decrecientes). Ten algo de cautela con este tipo de análisis, sin embargo, como la distribución de los estudiantes por licenciatura puede variar considerablemente. Esto se hace evidente cuando se comparan las universidades de artes liberales con el

ingreso promedio más alto después de graduarse. Una escuela que está centrada desproporcionadamente en STEM mostraría un ingreso promedio más alto después de la graduación.

23. Vedder y Strehle, *"Diminishing Returns"* (Rendimientos decrecientes).

24. Vedder y Strehle, *"Diminishing Returns"* (Rendimientos decrecientes).

25. Vedder y Strehle, *"Diminishing Returns"* (Rendimientos decrecientes).

26. Vedder y Strehle, *"Diminishing Returns"* (Rendimientos decrecientes).

27. Vedder y Strehle, *"Diminishing Returns"* (Rendimientos decrecientes).

28. Chuck McGee, *"Evaluating Today's Expensive College Degree"* (Evaluando el caro título universitario actual). *Wall Street Journal*, 14 de junio de 2017, https://www.wsj.com/articles/ SB1243084852605996448840458320573005154807.

29. McGee, *"Today's Expensive College Degree"* (El caro título universitario actual).

30. Melissa Korn, *"Some 43% of College Grads Are Underemployed in First Job"* (Alrededor del 43% de los graduados universitarios están subempleados en su primer Trabajo), *Wall Street Journal*, 26 de octubre de 2018, https://www.wsj.com/articles/study-offers-new-hope-for-english-majors-1540546200.

31. Korn, *"College Grads Are Underemployed"* (Los graduados universitarios están subempleados).

32. Korn, *"College Grads Are Underemployed"* (Los graduados universitarios están subempleados).

Capítulo 11: Puedo conseguir un préstamo sin garantía

1. El término *"education–industrial complex"* (complejo educativo-industrial) se utilizó por primera vez en un artículo de 2012 titulado *"Exploring the Dangers of the Education-Industrial Complex"* (Explorando los peligros del complejo educativo-industrial), basado en una entrevista con el Dr. Anthony Picciano sobre las corporaciones educativas "con fines de lucro" publicado en *EvoLLLution* (sic), 10 de octubre de 2012, https://evolllution.com/opinions/audio-exploring-the-dangers-of-the-education-industrial-complex.

2. *Borrowed Future: How Student Loans Are Killing the American Dream* (Futuro prestado: cómo los préstamos estudiantiles están acabando con el sueño americano), dirigida por David DiCicco (Franklin, TN, Ramsey Solutions, 2021).

3. Anthony ONeal, *Debt-Free Degree: The Step-by-Step Guide to Getting Your Kid through College without Student Loans* (Título sin deudas: la guía paso a paso para que tu hijo vaya a la universidad sin préstamos estudiantiles (Franklin, TN: Ramsey Group, 2019).

4. DiCicco, *Borrowed Future* (Futuro prestado). Las nociones de una "buena deuda" y una "mala deuda" aplicarlo a los préstamos universitarios debe ser considerado cuidadosamente. La deuda estudiantil sirve a un propósito social útil, por lo que en ese sentido es una "buena deuda". pero nadie quiere cargar con 20 años de pagos por una deuda, por lo que en ese sentido es una "mala deuda". Como se discutió en el capítulo anterior, la regla general es no adquirir más deuda estudiantil que tu salario del primer año. Esa cantidad de deuda podría calificar como buena deuda, porque produjo el titulo para ganar un salario que va a pagar la deuda.

5. DiCicco, *"Borrowed Future"* (Futuro prestado).

6. DiCicco, *"Borrowed Future"* (Futuro prestado).

7. Ley de Educación para la Defensa Nacional, 20 U.S.C. §§ 401-589, 1958.

8. Infoplease, *"Educational Attainment by Race and Hispanic Origin, 1940–2014"* (Logro educativo por raza y origen hispano, 1940–2014), https://www.infoplease.com/us/education/educational-attainment-race-and-hispanic-origin.

9. DiCicco, *"Borrowed Future"* (Futuro prestado).

10. Información proporcionada por Mark Kantrowitz, 15 de diciembre de 2022. Utilizado con permiso.

11. Ley de Prevención de Abuso a la Bancarrota y Protección al Consumidor de 2005 (BAPCPA, por sus siglas en inglés) (11 USC 101, et. seq, Pub. L. 109–8, 119 Stat. 23, promulgada el 20 de abril de 2005) hicieron varios cambios al Código de Quiebras de los Estados Unidos. *Ver* la siguiente nota final.

12. La BAPCPA 2005 enfrentó una serie de cuestiones técnicas. Los préstamos estudiantiles ya habían sido considerados no condonables por bancarrota durante muchos años antes de la BAPCPA en 2005. Pero antes de la ley de 2005, los préstamos privados tenían que estar asociados con una organización sin fines de lucro 501(c)(3) para que el prestamista estuviese protegido de una condonación por bancarrota. Una organización sin fines de lucro bien conocida que operaba en esta capacidad era el Instituto de Capacitación, Educación y Recursos (TERI) con sede en San Diego. Entonces, BAPCPA eliminó la necesidad de que los prestamistas de préstamos estudiantiles privados estuviesen asociados con una organización sin fines de lucro para ser protegido de la

condonación por bancarrota. La Ley de Prevención del Abuso a las Quiebras y Protección al Consumidor de 2005 (BAPCPA) (11 USC 101, et. seq, Pub. L. 109–8, 119 Stat. 23, promulgada el 20 de abril de 2005). Información proporcionada por Mark Kantrowitz, 15 de diciembre de 2022. Usada con permiso.

13. *Sallie Mae* se dividió en dos empresas en 2014, una llamada *Sallie Mae* y otra llamada *Navient*. *Sallie Mae* obtuvo el negocio de préstamos estudiantiles privados mientras que Navient obtuvo el servicio de negocios de préstamos federales para estudiantes en el Programa Federal de Préstamos para la Educación Familiar (FFEL, por sus siglas en inglés) del programa *Sallie Mae* que cubría préstamos emitidos por prestamistas privados y estatales pero garantizados por el gobierno federal. Más tarde, *Navient* compró a *Earnest*, un prestamista de capital privado para préstamos estudiantiles, en 2017. El acuerdo permitió a *Navient* hacer préstamos estudiantiles bajo su propio nombre a partir de 2019. *Navient* dejó de prestar servicios de préstamos estudiantiles federales en el Programa de Préstamo Directo en 2022. Su portafolio de servicio de préstamo directo se transfirió a *Aidvantage*, una división de *Maximus*. *Navient* continúa siendo propietario de los préstamos del Programa FFEL. Información proporcionada por Mark Kantrowitz, 15 de diciembre de 2022. Usada con autorización.

14. Para obtener una lista de los proveedores de servicios de préstamos directos, consulta https://studentaid.gov/manage-loans/repayment/servicers.\

15. Alex Mitchell, *"College Is Broken: Reflections and Predictions"* (La universidad está quebrada: reflexiones y predicciones), HackerNoon, Medio, 10 de abril de 2019, https://medium.com/hackernoon/the-state-of-college-today-reflections-and-predictions-468600ccbd96.

16. Mitchell, *"College is broken"* (La universidad está quebrada).

17. Mitchell, *"College is broken"* (La universidad está quebrada).

18. Rebecca Ballhaus y Andrea Fuller, *"Why Washington Won't Fix Student Debt Plans that Overload Families"* (Por qué Washington no arregla los planes de deuda estudiantil que sobrecargan a las familias), *Wall Street Journal*, 8 de diciembre de 2021, https://www.wsj.com/articles/college-university-student-debt-parent-grad-plus-loans-congress-school-borrowing-11638930489. Hubo reciente un acuerdo bipartidista sobre los nuevos límites de préstamos en el Congreso, incluida la limitación de la cantidad del préstamo PLUS que es solicitada por primera vez. La legislación se estancó cuando surgió un problema sobre el Título IX entre demócratas y republicanos en la reautorización de la Ley de Educación Superior.

19. Ballhaus y Fuller, *"Washington Won't Fix Student Debt"* (Washington no arregla la deuda estudiantil).

20. Ballhaus y Fuller, *"Washington Won't Fix Student Debt"* (Washington no arregla la deuda estudiantil).

21. Ballhaus y Fuller, *"Washington Won't Fix Student Debt"* (Washington no arregla la deuda estudiantil).

22. Ballhaus y Fuller, *"Washington Won't Fix Student Debt"* (Washington no arregla la deuda estudiantil).

23. Ballhaus y Fuller, *"Washington Won't Fix Student Debt"* (Washington no arregla la deuda estudiantil).

24. Ballhaus y Fuller, *"Washington Won't Fix Student Debt"* (Washington no arregla la deuda estudiantil).

25. Melanie Hanson, *"Student Loan Debt vs. Other Debts"* (Deuda de préstamos estudiantiles versus otras deudas), Educación Iniciativa de datos, actualizado el 12 de octubre de 2021, https://educationdata.org/student-loan-debt-vs-other-debts.

26. Ballhaus y Fuller, *"Washington Won't Fix Student Debt"* (Washington no arregla la deuda estudiantil).

27. *Consulta* https://fsapartners.ed.gov/knowledge-center/library/electronic-announcements/2022-12-07/federal-student-aid-posts-quarterly-portfolio-reports-fsa-data-center. *Ver* también *"Student Loan Default Has Serious Financial Consequences"* (El incumplimiento de los préstamos estudiantiles tiene serias consecuencias financieras), Pew Charitable Trusts, 7 de abril de 2020, https://www.pewtrusts.org/en/research-and-analysis/fact-sheets/2020/04/student-loan-default-has-serious-financial-consequences.

28. Ryan Lane, *"Class of 2019 Borrowed Less, Report Finds"* (La clase de 2019 pidió prestado menos, según un informe), NerdWallet, 12 de octubre de 2020, https://www.sfgate.com/business/personalfinance/article/Class-of-2019-Borrowed-Less-Report-Finds-15640982.php.

29. Meredith Kolodner, *"Stuck in It until I Die: Parents Get Buried by College Debt Too"* (Atrapado en esto hasta que muera: los padres también se sienten agobiados por la deuda estudiantil), The Hechinger Report, 19 de noviembre de 2020, https://hechingerreport.org/parent-plus-loan-stuck-in-it-until-i-die-parents get-enterry-by-college-debt-too.

30. Danielle Douglas-Gabriel y John D. Harden, *"The Faces of Student Debt"* (Las caras de la deuda estudiantil), *Washington Post*, 6 de abril de 2021, https://www.washingtonpost.com/ education/2021/04/06/who-owes-student-debt.

31. Tawnell D. Hobbs y Andrea Fuller, *"How Baylor Steered Lower-Income Parents to Debt They Couldn't Afford"* (Cómo Baylor condujo a los padres con menos ingresos a adquirir una deuda que no podían permitirse), *Wall Street Journal*, 13 de octubre de 2021, https://www.wsj.com/articles/baylor-university-college-debt-parent-plus-loans-1634138239.

32. No son solo los préstamos *Parent PLUS* los que están causando dolores de cabeza a las personas mayores de 50 años. También son préstamos prestados para su propia educación, ya sea para escuelas de pregrado o escuelas de posgrado. Cuando un prestatario entra en moratoria, los préstamos persisten, a menudo en la jubilación. El efecto es acumulativo, a menudo termina solo cuando el prestatario muere. Información proporcionada por Mark Kantrowitz, 15 de diciembre de 2022. Usada con permiso.

33. Hobbs y Fuller, *"Debt They Couldn't Afford"* (Deuda que no podían pagar).

34. Hobbs y Fuller, *"Debt They Couldn't Afford"* (Deuda que no podían pagar).

35. Según el informe de la GAO, alrededor de un tercio de los prestatarios mayores de 65 años están en moratoria, mientras que aproximadamente la mitad de los prestatarios de 75 años o más están en moratoria. *Ver* https://www.gao.gov/assets/gao-17-45-highlights.pdf.

36. Hua Hsu, *"Student Debt Is Transforming the American Family"* (La deuda estudiantil está transformando a la familia estadounidense), New Yorker, 2 de septiembre de 2019, https://www.newyorker.com/magazine/2019/09/09/student-debt-is-transforming-the-american-family. El artículo cita el libro de Caitlin Zaloom *"Indebted: How Families Make College Work at Any Cost"* (Endeudados: cómo las familias hacen que la universidad funcione a cualquier costo) (Prensa de la Universidad de Princeton, 4 de mayo de 2021).

37. Hsu, *"Student debt"* (Deuda estudiantil).Hsu, *"Student debt"* (Deuda estudiantil).

38. Hsu, *"Student debt"* (Deuda estudiantil).

39. Hsu, *"Student debt"* (Deuda estudiantil).

40. Hsu, *"Student debt"* (Deuda estudiantil).

41. Hsu, *"Student debt"* (Deuda estudiantil).

42. Hsu, *"Student debt"* (Deuda estudiantil).

Capítulo 12: Puedo cancelar mi deuda universitaria si me declaro en bancarrota

1. *Ver* el Código de Quiebras relacionado con la cancelación de la deuda estudiantil en 11 USC § 523(a)(8). La Prevención del Abuso de Bancarrota y la Ley de Protección al Consumidor de 2005 fue un refinamiento de la ley de quiebras existente como se discutió en el capítulo 11. *Ver también* http://www.studentaidpolicy.com/fa/20070814pslFICOdistribution.pdf.

2. Richard Pallardy, *"History of Student Loans: Bankruptcy Discharge"* (Historia de los préstamos estudiantiles: anulación de la quiebra), guardado por el College Website, 18 de marzo de 2021, https://www.savingforcollege.com/article/history-of-student-loans-bankruptcy-discharge. Este excelente articulo resume la evolución del código de quiebras y las fuerzas que lo formaron.

3. Pallardy, *"History of Student Loans"* (Historia de los préstamos estudiantiles).

4. *Ver* el informe de la GAO en https://www.gao.gov/assets/hrd-77-83.pdf.

5. Ver las enmiendas educativas de 1976 en https://www.govinfo.gov/content/pkg/STATUTE-90/pdf/STATUTE-90-Pg2081.pdf.

6. Pallardy, *"History of Student Loans"* (Historia de los préstamos estudiantiles).

7. Consulta https://www.govinfo.gov/content/pkg/STATUTE-92/pdf/STATUTE-92-Pg2549.pdf.

8. Mark Kantrowitz, *"How to Bankrupt Your Student Loans"* (Cómo declarar en bancarrota tus préstamos estudiantiles), *Forbes*, noviembre 24 de 2020, https://www.forbes.com/sites/markkantrowitz/2020/11/24/how-to-bankrupt-your-student-loans/?sh=745fd6bc5960.

9. Kantrowitz, *"How to Bankrupt Your Student Loans"* (Cómo declarar en bancarrota tus préstamos estudiantiles)

10. Además de los estatutos discutidos en el texto, varios pasos legislativos formaron parte de la marcha hacia la eliminación de la opción de bancarrota para la deuda estudiantil: En 1979, una enmienda aclaró que un límite de cinco años se aplicaba a los préstamos respaldados" . . . en su totalidad o en parte por una unidad gubernamental o una institución sin fines de lucro de educación superior." *Consulta* https://www.govinfo.gov/content/pkg/STATUTE-93/pdf/STATUTE-93-Pg387.pdf En 1984, un conjunto de enmiendas de quiebra endureció aún más las normas sobre la condonación de la bancarrota al incluir "de educación superior" en la redacción de la legislación. *Ver* La Ley de 1984 sobre Enmiendas de Bancarrota y Ley Federal en https://www.govinfo.gov/

content/pkg/STATUTE-98/pdf/STATUTE-98-Pg333.pdf. Esto aumentó las restricciones sobre la condonación de la deuda en los préstamos estudiantiles para ahora incluir préstamos privados respaldados por instituciones sin fines de lucro instituciones, en lugar de sólo préstamos del gobierno. En 1990, la Ley de Control del Crimen amplió el período antes del cual los procedimientos para la quiebra podían comenzar siete años después de que comenzara el reembolso. Ver https://www.congress.gov/bill/101st-congress/senate-bill/3266. *Ver también* Richard Pallardy, *"History of Student Loans: Bankruptcy Discharge"* (Historia de los préstamos estudiantiles: anulación de la quiebra), Guardado para el Sitio web de la universidad, 18 de marzo de 2021, https://www.savingforcollege. com/article/history-of-student-loans-bankruptcy-discharge.

11. Wolf Richter, *"Taxpayers Face $435 Billion in Student-Loan Losses, Already Baked in: Leaked Education-Department Study"* (Los contribuyentes enfrentan US$435 mil millones por pérdidas de préstamos estudiantiles, ya en marcha: Estudio filtrado por el Departamento de Educación). Wolfstreet.com, 22 de noviembre de 2020, https://wolfstreet.com/2020/11/22/taxpayers-face-435-billion-in-student-loan-losses-already-baked-in-department-of-education-study/.

12. Kantrowitz, *"How to Bankrupt Your Student Loans"* (Cómo declarar en bancarrota tus préstamos estudiantiles)

13. La prueba de Brunner se articuló por primera vez en el caso de *Brunner v. New York State Higher Education Services Corp.*, 831 F.2d 395 (1987) decidido por el Segundo Circuito de la Corte de Apelaciones de los Estados Unidos en Albany, NY. El tribunal aplicó una prueba de tres puntos para determinar si una deuda universitaria debía ser condonada en caso de quiebra. Otros tribunales utilizan la prueba de la totalidad de las circunstancias, que es similar a la prueba de Brunner, pero omite la tercera vertiente. La prueba de la totalidad de las circunstancias ha sido adoptada por el 8vo Circuito, mientras que la prueba de Brunner ha sido adoptada por los 2.º, 3.º, 4.º, 5.º, 6.º, 7.º, 9.º, 10.º y 11.º Circuitos. *Consulta* https://www.forbes.com/sites/markkantrowitz/2020/11/24/how-to-bankrupt-your-student-loans/.

14. Michon, Kathleen, *"Student Loans in Bankruptcy: The Brunner Test"* (Préstamos estudiantiles en bancarrota: la prueba de Brunner), el sitio de quiebras, Nolo, consultado el 3 de febrero de 2022, https://www.thebankruptcysite.org/resources/bankruptcy/debt-relief/student-loans -bankruptcy-the-brunner-test.

15. Preston Mueller, *"The Non-Dischargeability of Private Student Loans: A Looming Financial Crisis?"* (La incapacidad de condonación de los préstamos privados para estudiantes: ¿una crisis financiera inminente?) *Emory Bankr. Dev* J.

229 (2015), disponible en https://scholarlycommons.law.emory.edu/ebdj/vol32/iss1/11.

16. Mueller, *The Non-Dischargeability of Private Student Loans*" (La incapacidad de condonación de los préstamos privados para estudiantes).

17. Mueller, *The Non-Dischargeability of Private Student Loans*" (La incapacidad de condonación de los préstamos privados para estudiantes).

18. Mueller, *The Non-Dischargeability of Private Student Loans*" (La incapacidad de condonación de los préstamos privados para estudiantes).

19. Consulte los datos de *"Trends in Student Aid"* (Tendencias en la ayuda estudiantil 2022), del College Board, fila 29 de la Tabla 2 en https://research.collegeboard.org/media/xlsx/trends-student-aid-excel data-2022.xlsx. La asignación de dólares entre los programas de préstamo estudiantes federales y privados lleva a una discusión. De los US\$1,6345 billones en préstamos estudiantiles federales pendiente, solo US\$207.8 mil millones están en el Programa Familiar de Préstamos Federales de Educación (FFELP, por sus siglas en inglés). Solo US\$78.3 mil millones están en manos del Departamento Educación de EE. UU. en los llamados préstamos ECASLA (La ley que Asegura el acceso continuo a préstamos estudiantiles) que otorgó al DOE nueva autoridad para comprar préstamos FFELP. Entonces, los préstamos comerciales del FFELP suman solo alrededor de US\$129.5 mil millones, o 7.9% del total. Información proporcionada por Mark Kantrowitz, 15 de diciembre de 2022. Usada con permiso.

20. Elan Amir, Jared Teslow y Christopher Borders, *"The MeasureOne Private Student Loan Report"* (El informe de préstamos estudiantiles privados, MeasureOne) 21 de diciembre de 2021, https://f.hubspotusercontent00.net/hubfs/6171800/assets/downloads/MeasureOne%20Private%20Student%20Loan%20Report%20Q1%202021.pdf.

21. Amir, Teslow y Borders, *"The MeasureOne Private Student Loan Report"* (El informe de préstamos estudiantiles privados, *MeasureOne*).

22. La compensación de las devoluciones de impuestos sobre la renta es a través del Programa de Compensación del Tesoro (TOP). Ver https://fiscal.treasury.gov/top/

23. *"Social Security Offsets: Improvements to Program Design Could Better Assist Older Student Borrowers with Obtaining Permitted Relief"* (Las compensaciones de seguridad social: mejoras en el diseño del programa podrían ayudar a

prestatarios estudiantes mayores con la obtención de alivio permitido), Gobierno de EE. UU. Oficina de Responsabilidad, 19 de diciembre de 2016, https://www.gao.gov/products/gao-17-45.

24. Robert E. Nugent, *"Think Twice before Taking Large Student Loans"* (Piensa dos veces antes de tomar grandes préstamos estudiantiles) *Wall Street Journal*, 14 de diciembre de 2021, https://www.wsj.com/articles/college-loans-student-debt-parents-university-11639433330.

25. Nugent, *"Think Twice"* (Piensa dos veces).

26. Nugent, *"Think Twice"* (Piensa dos veces).

27. Josh Mitchell, *"The US Makes It Easy for Parents to Get College Loans—Repaying Them Is Another Story"* (Estados Unidos les facilita a los padres obtener préstamos universitarios: pagarlos es otra historia), *Wall Street Journal*, 24 de abril de 2017, https://www.wsj.com/articles/the-u-s-makes-it-easy-for-parents-to-get-college-loansrepaying-them-is-another-story-1493047388.

28. Mitchell, *"The US Makes It Easy"* (Estados Unidos les facilita).

29. Mitchell, *"The US Makes It Easy"* (Estados Unidos les facilita).

30. Los puntajes de crédito para préstamos federales se obtuvieron después del hecho en el Programa FFEL cuando los prestamistas trataron de asegurar los préstamos. En este punto de sus carreras, la mayoría de los estudiantes tienen un historial de crédito escaso o inexistente. Información proporcionada por Mark Kantrowitz, 15 de diciembre de 2022. Usada con autorización.

31. Mitchell, *"The US Makes It Easy"* (Estados Unidos les facilita).

32. Mitchell, *"The US Makes It Easy"* (Estados Unidos les facilita).

33. Mitchell, *"The US Makes It Easy"* (Estados Unidos les facilita).

34. Mitchell, *"The US Makes It Easy"* (Estados Unidos les facilita).

35. Mitchell, *"The US Makes It Easy"* (Estados Unidos les facilita).

36. Rebecca Safier, *"Can Student Loan Debt Eat up Your Social Security Benefits?"* (¿Puede la deuda de préstamos estudiantiles consumir tus beneficios del Seguro Social?), Student Loan Hero, 25 de enero de 2021, https://studentloanhero.com/featured/social-security-payments-for-student-loans.

37. Oficina de Presupuesto del Congreso, Publicación 58494, *"Costs of Suspending Student Loan Payments and Cancelling Debt"* (El cost de suspender los pagos de

los prestamos estudiantiles y la cancelación de la deuda), 22 de septiembre de 2022, https://www.cbo.gov/publication/58494.

38. El nuevo plan de pago basado en ingresos (IDR, por sus siglas en inglés) se implementará a través de un cambio regulatorio del Departamento de Educación de EE. UU., lo hará menos probable de ser desafiado con éxito en la corte que la propuesta del presidente de condonar los préstamos estudiantiles por US$10,000. Los oponentes saben que sobrevivirá a la impugnación judicial si la administración de Biden sigue los procedimientos adecuados para hacer los cambios normativos en la Ley de Procedimiento Administrativo, y que no puede ser bloqueado bajo la Ley de Revisión del Congreso porque hay control dividido en el Congreso. En consecuencia, el nuevo plan de Pago Basado en los Ingresos tiene una buena oportunidad de sobrevivir al escrutinio y ser implementado. Información proporcionada por Mark Kantrowitz, 15 de diciembre de 2022. Usada con autorización.

39. Para obtener una lista completa de otros programas de condonación de préstamos estudiantiles, consulta https://studentaid.gov/manage-loans/forgiveness-cancellation.

40. A algunos les preocupa que surjan efectos negativos de la propuesta de IDR porque a los estudiantes prestatarios se les pedirá que paguen solo una fracción del monto de su deuda mientras que el resto será tratado como una subvención. Una subvención a una escala tan masiva podría tener una serie de consecuencias imprevistas. Para una discusión de posibles ramificaciones políticas adversas de este nuevo programa IDR, incluido el costo presupuestario, la inflación de la matrícula y el potencial de abuso, *consulta* un artículo que invita a la reflexión de Brookings de Adam Looney, titulado *"Biden's Income-Driven Repayment Plan Would Turn Student Loans into Untargeted Grants"* (El plan de pago basado en los ingresos de Biden convertiría los préstamos estudiantiles en subvenciones sin objetivos concretos), 15 de septiembre de 2022, en https://www.brookings.edu/opinions/bidens-income-driven-repayment plan-would-turn-student-loans-into-untargeted-grants/.

41. Looney, *"Biden's Income-Driven Repayment Plan"* (Plan de pagos basado en los ingresos de Biden).

Conclusión

1. Josh Mitchell, *"A Crimson Tide of Debt"* (Una marea roja de deudas), *The Atlantic*, 1 de agosto de 2021, https://www.theatlantic.com/ideas/archive/2021/08/public-universities-debt/619546.

2. Alex Mitchell, *"College is broken: Reflections and Predictions"* (La universidad está quebrada: reflexiones y predicciones). HackerNoon, Medio, 10 de abril de 2019, https://medium.com/hackernoon/the-state-of-college-today-reflections-and-predictions-468600ccbd96.

3. Mitchell, *"College is broken"* (La universidad está quebrada).

4. Mitchell, *"College is broken"* (La universidad está quebrada).

5. Mitchell, *"College is broken"* (La universidad está quebrada).

6. Mitchell, *"College is broken"* (La universidad está quebrada). Sin embargo, una sentencia reciente de la Oficina de Protección Financiera al Consumidor (CFPB, por sus siglas en inglés) y otra por el Departamento de educación descubrió que las ISA son simplemente otra forma de deuda. Desde la Verdad en la Ley de Préstamos (TILA, por sus siglas en inglés) se aplican restricciones, ISA no tendrán ningún privilegio especial y los especialistas en marketing ya no pueden afirmar que no son préstamos. Tendrán un papel para jugar, pero ten cuidado con la exageración de que son el final de los préstamos estudiantiles. Información proporcionada por Mark Kantrowitz, 15 de diciembre de 2022. Usada con permiso.

7. Mitchell, *"College is broken"* (La universidad está quebrada).

8. A corto plazo, sin embargo, contrariamente a esta predicción, la matrícula en los colegios comunitarios se redujo más que en cualquier otro tipo de universidad durante la pandemia *Consulta* https://nscresearchcenter.org/current-term-enrollmentestimates/. Con el fin de la pandemia, será interesante ver si la inscripción en los colegios comunitarios aumentará nuevamente.

9. Mitchell, *"College is broken"* (La universidad está quebrada).

10. Mitchell, *"College is broken"* (La universidad está quebrada).

11. Mitchell, *"College is broken"* (La universidad está quebrada).

12. Mitchell, *"College is broken"* (La universidad está quebrada).

13. Doug Lederman, *"The Number of Colleges Continues to Shrink"* (El número de universidades continúa reduciéndose), Inside Higher Ed, 2 de agosto de 2021, https://www.insidehighered.com/news/2021/08/02/number-colleges-shrinks-again-including-publics [1]and-private-nonprofits.

14. Lederman, *"The Number of Colleges Continues to Shrink"* (El número de universidades continúa reduciéndose).

15. Scott L. Wyatt y Allen C. Guelzo, *"College Doesn't Need to Take Four Years"* (La universidad no tiene por qué durar cuatro años), *Wall Street Journal*, 3 de febrero de 2023, https://www.wsj.com/articles/college-doesnt-need-to-take-four-year-higher-educaion-credentials-university-degree-training-credits-students-116675370630.

16. Lauren Day, *"Big Island Man Pays Off $50k in Student Loan Debt in One Year"* (Hombre de Big Island paga US$50,000 en deuda de préstamos estudiantiles en un ano), Khon2, actualizado el 16 de diciembre de 2020, https://www.khon2.com/coronavirus/big-island-man-pays-off-50k-in-student-loan-debt-in-one-year.

17. Día, *"Big Island Man Pays Off $50k"* (Hombre de Big Island paga US$50,000).

18. Día, *"Big Island Man Pays Off $50k"* (Hombre de Big Island paga US$50,000).

19. Recuerdo del autor de una caminata por el sendero de los Apalaches en 2012. La caminante se refirió a sí misma por el nombre del sendero "Happy Feet".

Recursos para lecturas adicionales

1. Malcolm Gladwell, *"Lord of the Rankings"* (El Senor de los *Rankings*), podcast *Revisionist History*, 1 de julio de 2021, https://www.pushkin.fm/podcasts/revisionist-history/lord-of-the-rankings.

2. Christopher L. Eisgruber, *"I Lead America's Top-ranked University. Here's Why These Rankings Are a Problem"* (Yo dirijo la Universidad mejor clasificada de América. Esta es la razón por la que estas clasificaciones son un problema), *Washington Post*, 21 de octubre de 2021, https://www.washingtonpost.com/opinions/2021/10/21/i-lead-americas-top-ranked-niversity-heres-why-these-rankings-are-problem/.

3. Eisgruber, *"I Lead America's Top-ranked University"* (Yo dirijo la Universidad mejor clasificada de América).

4. Josh Zumbrun, *"Rebellion Over College Rankings Seems Likely to Fail"* (La rebelión sobre las clasificaciones universitarias parece probable que fracase), *Wall Street Journal*, 28 y 29 de enero de 2023, pág. A2, https://www.wsj.com/articles/rebellion-over-college-rankings-seems-likely-to-fail-11674794247.

5. Zumbrun, *"Rebellion Over College Rankings Seems Likely to Fail"* (La rebelión sobre las clasificaciones universitarias parece probable que fracase).

6. Eisgruber, *"I Lead America's Top-ranked University"* (Yo dirijo la Universidad mejor clasificada de América).

7. Entrevista a Colin Driver por Jeff Selingo, *"When Podunk U. Ranked No. 1"* (Cuando la Universidad de Podunk clasifico como #1). Boletín LinkedIn NEXT newsletter, 18 de septiembre de 2022, https://www.linkedin.com/pulse/when-podunk-u-ranked-1-jeff-selingo/?trk=pulse-article. Por otro artículo que invita a la reflexión de Jeff Selingo sobre las tendencias en la educación, *consulta* *"What's Next for Higher Ed in 2023"* (¿Qué es lo que sigue para la educación superior en 2023?), en LinkedIn, 6 de enero de 2023.

Créditos

Acerca del Autor

DAVIS F. SHUTLER desarrolló su carrera profesional en el ejército, en los negocios y en el derecho. Licenciado en Lengua Inglesa por la Universidad de Duke, doctor en derecho por la *Penn State Dickinson Law* y máster en Administración de Empresas por la Universidad de Nebraska, trabajó como abogado en la Fuerza Aérea de Estados Unidos antes de jubilarse como coronel en 1999. Tras jubilarse, trabajó como desarrollador empresarial para una gran empresa, dirigió un bufete privado y fundó una empresa de construcción centrada en el ahorro de energía. A lo largo de su carrera, ha puesto en marcha una empresa de análisis de datos, una fábrica de dulces y una empresa inmobiliaria comercial. Los tres hijos de Dave viven con sus familias en las costas este y oeste. Él vive a un vuelo de distancia de Dallas, con su esposa, Katie.

www.ingramcontent.com/pod-product-compliance
Lightning Source LLC
Chambersburg PA
CBHW030453210326
41597CB00013B/654